本居宣長・本居春庭・小津久足・小津安二郎

伊勢松阪の知の系譜

柏木隆雄
Kashiwagi Takao

和泉書院

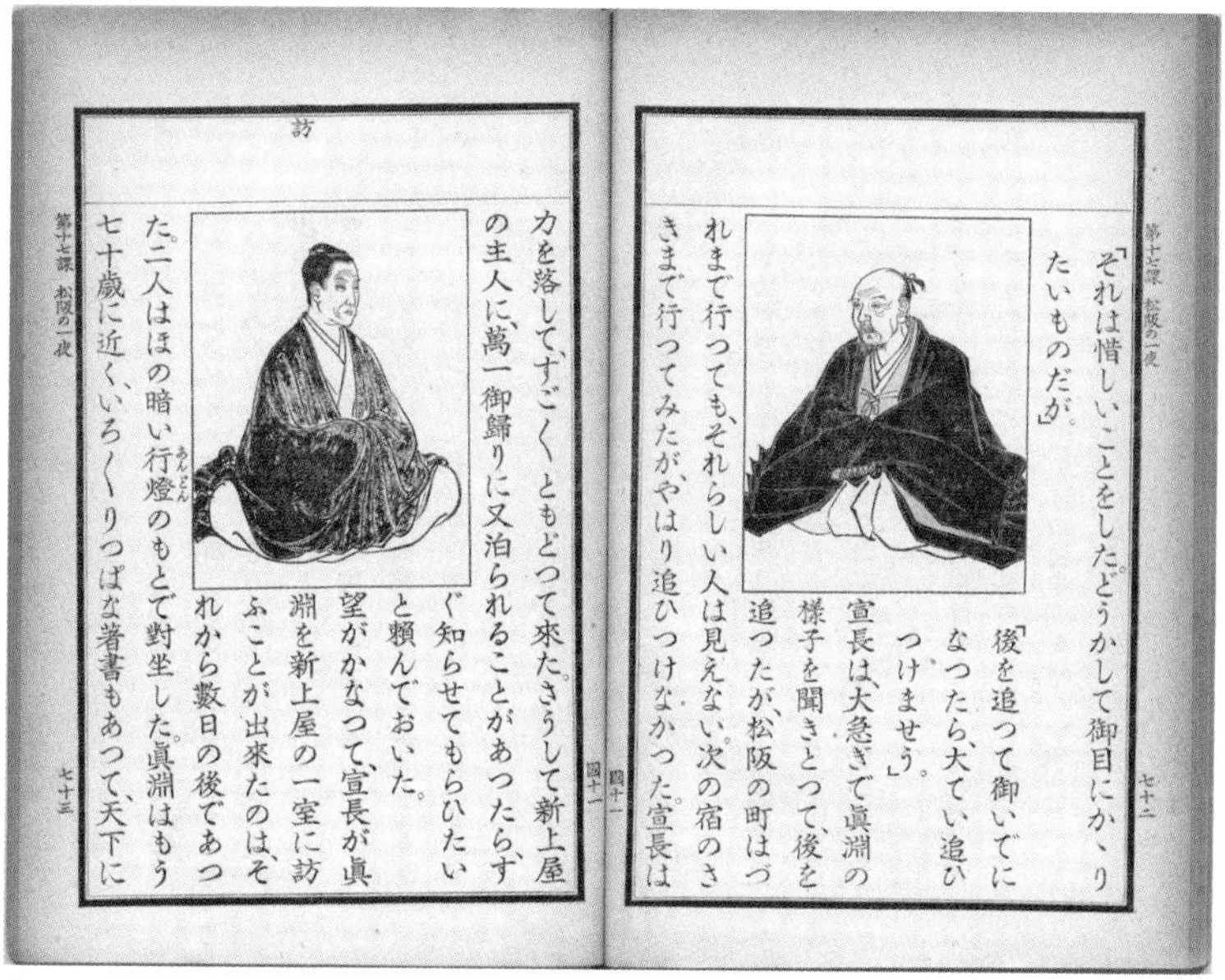
第十七課　松阪の一夜

「それは惜しいことをした。どうかして御目にかゝりたいものだが。」

「後を追つて御いでになつたら、大てい追ひつけませう。」

宣長は、大急ぎで眞淵の様子を聞きとつて後を追つたが、松阪の町はづれまで行つても、それらしい人は見えない。次の宿のさきまで行つてみたが、やはり追ひつけなかつた。宣長は力を落してすごすごともどつて來た。さうして新上屋の主人に、萬一御歸りに又泊られることがあつたらすぐ知らせてもらひたいと頼んでおいた。

望がかなつて、宣長が眞淵を新上屋の一室に訪ふことが出來たのは、それから數日の後であつた。二人はほの暗い行燈《あんどん》のもとで對坐した。眞淵はもう七十歳に近く、いろいろりつぱな著書もあつて、天下に

七十二　四十一　七十三

①「松阪の一夜」
（『尋常小学国語読本』巻十一）

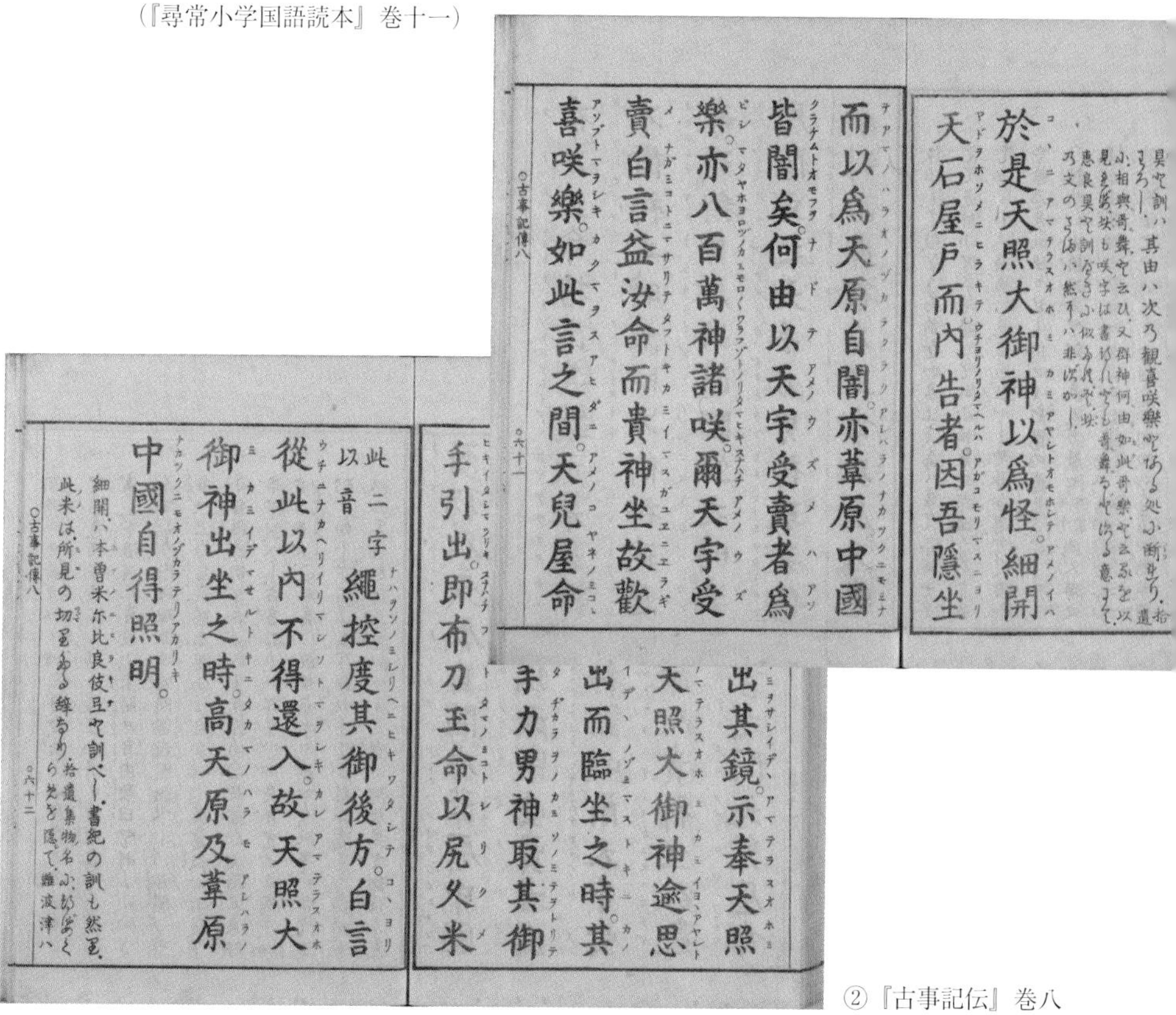
古事記傳八　六十一

於是天照大御神以為怪。細開天石屋戶而內告者。因吾隱坐而以為天原自闇亦葦原中國皆闇矣。何由以天宇受賣者為樂。亦八百萬神諸咲。爾天宇受賣白言。益汝命而貴神坐。故歡喜咲樂。如此言之間。天兒屋命

出其鏡示奉天照大御神。天照大御神逾思出而臨坐之時。其手力男神取其御手引出。即布刀玉命以尻久米此二字以音縄控度其御後方白言。從此以內不得還入。故天照大御神出坐之時。高天原及葦原中國自得照明。

古事記傳八　六十二

②『古事記伝』巻八

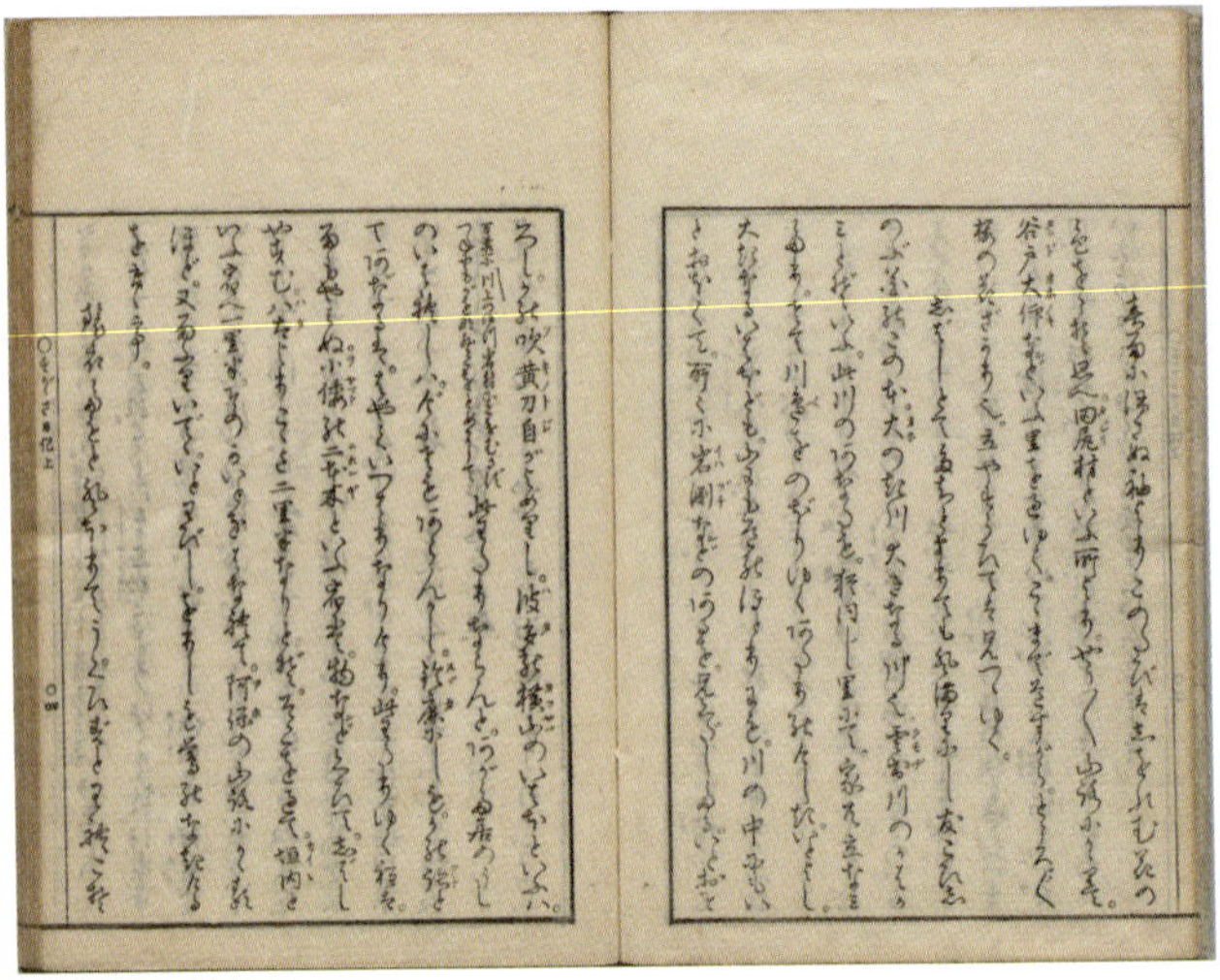

③『菅笠日記』上

④奈良 長谷寺蔵本堂内舞台大香炉
（世古忠氏撮影）

⑤吉野水分神社（井上直子氏撮影）

⑥宮滝（著者撮影）

⑦本居春庭肖像

⑨宣長と春庭の墓石（樹敬寺）

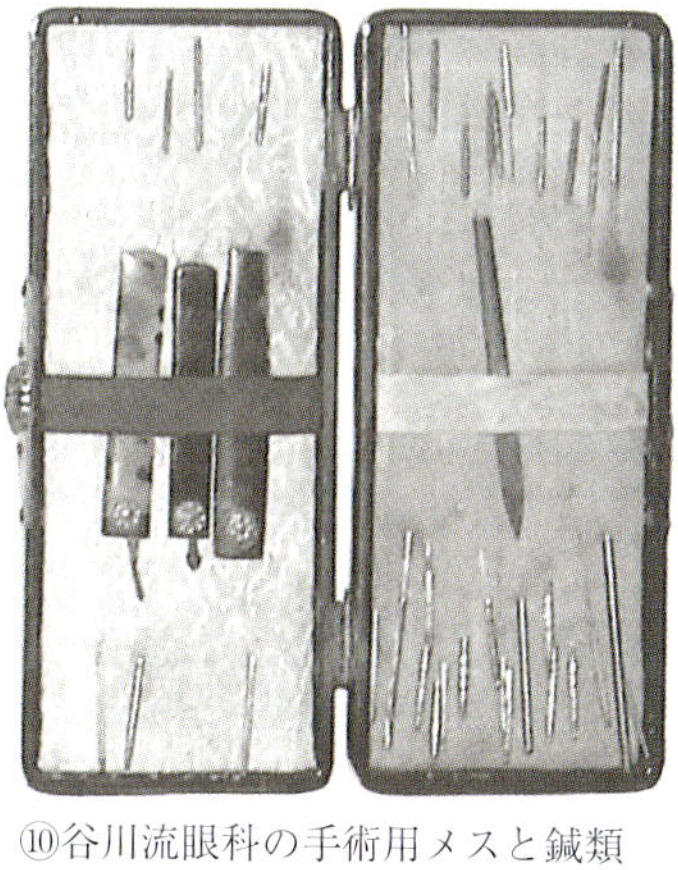

⑩谷川流眼科の手術用メスと鍼類

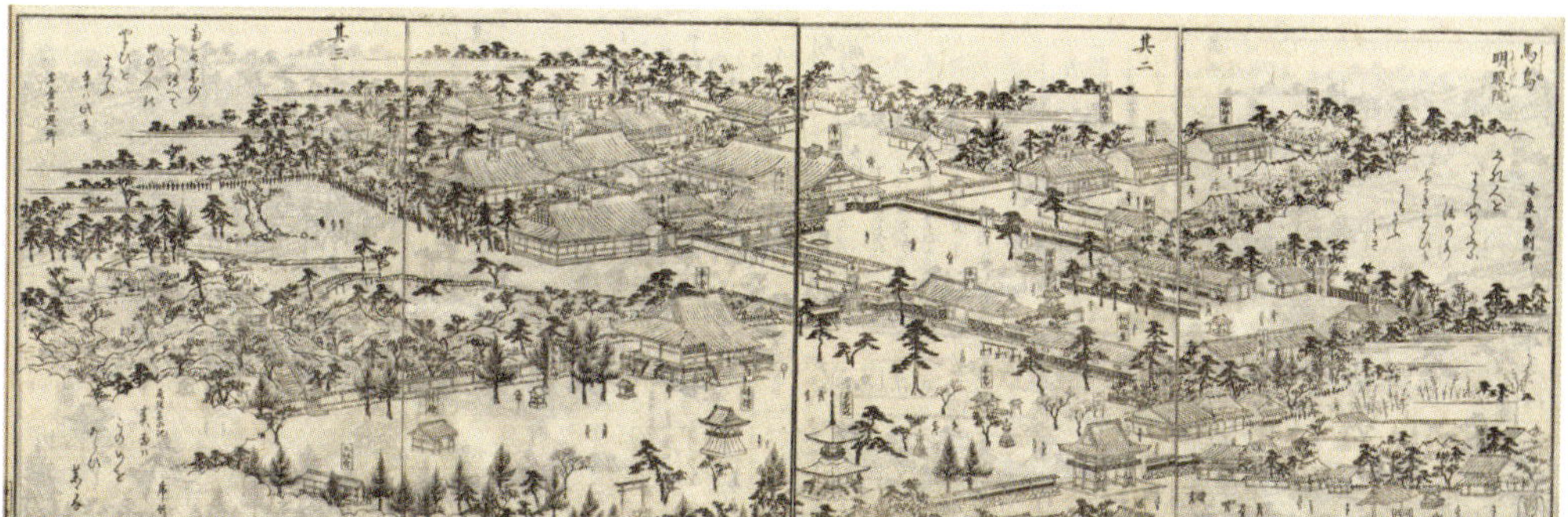

⑧馬嶋明眼院全景（『尾張名所図会』七）

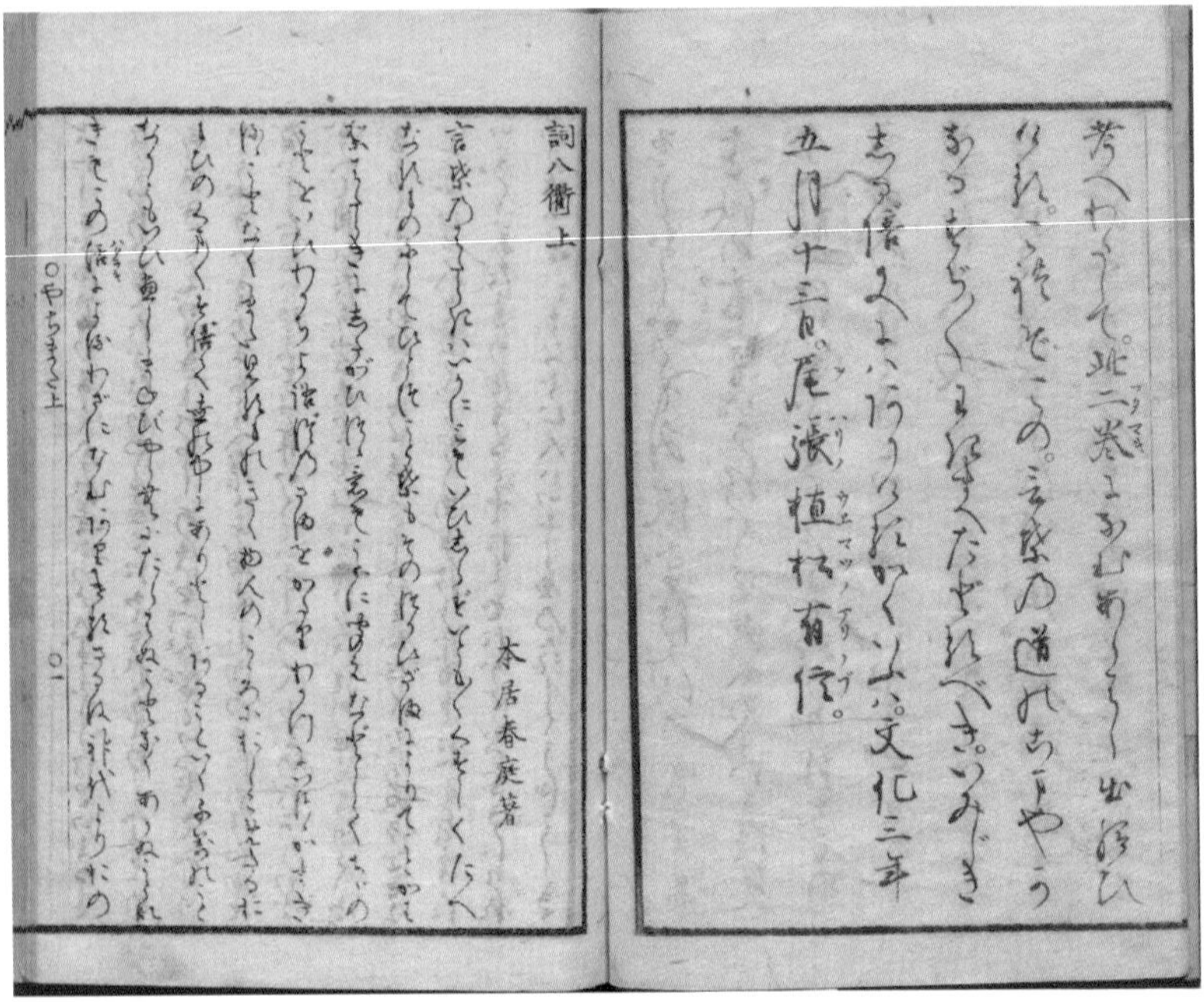

⑪『詞八衢』上　植松有信の序文末尾と春庭による本文冒頭

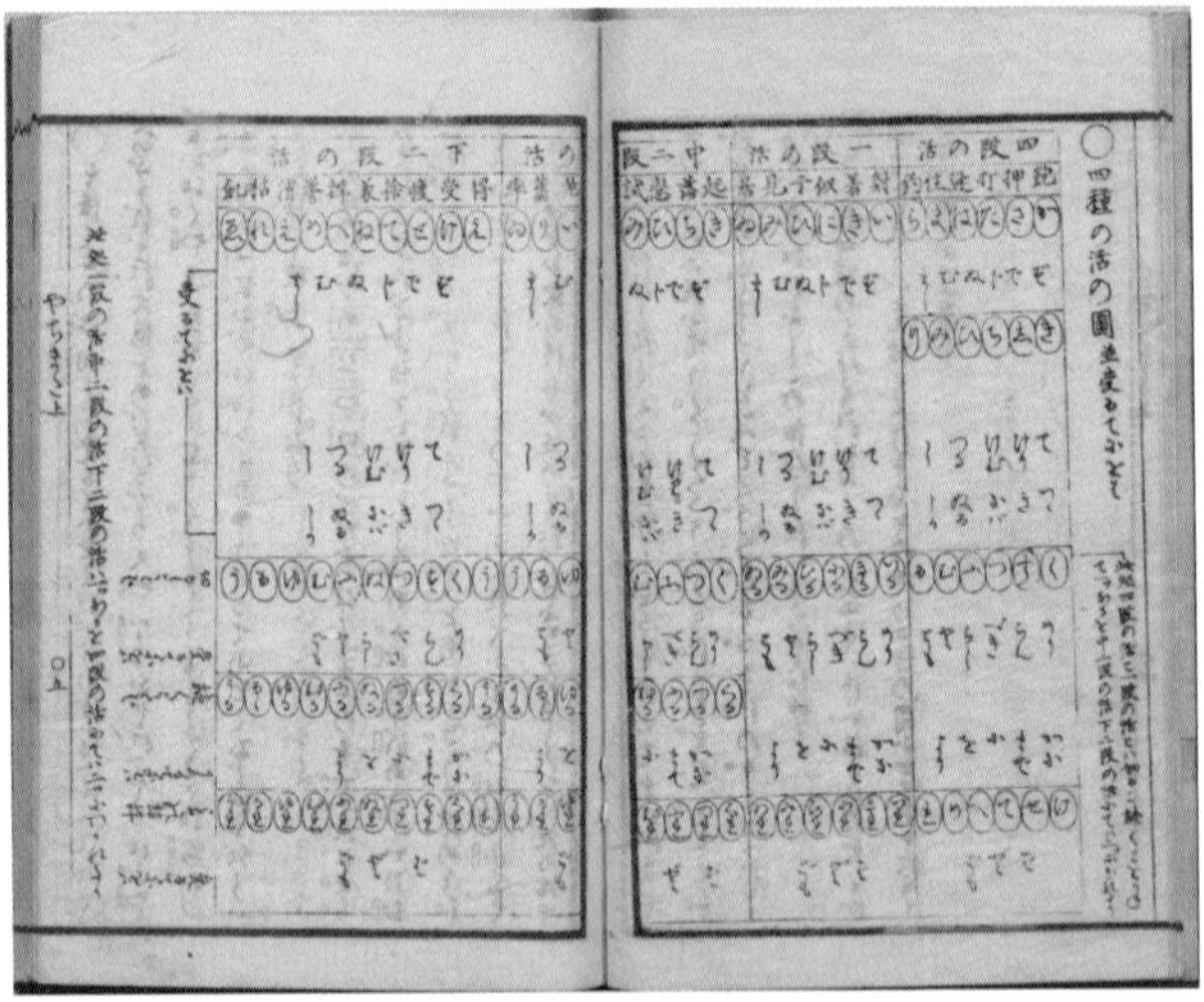

⑫『詞八衢』上「四種の活の図」冒頭

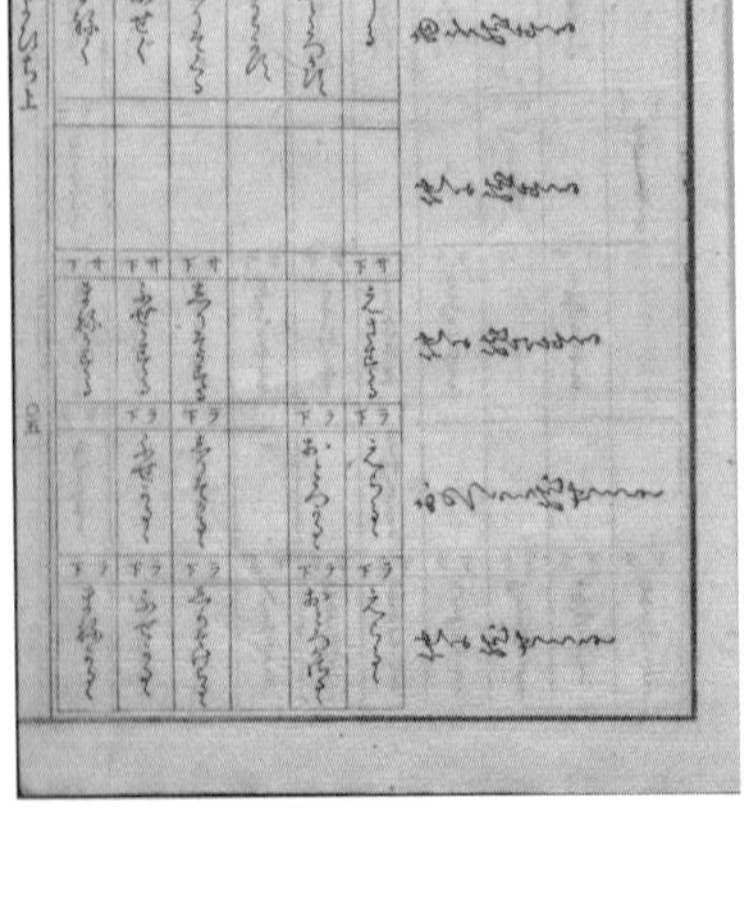

⑬『詞通路』上「詞の自他の事」表 冒頭

⑯小津久足墓標
（養泉寺境内。著者撮影）

⑭小津久足肖像

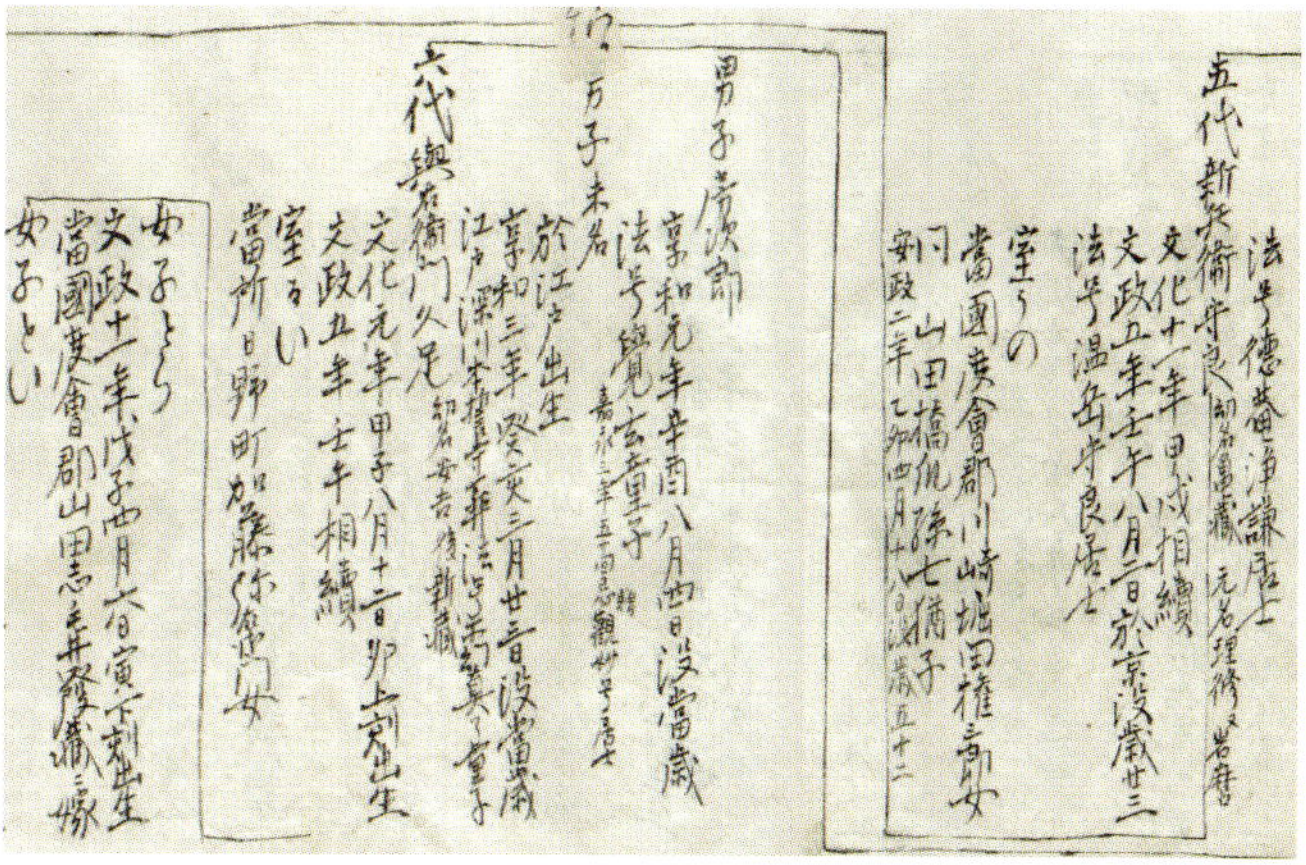

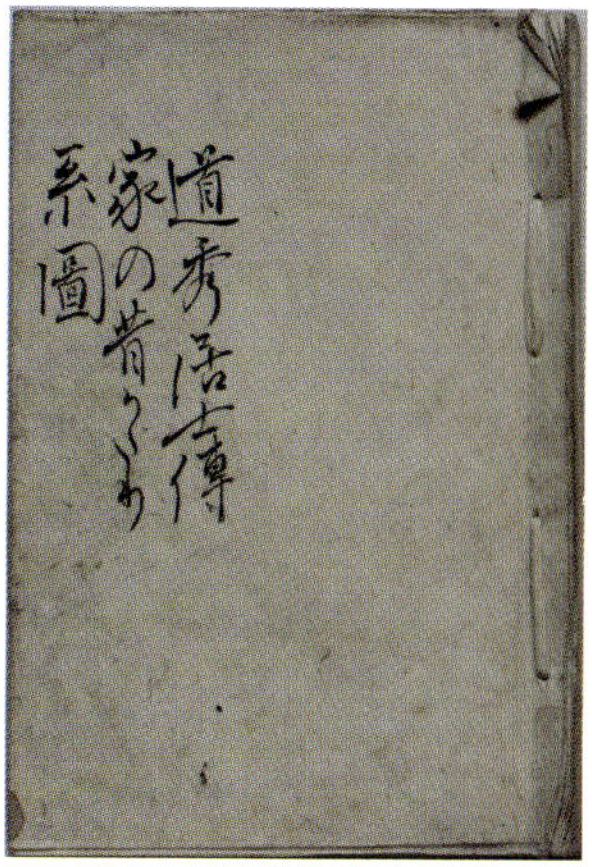

⑮小津久足筆『道秀居士伝・家の昔がたり・系図』表紙（右）と小津家五代・六代系図（左）

⑰小津久足筆『蔵書目録』（草稿）表紙（右）と桂窓印（左）

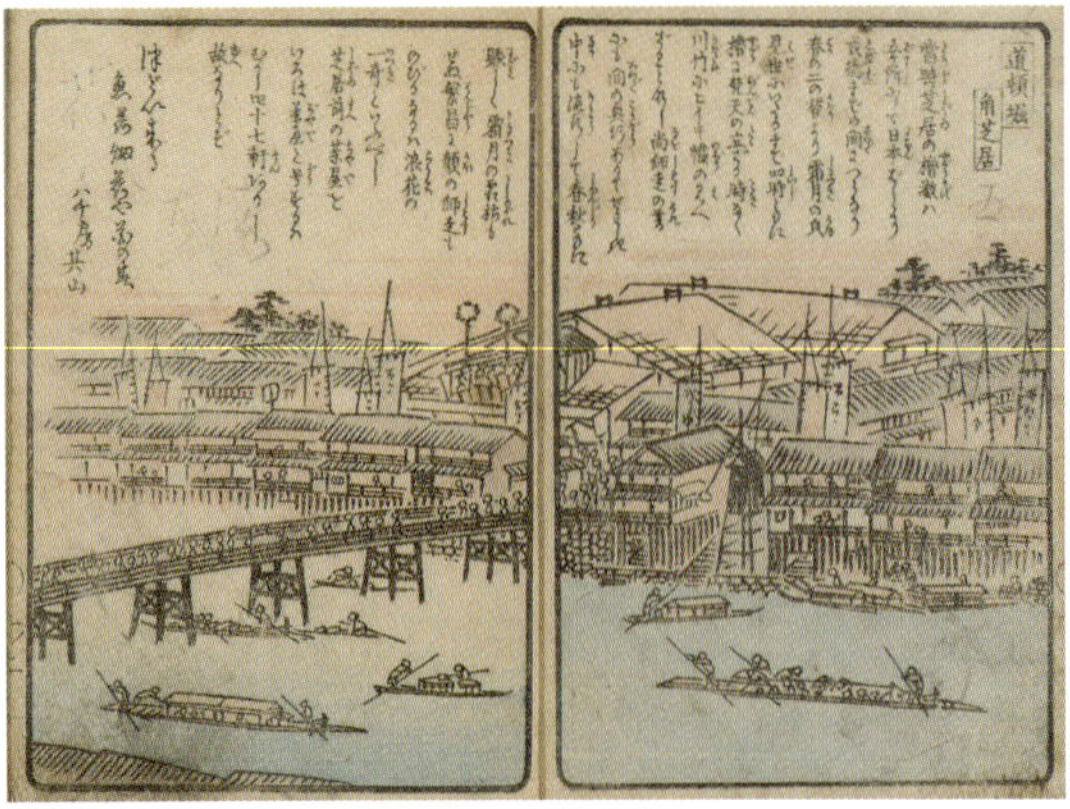

⑱『浪華の賑ひ』道頓堀角芝居

⑲大阪芝居絵番附『金門五山桐：角ノ芝居』（天保５年３月）

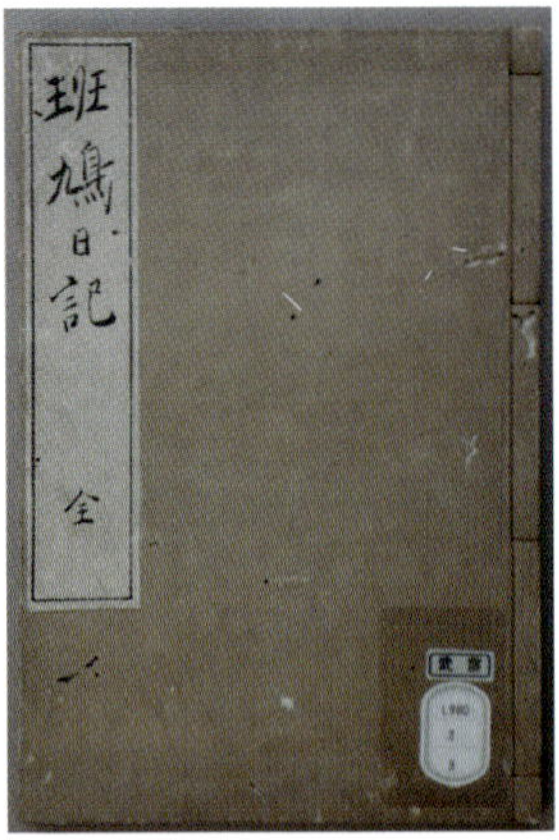

⑳小津久足筆『班鳩日記』表紙

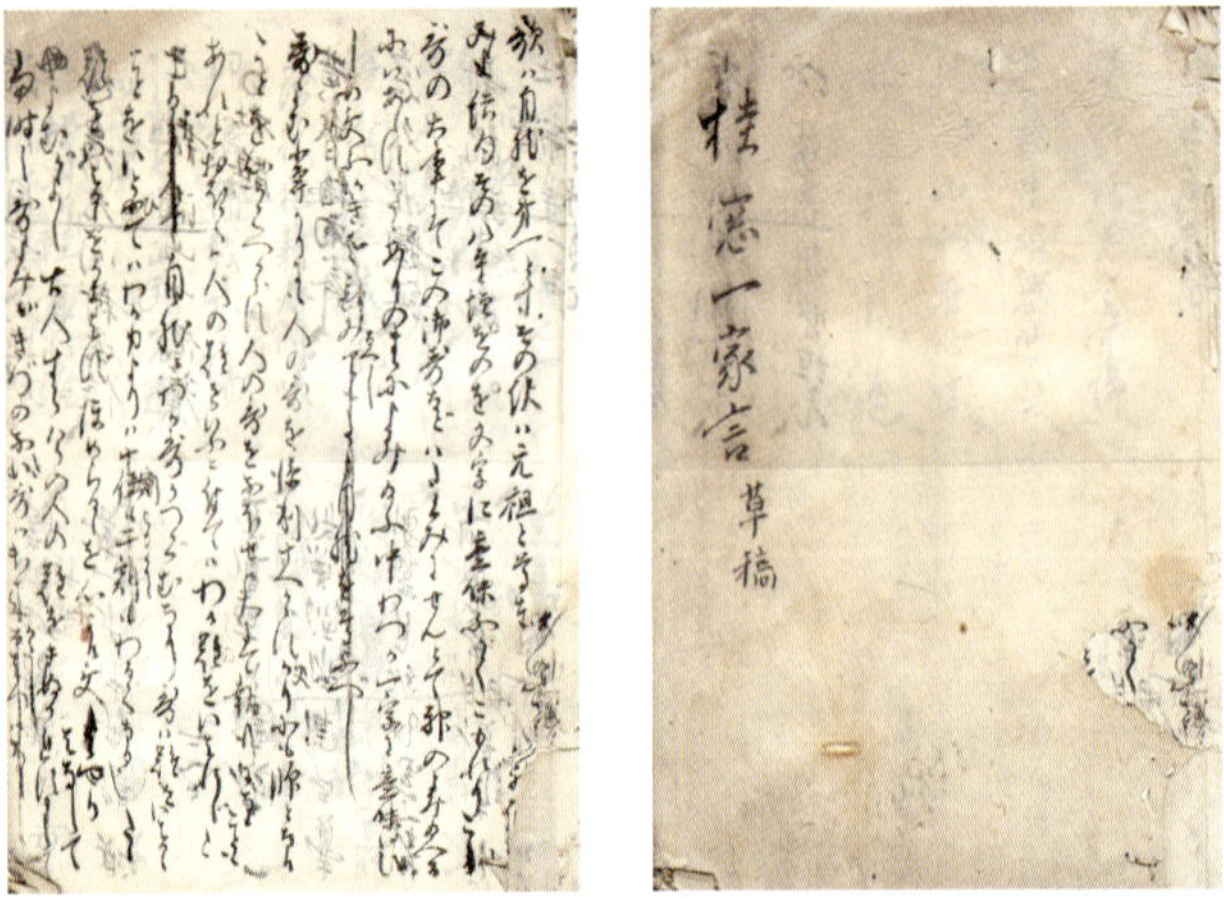

㉑小津久足筆『桂窓一家言』（草稿）表紙（右）と本文第１葉（左）

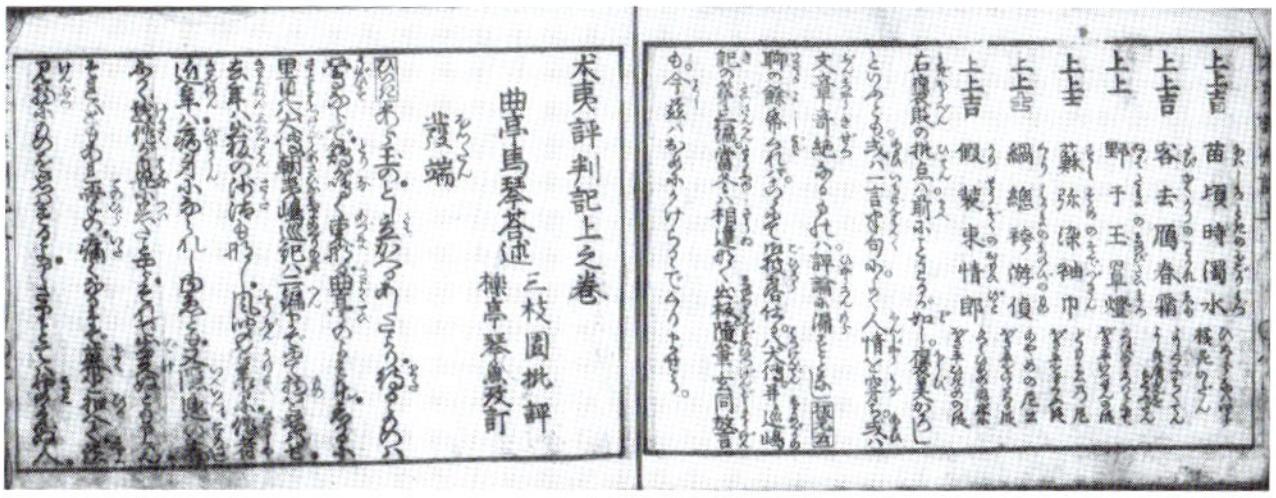
犬夷評判記上之巻
曲亭馬琴答述
三枝園批評
桃亭琴魚校訂
發端

㉒『犬夷評判記』
図の右から篠斎・琴魚・左端に馬琴

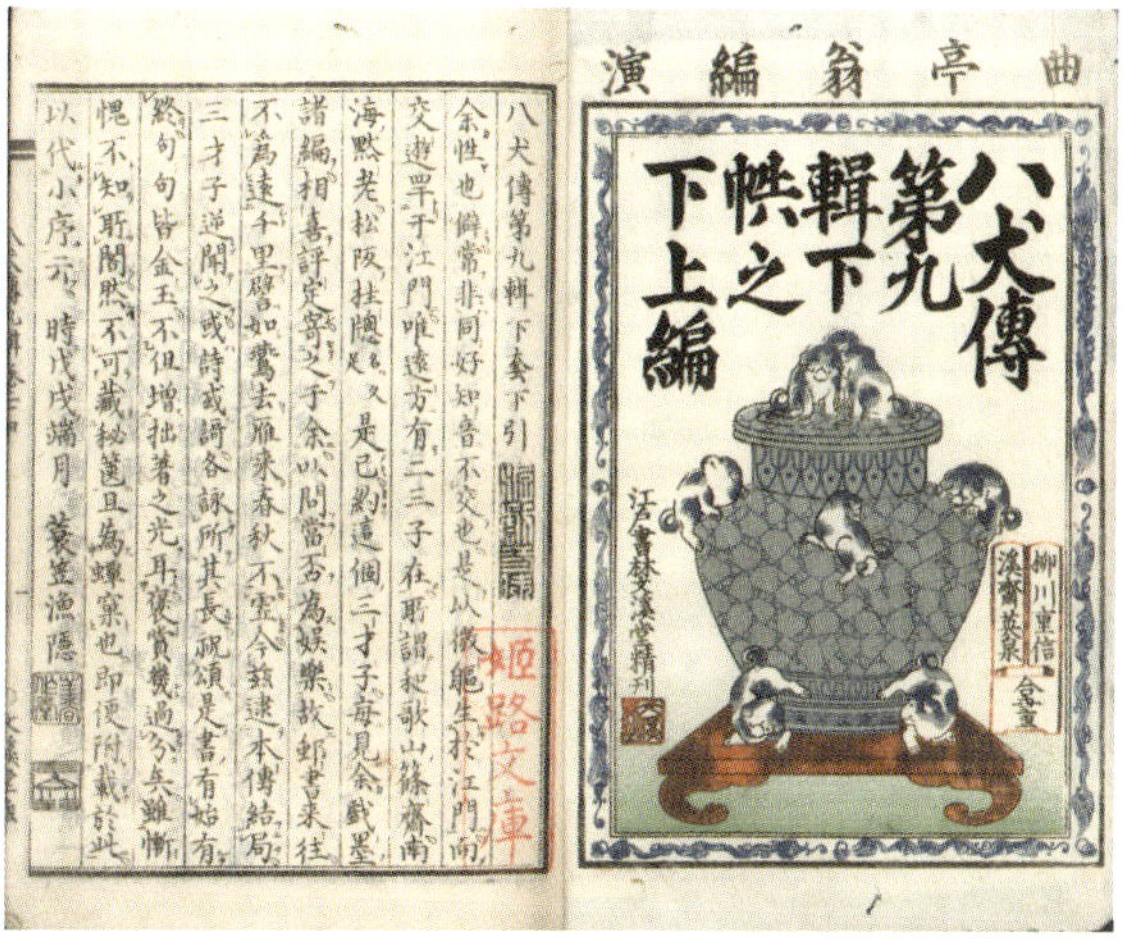
曲亭翁編演
八犬傳第九輯下帙之下上編

八犬傳第九輯下套下引
余性也僻常非同好知音不交也是以微軀生於江門而
交遊罕于江門唯遠方有二三子在耶謂紀歌山篠齋南
海黙老松阪桂窓是又是已別遠個三才子毎見余戯墨
諸編相毒評定寄之于余以問當否為娯楽故郵書来往
不為遠千里譬如鶯去雁来春秋不空今茲逮本傳結局
三才子逆聞之或時或詩各詠所其長祝頌是書有始有
終句句皆金玉不但増拙著之光耳褒賞幾過分矣難慚
愧不知所聞然不可蔵秘箧且為蟬窠也即便附載於此
以代小序云 時戊戌端月 蓑笠漁隠

㉓曲亭馬琴『南総里見八犬伝』
第二十四巻、馬琴「引」

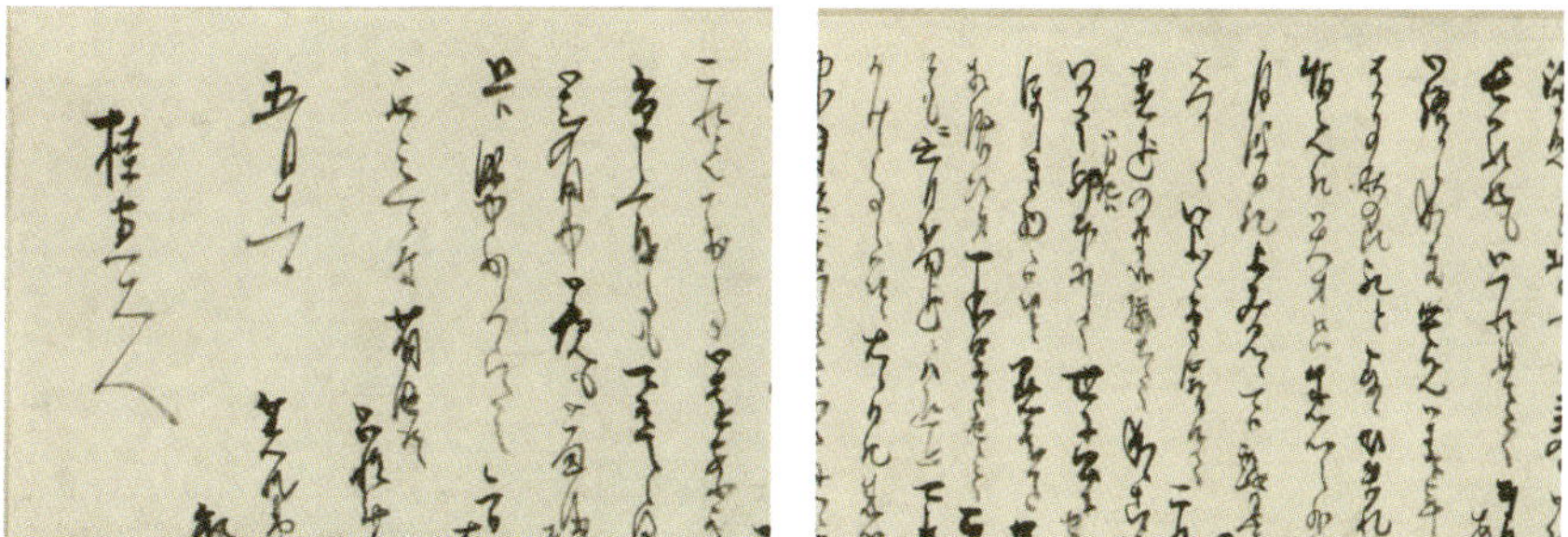
㉔「馬琴書簡」小津桂窓宛、天保５年５月11日付（部分）

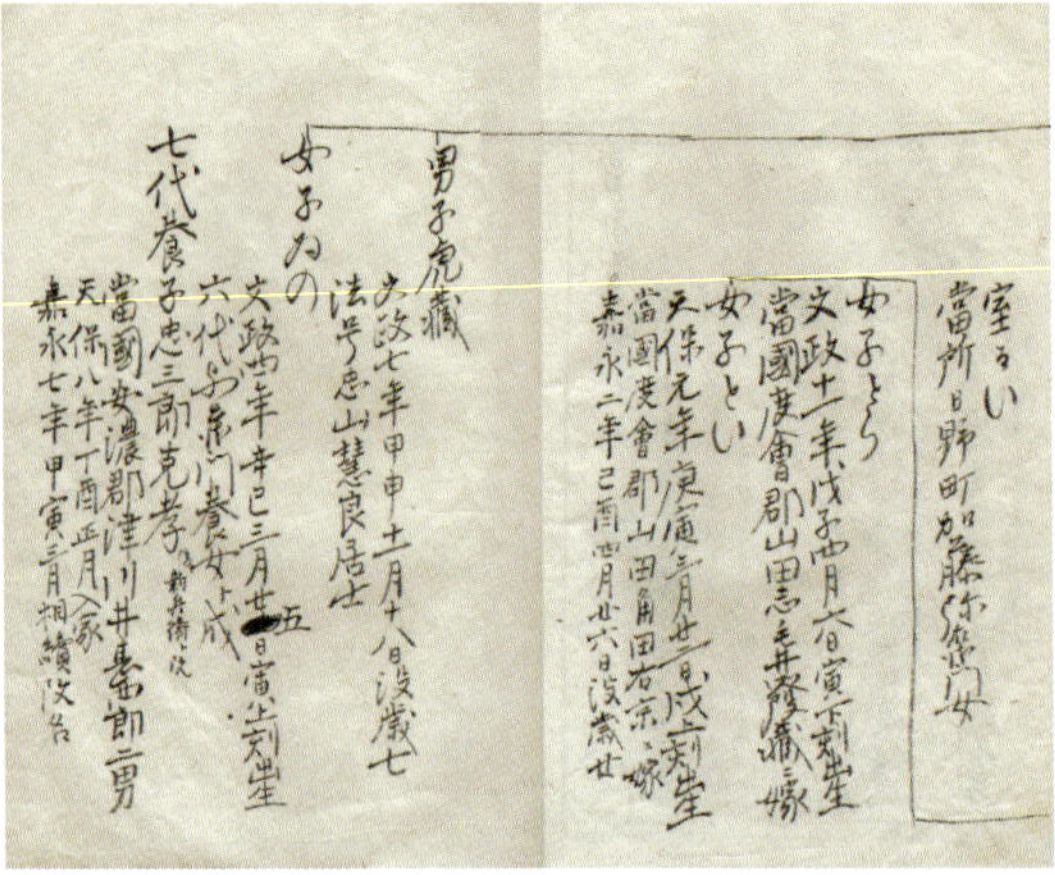

㉕小津久足筆「小津家系図」七代克孝の部分

㉖小津安二郎『松阪日記　大正七年・大正十年』表紙

㉗昭和 10 年代の神楽座

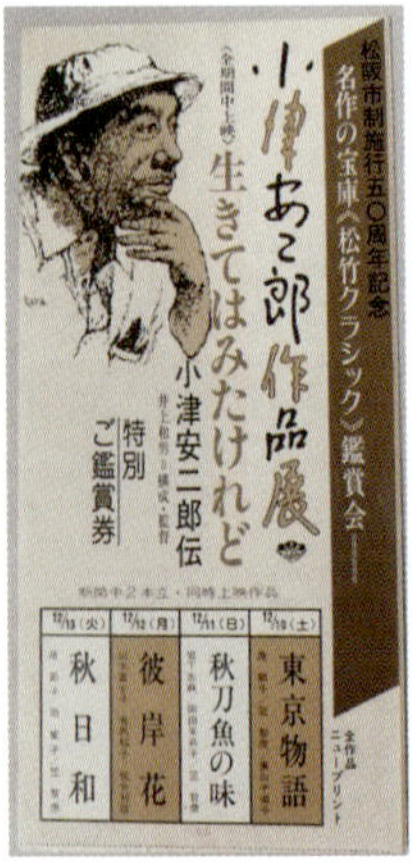

㉙ 1983 年の市制 50 年
記念上映会チケット

㉘旧原田二郎邸紀平昌伸映画
ポスター展（青木律氏撮影）

目次

小津久足

＊本書は『夕刊三重』二〇二二年六月十九日〜二〇二四年四月六日に連載した「松阪の知の系譜
本居宣長　小津久足　小津安二郎」を、新たに加筆・訂正してまとめたものである。

凡例

一　本居宣長の著作は筑摩書房版『本居宣長全集』に拠り、本居春庭の文章は吉川弘文館版『増補本居宣長全集』第十一巻に拠るのを原則とした。

一　本文中の引用は、仮名遣いは底本の通りを原則としたが、一部読みやすいように表記を改めたものもある。漢字は原則として通行字体を用いた。原文のルビはそのままにつけ、筆者が読者の便宜のために付けるルビは（　）に入れて示した。本文中に筆者が付けるルビは（　）は付けない。

一　本文、引用ともに、注記については、（　）をもって表し、本文より小さいポイントを用いて区別した。

一　年号の表記は、原則として各節の最初に出た際には、元号（西暦）とし、再出する場合は西暦表記を省いた。

口絵写真所蔵先・出典一覧

①「松阪の一夜」(文部省著『尋常小学国語読本』巻十一、日本書籍、1929。国立国会図書館デジタルコレクションより。https://dl.ndl.go.jppid1874197)
②『古事記伝』(国立国会図書館デジタルコレクションより。https://dl.ndl.go.jp/pid/2556368)
③『菅笠日記』(国立公文書館デジタルアーカイブより。https://www.digital.archives.go.jp/img/4181418)
⑦本居春庭肖像(本居宣長記念館所蔵)
⑧馬嶋明眼院全景(『尾張名所図会』七、国立公文書館デジタルアーカイブより。https://www.digital.archives.go.jp/img/4402349)
⑨宣長と春庭の墓石(画像提供:一般社団法人松阪市観光協会)
⑩谷川流眼科の手術用メスと鍼類(画像提供:(公財)加東文化振興財団)
⑪⑫『詞八衢』(国立公文書館デジタルアーカイブより。https://www.digital.archives.go.jp/img/4343213)
⑬『詞通路』(国立国語研究所所蔵。国書データベースより。https://doi.org/10.20730/100418522)
⑭小津久足肖像(個人蔵)
⑮小津久足筆『道秀居士伝・家の昔がたり・系図』(個人蔵)
※㉕「小津家系図」は本書より掲載。
⑰小津久足筆『蔵書目録』(草稿)・桂窓印(個人蔵)
⑱『浪華の賑ひ』(神戸大学附属図書館所蔵。国書データベースより。https://doi.org/10.20730/100345558)
⑲『金門五山桐:角ノ芝居』(国立国会図書館デジタルコレクションより。https://dl.ndl.go.jp/pid/2541956)
⑳小津久足筆『班鳩日記』(三重県立図書館所蔵)
㉑小津久足筆『桂窓一家言』(草稿)(個人蔵)
㉒『犬夷評判記』(東京都立中央図書館特別文庫所蔵。国書データベースより。https://doi.org/10.20730/100029327)
㉓曲亭馬琴『南総里見八犬伝』(神戸女子大学古典芸能研究センター所蔵(志水文庫))
㉔「馬琴書簡」小津桂窓宛、天保5年5月11日付(国立国会図書館デジタルコレクションより。https://dl.ndl.go.jp/pid/2570433)
㉖小津安二郎『松阪日記　大正七年・大正十年』(松阪市、2022)
㉗昭和10年代の神楽座(画像提供:松阪市)
㉙ 1983年の市制50年記念上映会チケット(画像提供:松阪市)

本居宣長

チチェローネ　一　本居宣長

江戸期松阪の知的系譜の最上に位置する人物。松阪商人の名を高からしめた「小津党」の一枝ながら、商業には向かず、幼い頃から古典を筆写し、日本地図を作製するなど非凡な才を示す。出京して医術と漢学を修め、帰郷後小児科医として生計を立てる一方、古代の文献を読むことに専心する。『万葉集』研究に大きな道を開いた賀茂真淵が松阪を過ぎる機会を得て面会、真淵から勧められた『古事記』の研究にひたすら励み、詳細綿密な注釈本『古事記伝』を完成させる。

『古事記』研究に力を注ぐ傍ら、教えを請う数多の弟子たちには、もっぱら『源氏物語』や『古今集』『新古今集』を題材に講義し、彼が主宰する歌会などで「新古今」に倣う和歌を万を超えて詠み、京の貴紳たちとも交流した。

学者にして風雅の人宣長の本領は、四十の厄を過ぎて彼の誕生と縁浅からぬ吉野水分神社への参詣を含む吉野観桜の旅『菅笠日記』に見られる。

『古事記伝』の注釈のあり方から始めて、『古今集』、『新古今集』の鑑賞態度、そして『菅笠日記』の文章の魅力の一端を、彼の大部な著作の中から拾い出して読み解いてみよう。

一　郷土の偉人、知っていますか？

平成三年（一九九一）「日本の詩　フランスの詩」と題して私が初めて行った三重県津市での文芸講演会は、以後三重日仏協会主催で平成十一年から、ほぼ定期的に毎年四月に開催されて現在に至り、令和六年（二〇二四）には第二十三回を数えた。ただ令和二年は新型コロナウィルスの流行が猖獗《しょうけつ》を極めて中止となり、翌令和三年もまだコロナ禍が収まらず、開催が危ぶまれたが、人数制限を施して、十九世紀フランスの挿絵画家グランヴィルについて私が、そして二十回目を記念して？　私の妻がフランス人浮世絵収集家エマニュエル・トロンコワについて、初めて夫婦二人並んで話をした。その講演会のあと、取材のために参加しておられた夕刊三重新聞社の山本聖人記者が、京都市立芸術大学でフランス語、フランス文学を長年講義してきた妻に、その芸大の卒業生に宇田荻邨《てきそん》という人がいるはずだが、ご存知か？と質問された。私はもちろん、妻もその名を知らなかった。私が生まれ育って高校卒業まで住んだ三重県松阪市出身の日本画家で、松阪市名誉市民第一号という。西宮の自宅に帰ってから調べてみると、荻邨は確かに京都市立絵画専門学校別科を大正六年（一九一七）卒業、昭和十一年（一九三六）に教授となっている。その後身の京都市立芸術大学に昭和五十四年から勤めた妻には耳遠い名前だったようだ。

三重県立美術館に荻邨のコレクションもあるそうだが、それにしても高校まで松阪に住んで、以後折々に帰省している私が、その名も作品も知らないのはまことに迂闊《うかつ》千万ながら、案外郷土の偉人について知らないままに過ごす人も多いのではなかろうか。たとえば松阪に住んで本居宣長《もとおりのりなが》の名前を知らぬ人はいないだろうが、宣長の実像となると、せいぜい彼の賀茂真淵《かものまぶち》と初めての出会いを記した「松阪の一夜」（口絵①）くらいで、それさえ戦前の国定教科書に載っていたためで、今の子供たちは漠然とした形でしか知らないのではあるまいか。まして彼の長男春《はる》庭《にわ》の仕事や、その弟子で今日江戸時代最大の紀行文作者と評されるようになった小津久足《おづひさたり》、彼の膨大な蔵書を擁した西荘《せいそう》文庫のことなど、あまり詳しくは知られていないような気がする。

もとより私自身、日本画家の荻邨についてと同様、専門を異にして、宣長、春庭、久足についての詳しい知識は無いに等しいが、まことに僭越なもの言いで恐縮ながら、専門外であればこそ、かえって気楽に、しかしそんな私のわかる範囲で正確に、私の生まれ故郷松阪の偉人の側面を書いてみるのは意義あることではないか。山本記者の質問にはかばかしく答えられなかったのを幸いに、宣長、久足、その後裔の小津安二郎について書いてみたいがどうだろう、と厚かましくも山本記者に提案してみた。十数年前に一年半ばかり、『夕刊三重』新聞に『心の中の松阪』と題して、合わせて六十六回連載させていただいた。今度も同じように週に一回で話を進めようというのである。

二 「知」への足場

宇田荻邨を知らないと新聞連載第一回に書いたら、たちまち姉たちから松阪市立第一小学校の講堂に、「簗《やな》」という彼の作品が掲げてあって、大抵の人は知っているよ！と笑われた。そのうえ彼は松阪市の名誉市民第一号で、第二号は私が卒業した三重県立松阪工業高校の大先輩、世界初の電送写真の成功で知られる東京電機大学の学長でもあった丹羽保次郎《やすじろう》氏で、その没後四十年を記念して平成二十七年（二〇一五）松阪工業高校同窓会館前に顕彰碑を建て、その碑文を私自身が撰《せん》したことを思い出した。素人はまことに危なっかしい。

素人と言えば、平成三十年七月、松阪出身で私の高校の後輩である落語家桂文我《ぶんが》さんに誘われて、文我師と並んでの「二人会」を松阪産業振興会館で催すことになった。それを知って小津久足研究の第一人者で、以前から私の著書を読んで面白いとブログに書いてくださっていた菱岡憲司氏が、勤務先の山口市からわざわざ聴きに来て下さるという。私の話はもちろん菱岡氏の聴取を当て込んだわけではなかったが、松阪と言えば、やはり鈴屋大人《すずのやのうし》本居宣長と長男春庭、それに加えて春庭の弟子となった松阪の豪商小津久足、そして久足の後裔小津安二郎の話はどうだろうと思いついての三題噺《ばなし》。はたして門外漢の話が専門家の先生に面白かったかどうか。翌日の『夕刊三重』のコラム「松阪縞《じま》」で山本記者の懇切、明快な記事で初めて話の筋がわかったという知人もいた。

じつは私が初めて松阪の「高座」に上ったのはその前年の平成二十九年七月で、言い出しべえの文我さんに私の生家の隣人で上方落語で活躍している笑福亭生喬《せいきょう》さんも加わっての「三人会」で、私の演題は「フランス文学は色っぽい？」。終わったあと、わざわざ駆け付けてくれた高校同窓の友人たちは、文我さんや生喬さんの落語はほんとに面白かったが、お前のは難しかったわ、と口をとんがらせる。私はこう弁解した。

「フランス文学」は外国のもので、これはちょっと……と考えるから難しくなるのではないか。人の心の機微を、人生の様々な状況に応じて、的確に表現しようとするのは日本のものと同じで、フランス文学の場合、本能や欲望をあるがままに認め、それを真率に、あるいは多少のユーモアや皮肉のオブラートに包んで表現するから、かえって分かりやすいこともある。総じて「文学」の話は難しいぞ、と最初から鎧《よろい》や兜《かぶと》で身構えてしまって、実際の内容そのものは聞いて見れば、柔らかく、易しいのに、そうした思い込みで、分からんと決めつけてしまうのではないか。

そう難しく考えず、といって無闇に軽くも考えないで、ただ目の前に示されたものについて、その本質がどこにあるか、与えられた情報が本当に正しいのかどうか、自分の耳や目で確認することが大切だと思う、そうすれば難しいと思い込んでいたのも、案外するっと納得できたりする。落語と同様、笑いや涙を誘う中に、じつは奥深い知恵や真理が説かれる、文学もまた、まことに得がたい芸術ひとつだ。文字通り我が田に水を引く私の言葉に、友人たちが肯いてくれたかどうかはともかく、そうした「知」を得るために苦心した古人の話から始めよう。

三　なぜ「デカンショ」？

目の前で示されることがらを、易しく、また正確に理解するためには、自分の耳でよく聞き、自分の眼で確かめ、さらにそれを自分自身の体験と知識とに照らし合わせて、頭の中でよく整理し、自分なりの考えをまとめる。これが大切だと説いた。これは「我思う《コギト》、ゆえに《エルゴ》我在り《スム》」で知られる十七世紀フランスの哲学者デカルト（一五九六―一六五〇）の受け売りだと笑う読者も多かろう。

戦前の昔、旧制高校の学生が酔っ払って「♫デカンショ、デカンショで半年暮らす、ヨイ、ヨイ♫」と大声でがなったが、「デカンショ」は、一説に「デカルト・カント・ショペンハウエル」を約《つづ》めたものだそうな。いささか怪しい語源説だが、十七、十八、十九世紀の哲学を彼ら三人に代表させたところは、なかなか馬鹿にできない。「私は考える、だから私は存在する」なんて、当たり前やないか、と返したくなるが、自分が見たり、聞いたりしたことについて、その全てが本当かどうか。疑いだすと、確かにどれもみな怪しくなってくる。

遠くで四角と見た建物が、近づいてみれば円筒形だったり、楽しい経験がじつは夢だったりする。今現に目の前にあること、していることさえ、じつは夢かも知れない。こうして何もかもを疑い、疑いして、最終的にすべて疑わしいとした中で、唯ひとつ確実なことが残る。それはそのように疑っている自分。ああでもない、こうでもない、と「考えている」自分は、ゆるぎないものとして存在する。

そこでデカルトは「考える」行為の持つ意味に気がつく。すなわち自分が「疑っている」という事実は確実で、そこから「考える主体」としての「私」が「存在」することに。

真実にいたる道筋は四つある、と彼は言う。まず、明証的に真であると認めたもの以外は、決して受け入れない（明証の規則）。次に、考える問題をできるだけ小さい部分に分け（分析の規則）、さらに最も単純なものから始めて、複雑なものへと至り（総合の規則）、そして最後に、何一つ見落とさなかったか、すべてを見直す（枚挙の規則）。

デカルトが彼の著書『方法序説』で説いた真理探究の方法は、以後西洋近代合理思想の根本となり、十九世紀の「実証主義」へと導いていく。「実証主義」は、あることがらについて、それが事実である証拠を徹底的に調べ上げ、主観を退《しりぞ》けた確固とした形で提示する。「実証主義」に基づいて諸科学は発展し、今日の進歩の基礎を築くことになった。この「知」を織り成していく作業の方法は、近代西洋のみに限らない。それは日本にも、しかも十八世紀の江戸時代、すでに見られるものなのだ。

四　デカルトの後裔

デカルトの『方法序説』（一六三七）は、さらに特記すべきことがある。それは欧州の学界を驚かせたこの著作が、当時学術書の常識だったラテン語で書かれないで、平俗とされたフランス語で書かれていることだ。その初版のタイトルは、『理性を正しく導き、諸科学において真理を探究するための方法についての説、およびその方法を使って試みた屈折光学、気象学、幾何学論』という長々しいもので、全体で五百頁を超える。その序文としての「方法論」八十頁足らずが、今に名著として読まれることになる。

一六一九年（元和五）、ドイツ神聖ローマ帝国対フランス、スウェーデンとの「三十年戦争」に従軍した二十四歳の冬、ドナウ川左岸のウルムの農家に駐屯、深い思索を重ねたデカルトは、新しい学問の方法を発見する。その体験を語る文章は実に感動的で、それこそ「難しい……」と決めつけずに、各種文庫本に収められているので、ぜひ一読をお勧めしたい。

当時の思想を支配した神学やスコラ哲学に再検討を促すこの著作を、宗教裁判にかけられるのを恐れて偽名を用いたデカルトは、知の象徴であったラテン語ではなく、普通の人間が読める市井《しせい》のフランス語で綴った。保守的な学者たちは卑しんで読むまいと踏んだのか。いや、自分が発見した学問のポイント、「自分で考える、自分が考える」ことを、万人に伝えたい思いが強かったからに違いない。

西洋におけるラテン語に当たるのが、日本における漢文だ。古来、正統の文書は漢字でのみ綴られ、漢字の行書、草書から仮名文字が発明されて、宮中の女官たちがそれらを用いることになった。まさしくかつて威張りまくった男たちが蔑称する「女、子供が使う」仮名文字文学の誕生である。仮名文字への表向きの軽蔑は、江戸時代にも連綿として続いて、漢学が知識人の要《かなめ》とされた。言葉、そして文字の知識が世の権力の根源となることは、洋の東西で変わらない。

日本で最初の歴史書『古事記』（七一二）は、ご承知のとおり、記憶力抜群の稗田阿礼《ひえだのあれ》が暗誦したものを、太安万侶《おおのやすまろ》が筆記したものとされて、全文漢字。『万葉集』も音標として漢字で表現されるが、『古事記』では単に音標文字としてだけでなく、漢文として体裁が整う。そのためかえって難解となって、古来宮廷の学者たちが『古事記』の解読を試みてきた。その努力が江戸時代に入って、大きな形で実ったのが本居宣長（一七三〇－一八〇一）の『古事記伝』（一七九〇－一八二二）だ。その著作が画期的であるのは、先述のデカルトの明証、分析、総合、枚挙の四規則を自ずから践《ふ》んでいること、「女、子供も読める」仮名文字で明快に記されていることである。

五　本居宣長の方法

日本でいうなら江戸時代初期にフランスの哲学者デカルトが提唱した「知」の方法は、以後ヨーロッパ近代科学の礎《いしずえ》となって、十八世紀の「理性の時代」を導き、「フランス革命」へとつながるのだが、文学の世界でも、その批評、研究に大きな影響を及ぼしている。

西欧においても、日本においても旧来の批評の主流は、作家や作品について批評家自身の趣味や好悪を色濃く反映するものだった。今でもそれに類する批評や研究がないわけではない（あるいは多い？）が、近代の実証主義に基づく批評、研究はそれを嫌い、作品の成立事情から本文の確定まで、文献を徹底して客観的に扱い、精確な本文を分析することに努力を傾ける。

平安時代以降、天皇を頂点とする宮廷和歌を中心とした日本の文芸は、『古今集』、『新古今集』といった勅撰集を最上のものとして、一種秘儀的な、ある意味きわめて主観的な「歌学」が形成されてきたが、その伝統は、新聞紙上にある短歌欄や俳句欄の選者評に現在でも見ることができる。選ばれた短歌や俳句がどういう点で優れているかについての客観的記述は少なく、評者の勝手な想像的世界が展開されていることが多い。作者たちは有名人に選ばれるだけで満足するとは思えないのだが。

「古今伝授」などという、おどろおどろしい口伝《くでん》が権威を持ち出すのは、室町幕府、江戸幕府の時代になってだが、正統な歴史書とされた『日本書紀』（七二〇）に対置する『古事記』と同様、私撰とされた『万葉集』（七五九－七八〇？）は、正統とされる『古今集』（九〇五）などに較べて、必ずしも高い評価を得て来なかった。しかしそのため、かえって民間の学者が優れた見解を示すことができたように思われる。大阪の僧契沖《けいちゅう》（一六四〇－一七〇一）が、水戸黄門光圀《みつくに》から解読を託された形で著した元禄三年（一六九〇）の『万葉代匠記』は、厳正な事実と文献に基づく「実証的な研究」の先駆けとして、西洋の文献学に劣らぬ成果を示すことになった。

本居宣長の『古事記伝』は契沖の万葉学に匹敵して、さらに綿密詳細を極める。契沖に続く万葉学者の賀茂真淵との松阪の旅宿「新上屋」での出会いにおいて、『古事記』研究を示唆された宣長は、契沖流の文献学を進展させ、日本における実証研究の金字塔を打ち立てた。

松阪というと宣長が引き合いに出され、鈴屋旧居や松阪城跡にある本居宣長記念館に足を運んだ人は多い。けれども彼が三十五年を超える月日をかけて取り組んだ『古事記伝』の本文を、きちんと読んだ人は案外少ないかも知れない。もちろん私自身、旧著『心の中の松阪』（夕刊三重新聞社、二〇一七）で書いたように、小さい頃、鈴屋旧居の土壁に膨大な量の『古事記伝』の版木《はんぎ》が、今にも崩れんばかりに積み上がっているのを、ただ驚いて見ていただけで、その中味について長い間知らずにいたのだから、エラそうなことは言えない。

六　契沖と宣長

日本最古の歌集『万葉集』四千五百余首について、精確な本文の確定と、綿密な注釈を施すことに力を注いだ『万葉代匠記』の著者契沖は、摂津尼崎の武士の家に生まれ、幼にして聡明、十一歳で自ら志して仏門に入り、二十四歳で大阪生玉《いくたま》の寺院住職となった。寺の雑務を疎《うと》んじて数年で寺を離れ、奈良、摂津の諸寺で仏典や古籍の研究に没頭、三十八歳の時、仏門に入った当初の老師に乞われて、その後継の住職となるものの、寺務は友人に任せ、ひたすら著述、研究に専念する。

その代表的な著作が『万葉代匠記』二十巻で、「匠に代わる」というのは、注釈の依頼をした徳川光圀、あるいは彼の依頼を受けて業に当たろうとして病に伏し、後輩の契沖に託した歌学者下河辺長流《しもこうべちょうりゅう》に代わって記述したもの、の意という。

契沖の『万葉集』注釈はどんなものか。世によく知られた志貴皇子の「春を歓ぶ歌」を例に見てみよう。まず「石激　垂見之上乃　左和良比妣乃　毛要出春爾　成来鴨」と示される漢字、いわゆる万葉仮名は、片仮名で、「イハソソグ　タルミノウヘノ　サワラヒノ　モエイヅルハルニ　ナリニケルカモ」と訓《よ》みが記される。私たちが中学、高校の時は「いわばしる　たるみのうえの」と習った歌で、万葉学者の犬養孝《いぬかいたかし》先生は、教壇でこれに調子をつけて、春の喜びを示すように舞い踊られた。こうして契沖は歌の訓みを示した後で、「垂見ハ津ノ国ナリ」から始まって、湧き水が注ぐ野に出るワラビの春へと繋がる、というように語句ごとに解釈を施し、さらに古来の歌人たちの類歌を挙げ、先人の注を吟味していく。一首について、活字本にして一頁から二頁、時にはさらに長々と説き及ぶことになる綿密さで、私たちが知っている万葉四千五百首の大体が、契沖の訓《よ》みや解釈から多く出発していることがわかる。

　この契沖を、宣長は京都遊学中に書いたとされる『排蘆小舟《あしわけをぶね》』の中で「契沖法師は、初めて一大明眼を開きて、この道の陰晦《いんかい》を嘆き、古書によって、近世の妄説《もうせつ》を破り、初めて本来の面目を見つけ得たるなり」（筑摩書房版『本居宣長全集』第二巻、一九六八、七八頁。以下、宣長の著作は同書房版の全集により、「全集」と表記。読みやすいように表記を改めた）とベタ褒めする。彼が二十三歳で京都の儒学者堀景山《ほりけいざん》の塾に入って、契沖の『百人一首改観抄』を師から勧められて読み、いたく感動したことが、やはり『玉勝間《たまがつま》』で詳しく述べられている（「全集」第一巻、八五頁）。『古事記伝』の細密な注釈は、まさしく契沖の文献学から発していたのだ。

　思えば、五十年以上前の大学院生時代、筑摩書房から『本居宣長全集』全二十巻別巻三冊が出て、その厳密な校訂と編集の評判から、思い切って購入し、『古事記伝』の本文解釈の徹底的な方法に驚嘆、松阪人でいながら、あまりに宣長を知らなすぎたことに、やっと気がつく迂闊さだった。

七　『古事記伝』をちょっとだけ――その一

　日本最初の歴史書『古事記』上・中・下三巻ができたのは八世紀初め。天武天皇からの事業を引き継ぐ形で、元明天皇が太安万侶に命じて稗田阿礼の語りを筆記させたとされる。上巻は高天原《たかまがはら》の神々、天照大神の誕生、須佐之《すさの》男命《おのみこと》の高天原追放から大国主命《おおくにぬしのみこと》の出雲の国ゆずりまで、中巻は神武から応神までの伝説的天皇、下巻が仁徳から推古天皇までの歴史となる。

　原本はその百数十年後に内裏《だいり》の火事で焼失したものの、宮中、あるいは寺社に写本として、千年の間大切に保管、あるいは筆写されてきた。貴重なテクストが残っているだけでも稀有のことで、それをさらに筆写して伝えていく。オリンピックの聖火のように、走者が次々にその灯を引き継ぐまことに尊い作業だ。

そうした志ある人たちの努力の成果として、江戸期までに残っている『古事記』の写本（中でも名古屋の大須《おおす》観音にある十四世紀の真福寺写本は有名）を、宣長はすべて閲覧して、その正確な本文を定める。この第一の段階でさえきわめて困難で、気の遠くなるような根気が必要だが、その上、すべて漢字で書かれてはいるけれど、日本語の読みと変則の日本的漢文で綴られている古代文を、どのように訓をつけ、どのように読み、解釈するかがまた大問題。

仮名文字ができていなかった時代、すべて日本語の表記は漢字が用いられ、その音を借りて、様々な読み方を工夫して表記された古代の日本語。それで記された『古事記』本文を、手に入れられる限りの文献を用いて確定し、訓《よ》み、その意味を丁寧に、確実に決定していく。しかも人名、地名、古代の様式、その注釈の対象となる部分は、ほとんど扱う単語の数と同じくらいある。

宣長の作業はじつに綿密で驚嘆に値する。それがどんなに凄いことか。『古事記伝』の一部をちょっと見てみよう。高天原の天の岩戸に隠れた天照大神が、天宇受売命《あめのうずめのみこと》のいかがわしい踊りを見て神々が大騒ぎする声に驚いて、天の岩戸をそっと押し開く場面（口絵②）。

於是天照大神以為怪細開天石屋戸而内告者因吾隠坐而以為天原自闇。

宣長はカタカナで訓みをこう示している。

ココニ　アマテラスオホミカミ　アヤシト　オモホシテ　アメノ　イハヤドヲ　ホソメニ　ヒラキテ　ウチヨリ　ノタマヘルハ　アガ　コモリマスニヨリテ　アマノハラ　オノヅカラ　クラク（読みやすいように字間を開けている。以下同）

今の表記に直せば、以下のとおり。
ここに　天照大神　怪しと　思ほして、天の　岩屋戸を　細目に　開きて　内より　宣へるは　吾が　籠りますによりて　天原《あまのはら》　おのずから　暗く
この文章に宣長が注をどうつけているか。

八　『古事記伝』をちょっとだけ——その2

『古事記』上巻神代六之巻にある天照大神が高天原の天の岩戸に隠れて、天地が真っ暗になったのを、神々が彼女を呼び戻して元の光を取り戻そうと、天宇受売命が肌も露わに踊るのを見て、神々がうち騒ぐのを、天照大神が岩戸をそっと押し開く。その個所をもう一度見てみよう。

於是天照大神以為怪細開天石屋戸而内告者因吾隠坐而以為天原自闇。

この漢字文に、宣長は「ココニ　アマテラスオホミカミ　アヤシト　オモホシテ　アメノ　イハヤドヲ　ホソメニ　ヒラキテ　ウチヨリ　ノタマヘルハ　アガ　コモリマスニヨリテ　アマノハラ　オノヅカラ　クラク」と訓みを付けた。

『古事記伝』は本文すべてに振り仮名が付けられて、宣長の訓みが示されている。さらに行文の語句で読み難かったり、疑義が起こりうる個所、典拠を明らかにする必要があるものに、煩《はん》をいとわず、できるだけ細かく注をつけている。たとえば、「細開」という字句について、「本曽米爾比良伎弖《ホソメニヒラキテ》と訓べし」と注して、「書紀の訓も然り」と根拠を挙げ、この「米《メ》」が、「所見《ミエ》」が「切《ツヅマ》りたる辞なり」、すなわち「細開」は細く開く、ではなく、「細めに開く」のであって、「所見（見えるところ）」の「ミエ」が縮まってのメの音だと説明する。以下ほとんど一字一句に注すると言っても過言ではない。（「全集」第九巻、三七八頁－三七九頁）

しかもこれら読みの論拠を説く注は、博引傍証、まことに息を呑むばかりで、下手な推理小説を読むより面白く、ここで詳細を引用できないのは遺憾きわまりない。学問の研究においては、自分が考究した結果正しいと信じる説を、あらゆる論理の筋道を示して証明するものだが、自分だけ納得しても仕方ない。むしろその自説を順序だてて説いている自分自身が、所説に不備はないか、自分を偽ることなく自らが確認して自身に問いかけ、その問いに説得力のある答えを自分に示して進まねばならない。

宣長の注釈に臨む議論は、それこそ用意周到、厳しく断定し、しかも解釈において偏狭でなく、著者の懐の深さも兼ね備える。この姿勢を維持しながら、明和元年（一七六四）の起稿から寛政十年（一七九八）の脱稿まで、実に三十数年の歳月をかけて『古事記』全巻を、膨大な本文校訂、注釈を備えた『古事記伝』四十数巻にまとめ上げたのだ。今日の学問的水準から見れば誤りもあるようだが、『古事記』研究は、今も宣長の『古事記伝』からすべて出発することに変わりはない。二十一世紀の私たちも、せめてその数頁だけでも繙《ひもと》いてみれば、未来の知への大きな勇気をもらえるのではなかろうか。

九　『古事記伝』の「総論」

『古事記』の上巻神代六之巻、姿を隠した天照大神が岩戸をそっと押し開く一文と、それに付される注をわずかながら引いて、一字一句洩れなくと言っていいくらいの注に驚嘆したが、巻中の詳注は、本文の訓みとともに、著者のもっとも自負するところで、『古事記』上巻の注をほぼ書き終えた四十八歳の宣長が、小田原在住の飯田百《ひゃっ》頃《けい》への便りに、一般に物知りの人は、注は少ないのが良いとしているが、自分の注は詳しい上にもなお詳しくしようと思うから、「うるさきまで長々しく」、本文に関係のない下らぬことをさえ、「何くれと書き加えて、大よそ古学の道は、此ふみに尽く」そうと志している、と書くとおり（「全集」第十七巻、六二頁）、注記こそは宣長の本領を示すものだった。

それを膨大な本文の僅か一行ばかりの例示で済ますのは、まことに本質をわきまえない暴挙とは知りながら、紙幅の都合で措《お》き、その実際は、図書館で『本居宣長全集』を開いてもらうしかない。筑摩書房版全集で『古事記伝』は第九巻から第十二巻まで。二千頁を超えるが、そのいずれの頁でも読み出せば興尽きないだろう。

『古事記伝』一之巻の冒頭、導入部としての「古記典等総論」は、「古記典」を「イニシエブミ」、「等」を「ドモノ」、「総論」を「スベテノサダ」と振り仮名がつけてある。彼は徹底して漢文の音読みを厭い、いわゆる和音で表記しようとした。

「総論《スベテノサダ》」は、それまでの日本において中国の古典に依拠しすぎて、どれほどわが国本来の自然な心がゆがめられたかを説き、古来尊ばれてきた漢文に典拠した『日本書紀』よりも、日本の古意のままに古語で表された『古事記』に価値があることを強調する。そして仮名で書くべき『古事記』でなぜ漢字が用いられるのかを論じた「文体《アヤザマ》の事」、『古事記』に表れる漢字表記の万葉仮名のすべてについて示した「仮字《カナ》の事」での漢字の仮名文字の使いかた、清音、濁音についての議論は、今見ても漏れや間違いがきわめて少ない、という。そして「訓法《ヨミザマ》の事」では、『古事記』本文の「訓み」方を、豊かな漢文の知識を駆使して、宣長が見出した古語の文法を説く。「総論」の最後にある「直毘霊《ナオビノミタマ》」論（直毘とは物忌みが終わって、平常の生活に戻ること）は、やがて宣長の一部の弟子たちやその同調者たちによって極端に進められていく神国日本の思想的根拠となった。

「総論」を書いた明和八年（一七七一）は、宣長四十一歳。文字通り男盛りの自信に満ちた姿がそこから立ち昇ってくる。『古事記伝』の筆を置いたのは寛政十年（一七九八）、六十七歳の時で、明和元年の起筆から実にあしかけ三十五年、その業に倦《う》むことはなかった。

十　全集の意義

『古事記伝』が宣長の主著なのは言うまでもないが、もちろんそれだけではない。『源氏物語』、『古今集』など中古の王朝文学は、彼のもっとも愛好するところで、優れた注釈書も書いている。古典の注解のために基本となる古語の文法や音韻についての研究成果は、「てにをは」や「係り結びの法則」、漢字の漢音、唐音、呉音の区別、仮名遣いの整理など、語学上の重要な発見につながった。

単に研究ばかりでなく、新古今風の和歌を詠むことを好んで、生涯に万を超える作歌があり、紀州藩主に与えた政論や『玉勝間』などの学問的随筆も残した。宣長がきわめて筆まめな人であることは、松阪城址にある本居宣長記念館に展示されている彼の幼少時代の筆写を始めとして、あらゆることがらに克明なノートを取っている事実からも実感されよう。表《おもて》稼業の医師、特に小児科医としての往診や、施薬した記録まで丁寧に記録していて、当時の薬代や往診料の値まで知ることができる。部外秘の秘薬（今なら滋養強壮剤とでも言おうか）の調合法までも残されている。

こうした宣長の全容を示す筑摩書房版『本居宣長全集』全二十巻に別巻三冊は、私の学生時代すなわち昭和四十三年（一九六八）から刊行が始まり、最終回配本は平成五年（一九九三）。じつに二十五年の長きにわたって専門家と出版社の協力によって完結した。この稿を書くために最終回配本の別巻三を開いたら、予約購読していた大学生協の納品書が挟まれていて、その年月を感慨深く思いやったことだった。

優れた全集は、できる限り著作を収集して、その周辺の資料、断簡も怠りなく備え、作家の全貌をくまなく示すことを目的とすれば、どうしても多くの年月を要する。一九一二年に始まるコナール版『バルザック全集』が予定の四十巻を終えたのは一九四〇年、また「クレオパトラの鼻がもう少し高くなければ、地球の全表面は変わっていただろう」と書いたパスカルの全集は、一九六四年の第一巻から一九九二年第四巻を刊行した後、以後の巻が出なかった。個人で編集の任に当たっておられたパスカル研究の権威である碩学《せきがく》メナール博士が二〇一六年に亡くなって、結局メナール版『パスカル全集』は完結しないことになり、その版を底本として計画された白水社版邦訳『パスカル全集』も、平成五年に第一巻、翌年に第二巻を刊行して以後全六巻を予定しながら、肝心のメナール版が出ないことから、中止せざるを得なかった。その間すでに三十年が経過している。ライプニッツ（ドイツ）やホイヘンス（オランダ）、ヴォルテール（フランス）など各国が誇る偉人の全集は、一種の国家事業のような形で、大量の巻数を地道に何十年もかけて、こつこつと刊行を継続しているのをみると、「文化」の意義がひしひしと身に迫ってくる。

筑摩書房が何度か経営危機に見舞われながら『本居宣長全集』を完成したのは、まさしく壮挙というべきだが、多大の時日を要するほどに充実した内容を盛り込めたのは、ひとえに宣長の厖大な著作が、その家族や門弟、縁者そして宣長の子孫たちによって大切に継承、保存されてきたことにある。中でも松阪本居家の後裔、本居清造《せいぞう》（一八七三―一九五八）の存在がきわめて大きい。宣長の全著作が今日に読める幸福は、多く彼やその後継者たちの努力に拠ると言って過言ではない。

十一　宣長の偉業を伝える

本居宣長の膨大な著作資料が、今日までほとんどそのまま残されているのは、まことに私たちの幸福だ。ただでさえ紙魚《しみ》の食いやすい和紙での諸本や原稿、さらに湿気の多い気候と木造家屋で火事に見舞われることの多い環境の中で、よくぞまぁ、と筑摩書房版全集の頁を繰るたびに胸が熱くなる。

それはもちろん宣長の学問や人格の偉大さによることは間違いないが、家族や友人、門弟がいかに彼の書き物を大切にしたかということでもある。宣長の長男春庭の一生を追って、自分の人生に重ね合わせた足立巻一《あだちけんいち》（一九一三－一九八五）の名著『やちまた』に、「宣長の子女たちは、いちように父を敬愛し、生前には一致してその研究を助け、没後は春庭を支え、家門を守った」。そして宣長はじめ、一族子孫の文書、遺品が、彼らの愛情によって「歴史の激動期をくぐりぬけ、奇跡のように伝えられてきた」とある（『やちまた』下、中公文庫、二〇一五、六六頁）。

それら無数の遺品は、松阪の春庭旧宅の蔵にそっくり収められ、宣長には曾孫《ひまご》にあたる信郷《のぶさと》の次男本居清造《せいぞう》が、東京移住後も整理保存に努めて遺漏なきを期した。学生時代に東京の清造宅を訪問した足立巻一は、黒の紬《つむぎ》を着て腕を組む「丸刈りの頭は黒いし、ひたいはサクラ色に光り、そこから高い鼻梁《びりょう》がのびている」老人とは思えぬ清造を印象深く描いている（同書上、一七九頁）。

本居清造は、宣長の長女飛騨が後妻として嫁いだ高尾家の孫で、松阪本居家に嗣子《しし》として入った信郷の次男である。彼は各地の学校の教員を経て、帝室編集官に就く傍ら、それら遺稿の整理を怠らず、大正十一年（一九二二）から翌十二年にかけて『本居宣長稿本全集』全二巻（博文館）を編集刊行、第三巻は関東大震災のために原稿が焼失して完成しなかった。しかし、その五年後、盲目の春庭に代わって宣長が養嗣子とした弟子の本居大平《おおひら》の後裔本居豊穎《とよかい》との共編として『増補本居宣長全集』全十二巻（うち第十一巻は「本居春庭・本居大平全集」、第十二巻が「本居内遠《うちとお》全集」）を吉川弘文館から出して、その責を果たした。

戦前の宣長研究の基本的文献といえば、この本居清造編『本居宣長全集』と村岡典嗣《つねつぐ》（一八八四－一九四六）の『本居宣長』（岩波書店、一九二八）に指を屈する。村岡の著は、明治四十四年（一九一一）の警醒社版が初版で、早稲田大学を出た後、外字新聞の記者をしていた彼が、この著作で高い評価を得て学界に入り、以後日本思想史家として大成するが、その村岡を導いたのは早稲田で西洋哲学を教えた波多野精一（一八七七－一九五〇）だった。波多野は今も価値を失わない明治三十四年刊の『西洋哲学史要』を二十八歳で書いた日本を代表する宗教哲学者で、彼が最も尊重した愛弟子の一人が宣長の研究で名を挙げるのは、先に説いた西洋哲学的思考に宣長が合致する好例と言えよう。

十二　『松阪学ことはじめ』

本稿を『夕刊三重』新聞に毎週土曜日に連載していると、その反響というか、余波のようなものが、いくつか身辺に起こって、それもまた楽しみでもある。

記事が十回を超えたころ、四日市に住む当時八十九歳になる長兄が、夏の暑さのゆえにか、にわかに体調を崩したというので、久しぶりに顔を見ようと訪ねたところ、お前は宇田荻邨を知らなかったそうだなぁと第一回の文章を示して、また無知を笑われた。その兄が、じつは荻邨の軸を持っているが、持っていくか?と聞く。何年か前に美術商から手に入れたものだそうで、塗りの箱に入った軸を広げてみると、晩年の作らしい金泥で一筆描きのように「宝珠《ほうじゅ》」の図がさっと描かれていて、ちょっと斬新なデザイン画のように見える。

思いがけない荻邨との出会いと兄の申し出に、私は連載記事の功徳を思いながら、ありがたく頂戴することにしたが、兄の娘たちは「高値がついたら教えてね」とこれも笑って言うので、まぁ、とりあえず預かっておく、と答えたことだった。その兄はその年の令和三年（二〇二一）十一月に亡くなったから、それは形見分けを意識しての贈り物だったようだ。

もう一つ。この連載を始めて間もなく小学校、中学校と一緒だった名古屋在住の稲葉秀機《ひでき》君から電話があり、宣長などの連載、楽しみにしている。ついては『松阪学ことはじめ』という本を知っているか?と問われた。知らない、とまた無知をさらけ出すと、平成十三年（二〇〇一）は本居宣長没後二〇〇年で、それにちなむ事業が松阪市を中心に行われ、その記念事業実行委員会が「松阪の昨日・今日・明日」と題して、第一部が堺屋太一の講演、第二部は国文学や日本史などの専門家によるシンポジウムを催し、その本はシンポジウムを元に出版されたものという。講演会の企画は松阪出身の国文学者、故岡本勝《まさる》愛知教育大学教授で、歯科医の傍ら郷土松阪に関わる資料の収集と閲読に熱心な稲葉君は、多年岡本教授と親しくしていて、その本を教授から貰っている。稲葉君は一冊送ってやるから読んでみろ、と言って、たちまち『松阪学ことはじめ』（おうふう、二〇〇二）がわが家に送り届けられた。

さっそく開いて見ると、当時の野呂松阪市長も登壇した第二部シンポジウムの記録もさることながら、「〈人物列伝〉松阪の先賢たち」という第三部は、三井高利《たかとし》、樹敬寺加友《じゅきょうじかゆう》、大淀三千風《おおよどみちかぜ》、山村通庵《つあん》、丹羽正伯《しょうはく》、奥田三角《さんかく》、小津勝《かつ》、悟心、藤田適斎《てきさい》、韓天寿《かんてんじゅ》、本居宣長、森川滄波《もりかわそうは》、森壺仙《こせん》、本居大平、服部中庸《なかつね》、三井高蔭《たかかげ》、本居春庭、小津美濃《みの》、殿村安守《やすもり》、高畠《たかばたけ》式部、荒井勘之丞《かんのじょう》、小津久足《ひさたり》、竹川竹斎《たけがわちくさい》、世古格太郎《かくたろう》など、松阪に関係する偉人計二十四名が、それぞれの専門家によって紹介されている。中には私など初めて目にする人物もいて一驚した。「持つべきは友」と感謝しながら、さてこれからどんな新機軸で語れるか、心新たに本居宣長の事績顕彰に係わった人々についての稿を続けたことだった。

十三　松阪市長梅川文男の貢献

昭和三年（一九二八）岩波書店刊の村岡典嗣『本居宣長』は、西洋哲学的素養の下に厳密な文献学的手法を用いて、宣長の学問の意義を説き、彼の師波多野精一が大正十五年（一九二六）六月二十四日村岡に宛てて、「文献学の二つの大切な任務―語源と歴史的叙述―」を果たす、と書くとおり（『波多野精一全集』第六巻、岩波書店、一九六九、八二頁）、客観的記述に満ちた画期的な著作となった。

その村岡の編集になる『本居宣長全集』（岩波書店、一九四二―一九四四）は、数十巻を予定して期待されたが、わずか五冊で中絶する。太平洋戦争真っ只中での出版はきわめて困難だったこと（ただし神国日本を煽《あお》る勢力には支持されただろう）、村岡が昭和二十一年に六十二歳で亡くなったことも大きいが、敗戦で世相が一変したのも大きく影響したはずだ。

昭和初期から右翼や軍部などが神国思想を持ち出し、「朝日」、「大和」、「山櫻」といった国産たばこや「敷島隊」など特攻隊の名称を宣長の「しき島のやまとこゝろを人とはゞ　朝日にゝほふ山さくら花」の歌から取るなど、宣長をその思想の支柱として担《かつ》ぎ上げた。ところが戦後は一変、宣長は神がかり的国家観の元凶のようになる。足立巻一は戦後松阪城跡の中にあった「鈴屋遺蹟保存会」を訪ねた時、来館者が激減したことを、館長自ら自嘲気味に話す姿を写している（足立巻一『やちまた』下、一五七頁）。

そういう人心《じんしん》の移ろいの中で、宣長から数えて五代目の当主となる本居清造は、一族の著作や遺品をひたすら守り、整理し、それらの研究を怠らなかった。大量の書籍の虫干しも毎年欠かさず、焼夷弾《しょういだん》の空襲で近隣に火が出れば、油紙で包んで縁側に並べた遺稿を、すぐに庭に掘った大穴に投げ込む用意までしていたという（今漢字表記して気が付いたが、「焼夷弾」とは夷狄《いてき》、すなわち野蛮な異国人を焼く爆弾と言う意味で、それを日本各地に散々落とされて焼け野原になったのは、まことに皮肉な命名だ）。清造はその死の二年前、すでに松阪市に寄付済みの宣長遺跡の建物、宅地に加えて、鈴屋の文書、遺品の一切を収める資料館が同市に建設されることを前提に、梅川文男松阪市長に寄贈を申し出て、昭和三十八年九月、後事を長男彌生《やよい》に託して八十九歳で没する。

梅川市長は、資料館建設を最大の責務として奮励、全松阪市民に呼びかけ、政財界の協力も得て、昭和四十五年十一月、当時の金額で四千五百万円の建設経費をかけて四八八一点の宣長に関連する遺品を収める記念館を完成させる。しかし梅川はその年の四月四日肺ガンのために六十二歳で逝去、開館式典のテープを切ることはできなかった。梅川は、戦前は共産党員として転向を肯《が》んじず、戦後共産党の方針を批判して離党、県会議員を経て松阪市長となった。彼の飄々たるエッセーは市民からも親しまれ、また松阪市から出征して戦没の憂き目に会った兵士たちの手紙を集めた『ふるさとの風や』（三一書房、一九六六、復刻一九九五）の刊行もある。令和三年（二〇二一）に本居宣長記念館で回顧展が開かれた詩人竹内浩三の仕事も、その友人だった梅川の存在が大きい。私の高校卒業までの松阪生活で、梅川市長の名前は母からもよく聞いた。本居宣長記念館は、本居清造と梅川文男無くしては存在しなかっただろう。

筑摩書房は昭和三十五年（一九六〇）前後から国語学者大野晋《すすむ》学習院大学教授を中心として宣長全集を企画していたが、本居清造の松阪市への全資料の寄贈を期に、厖大な新資料が発見され、編集方針を根本的に見直して、国文学者で北海道大学教授大久保正をあらたに編集に加え、二十五年をかけて面目を一新する全集を刊行した。地下の本居清造、梅川文男も安んじて微笑しているに違いない。

十四　和歌の楽しみ

宣長が心魂を傾けた著述は『古事記伝』だが、彼は『源氏物語』や『古今集』、『新古今集』を愛読していて、京都での修学を終え帰郷の後、二十九歳で開いた私塾で弟子たちへの講義で最初に取り上げたのは『源氏物語』だった。これは七十二歳の最晩年まで続けられ、『万葉集』を講義に取り上げるのは三十二歳から、『新古今集』を三十七歳で、『古今集』は四十五歳になって教案に乗せた。以後題材ごとに講義の日を決めて四十年間続けているが、肝心の『古事記』はほとんど講義に取り上げていない。自分の愛読書の魅力を伝える楽しみとしての講義と本来の研究の対象とを、しっかり分けていたのだろう。これは今日の大学の講義でもままあることで、自分の専門の講義しかしない教授もおれば、専門とする分野はその研究に日夜専心し、講義は非専門の分野を主として教室で取り上げる人もある。私はと言えば、文学部のフランス文学科に移るまで、バルザックの講義はしなかった（あるいはできなかったと言っていいかもしれない）。フランス文学科に移ってからは特殊講義にはバルザック、普通講義、演習は広く題材をフランス文学から選んで行った。

古来の歌集の講義の外に、宣長が何よりの愉悦としたのは作歌で、二十歳の時に正式に歌道の師について学び始めてから、生涯その楽しみを捨てなかった。村岡典嗣は「歌作数十年の歴史において、ほとんど成長も発展も見られない」と断定し、現在の研究者でも彼の歌集『鈴屋集』（一七九八－一八〇〇）を「丹念に読む者など、歌人は言うに及ばず宣長研究者でも、ほとんどあるまいと思う」という人がある（岩田隆「宣長の歌」、「全集」第三巻、月報5、一九六九）宣長の自負と真逆の評価については、今これを詳しく論じる余裕がない。

宣長は『新古今集』を最良の歌集として作歌の範としていたが、彼の講義と和歌への打ち込みようは『古今集遠《とお》鏡《かがみ》』（一七九七）にその一端を見ることができる。遠鏡は今でいう望遠鏡。見えにくいものもはっきり見えるように、昔の歌を間近に見るように説く、というもので、たとえば有名な『古今集』巻十一の四六九番歌

　ほととぎすなくやさつきのあやめ草　あやめもしらぬ恋もするかな

の歌を「どのようなわけな物やら未だ知らずに　わしゃまぁ無茶な恋をすることかな」と訳す（本文の片仮名表記を読みよいように書き換えた。以下断らぬ限り同じ処理を行うことにする）。今の受験古典にみる原文、釈文の構成は、実に宣長の発明で、やたら高雅で近寄りがたい勅撰集が、当時の人にもそれこそ遠眼鏡で見るように、くっきりと明らかになる、というわけだ。

『古今集』恋歌一（巻十一－五三八）にある、

　うき草のうへ《（上）》はしげれるふち《（淵）》なれや　深き心をしる《（知）》ひと《（人）》のなき

は、「わしが深い心底《（しんてい）》は、上には浮草の茂って見えぬ淵じゃかして　此の深い心底を人が知ってくれぬ　深いことが見えぬそうな」と、宣長のいわゆる「俗言《サトビゴト》」で訳す（「全集」第三巻、一四一頁、一五四頁）。

彼はこの書冒頭の「例言」で、中古代の語法に対して個々の場合に応じた訳語の規則を、いちいち例示して読者の理解を求めている。いかにも学者としての用意と主張が丁寧に述べられていて、あたかも宣長の講義に実際に参加している気分になる。行燈《あんどん》の明かりの中、こんな調子で、「しかはあれども世に伝はる……」と「古今集序」の一節を示して、「そうじゃけれども、しっかりと歌というて世の中に伝わってきたのは……」と訳している宣長の声が聞こえるようだ。

十五　文学批評の先駆

『古今集遠鏡』は、古雅な和歌を現代語に訳して示す現代受験参考書の先駆けだが、宣長が作歌の際、最大最良の手本とした『新古今集』については、その二年前の寛政七年（一七九五）刊の『美濃の家《いえ》づと』がある。書名は、前書きに宣長自身が言うように、寛政二年美濃の大垣から『新古今集』の第二回目の講義を聴きに松阪まで来た大矢重門《しげかど》が、一年間の受講の後に帰郷する際、大矢のさまざまな問いについて、宣長が自説を細々《こまごま》と書き認《したた》めたものを、「家づと（故郷の家への土産）」として持たせようとしたことによる。

大矢にその時示した和歌、

これをだに家づとにせよいせの海　かひは渚の藻屑《もくず》なりとも

私流に解せば、「この書冊だけでも家の土産に持っていきなさい。伊勢の海（すなわち宣長の学塾）で学んだことは、人が土産に持ち帰る渚《なぎさ》の貝は、無くなることもあるかも知れぬが」、の意で、渚を「無き」と通じさせ、貝は、「甲斐がある」の甲斐に掛け、さらに同音の「櫂《かい》」と繋がらせて、学を進める師宣長を暗示させ、その櫂がこれから無くとも、この本がその代わりとなる、との思いを込める。還暦を過ぎた宣長の若い弟子への愛情と、師としての矜持がそこに見てとれる。大矢はこの書の出版を師に提案、五巻五冊の本として刊行された。大矢は寛政八年に亡くなっているから、からくもその死に間に合ったことになる。

この『美濃の家づと』も、『古今集遠鏡』と同じく宣長の講義ぶりが窺える貴重な資料だが、『遠鏡』が古歌の現代語訳なのに対して、『美濃の家づと』は、たとえば式子《しょくし》内親王の歌、

山ふかみ春ともしらぬ松の戸に　たえだえかかる雪の玉水

を「めでたし、詞《ことば》めでたし、下句はさら也、春ともしらぬ松とつづきたるも、趣の外のあまりの匂ひなり」とべた褒めの感想が並び、「趣の外のあまりの匂ひなり（想像以上に雰囲気が良く出ている）」など、分析よりも歌としての感動に重きを置く形の批評が主となっている（「全集」第三巻、二九九頁）。

『百人一首』のカルタ取りで「む」で始まる唯一の歌として必ずこの札を取る！と力む人もいる有名な寂蓮法師の歌、

むら雨の露もまだ干ぬ槙の葉に　霧立ち上る秋の夕暮れ

については、「めでたし、むら雨は、晴れたるが、その露もいまだ干ぬ間に（乾かないうちに）、又霧の立ちのぼりて、はればれしからぬ（晴れ晴れとはしない）山中のさま也」と解説する（同、三五四頁）。ここも歌の趣きや鑑賞のポイントを説き、講義しながら、いかにも感嘆したように、歌を節をつけて読み、「いいですなぁ！」と弟子たちに相槌を求める宣長の姿が見えてくるようだ。

もちろん、それぞれ一首に用いられた言葉一語の働きについても、たとえば「山家《やまが》暮春」と題する宮内卿の歌の初二句「柴の戸を　さすや日影の　なごりなく」で、「柴の戸に」でなく「柴の戸を」と「を」をなぜ使っているか、といった解説もあるが（同、三一九頁）、あくまで今で言う分析的視点というよりは、鑑賞者、あるいは作歌の態度で一貫して全巻を論じている。これはあたかも現代の歌壇の評論の態度、新聞の短歌欄や俳句欄の選者の選評に通じるもので、和歌の現代語訳とか、鑑賞に重きを置く現代の批評家たちの源流が、本居宣長に発することが、

この二著を読むと確認される。

『古事記伝』の本文確定、訓み、厳密犀利《さいり》な注釈など、徹底した実証主義に拠る宣長の、それとは対照的な和歌の鑑賞と作歌の精進。学びと遊びのバランスが巧みに取られて、彼の自己解放がなされているというべきだろうか。

十六　書斎にかかる「県居《あがたい》之霊位」

村岡典嗣は宣長の生涯を、第一期として彼の出生した享保十五年（一七三〇）から宝暦元年（一七五一）までを「幼時および普通教育時代」、第二期を宝暦元年から宝暦十三年まで京都遊学および歌学び研究体制時代、第三期を明和元年（一七六四）から天明八年（一七八八）まで上古学研究および大成の時代とし、第四期寛政元年（一七八九）から享和元年（一八〇一）までを学問普及時代として四期に分けている（村岡典嗣『本居宣長』）。宣長の学問的成果を彼の年譜で辿ると、村岡の言う第四期に一斉に芽を吹くように現出している。

『古事記伝』（一七九〇－一八二二）にしても、『美濃の家づと』（一七九五）、『古今集遠鏡』（一七九七）などの歌集の注釈、日本人の文学的感性に大きな影響を与えた『源氏物語玉のおぐし』（一七九九）の物語論、紀州藩主に示した政談、学問論を含む『玉勝間』（一七九五－一八一二）の随筆など、宣長の主著の大半が、六十歳を過ぎてからの刊行だ。つまり、それだけ宣長の名声が広く知られるようになった証《あかし》だが、同時にどれほど彼が学問の蓄積と円熟に時間を費やし、その発現に慎重であったかを物語るだろう。

凡人はほんのわずかなことで舞い上がり、多少人に知られたり、弟子などというものが出来たりすると、著述を出版して世に問い、自分の力を知らしめたい、人に認められたい欲に駆られる。特に年少にして秀才の評判が立つと、そのままいつまでも秀才気分で、不惑をすぎても一向進歩せぬまま、自尊心だけは強い老後を迎えてしまう例が、ままある。

宣長は松阪の市井にあって、昼は小児科医として勤勉につとめ、夜は自宅での講義で近隣から集まる庶民の弟子たちに、倦むことなく古学を講じる。そしてその合間の時間に孜々《しし》として後の大著に結晶する稿を継いだ。しかも必要な文献を手に入れるために、あるいは家計のやりくりに腐心して、津の薬種商に養子にやった次男親次《ちかつぐ》の家に借財をしながらも、ひたすら学者の穏健な日常を貫く人生だった。

その晩年における学問の絢爛とした開花は、当然一つのきっかけとなるものがあったに違いない。それは村岡が第三期と名付ける期間に起こった賀茂真淵（一六九七－一七六九）との松阪での彼の旅舎「新上屋」を訪問しての応答とその入門、そして親しい門人たちとの吉野への旅ではなかったか。真淵との師弟関係は、時に手紙のやり取りを通して激しい議論となっても、三十三歳も年上の真淵が寛厚な態度で接して、宣長の客気《かっき》を押さえることもあり、さらに彼の驥足《きそく》を伸ばす大きな力となった。彼が書斎に「県居之霊位」と真淵の号を自筆して勉学の筥《しもと》として師を偲んだのは、真淵への篤い思いを示している。今一つ大きな事件はやはり吉野への旅行だろう。その吉野行を綴った『菅笠日記《すががさにっき》』について書いてみる。

十七　万巻の書を読み、千里の道を行く

令和三年（二〇二一）から令和五年にかけてのコロナ禍で、楽しみしていた旅行ができない、と嘆く人が多かった。まことに旅は心伸びやかに、未知の光景に触れ、新しい自分を発見するまたとない機会ではある。

明治二十五年（一八九二）刊行の小説『五重塔《ごじゅうのとう》』で有名な幸田露伴《こうだろはん》（一八六七－一九四七）は、二十歳で電信技士として北海道余市に赴任するが、一年経つか経たぬかに逃げ出して、北海道から青森へと渡り、そこから郡山《こおりやま》まで徒歩で旅して、ひと月後にようやく東京に帰り着く。

その旅日記『突貫紀行《とっかんきこう》』（一八八七年執筆。刊行は一八九三年）は、「身には疾《やまい》あり、胸には愁《うれい》あり、（中略）、欲あ

れども銭なく、望みあれども縁遠し、よし突貫して此の逆境を出でむと決したり」（『露伴全集』第十四巻、岩波書店、一九五一、三頁）と書き出されて、いかにも才ある青年の突進的情熱をよく表している。

それに較べると本居宣長の寛政七年（一七九五）の『菅笠日記』は、明和九年（一七七二）に大和国吉野に門弟たちと出かけた紀行で、宣長四十三歳の分別盛り、上古学研究がいよいよ大成し、もっとも充実して気力満ちた時の作だ。

もちろんそれまでにも長旅の経験はある。まず十三歳で吉野水分《みくまり》神社への参詣の旅、十六歳の時には京都、さらに日をおかず江戸の伯父の店へ商売見習いに赴き、翌年帰郷。伊勢山田に養子に行くものの離縁になって二十三歳で医者になるべく上落、滞京五年の修業を終えて松阪に帰った。そのいずれの旅も若い身での不安と希望が交錯したものだったに違いない。

最初の吉野行は、さらに足を伸ばして和歌山、長谷を巡っての旅程九日間、京都は北野神社を始め名所めぐりの七日間、その後の江戸、そして京都での長期の滞在は、若い宣長の貪欲な知識欲に多くのものを吸収させただろう。中国明末《みんまつ》の文人董其昌《とうきしょう》（一五五五－一六三六）のいわゆる「万巻の書を読み、千里の道を行く」は、昔の文人が必須としたものだ。

とはいえ十返舎一九《じっぺんしゃいっく》（一七六五－一八三一）の『東海道中膝栗毛《ひざくりげ》』（一八〇二－一八一四）を持ち出さなくても、江戸時代の旅はいろいろ不便が多かったろう。しかし当時の人にとっては、それは案外当たり前のこととして受け入れられていたのかもしれない。戦後間もなくの頃でさえ、一時間以上も歩いて学校に通ったものだと、中学や高校時代、同級の友人の何人かから話を聞いたことがある。

宣長が二度目の吉野への旅を計画したのは四十三歳の春。三年前の明和六年十月に師と恃《たの》む賀茂真淵が死去し、そのことでいっそう自立の精神も高まり、『古事記伝』最初の巻をその前年明和五年に刊行、充実感を味わう時期だったと思われる。

名高い吉野の桜を門弟たちと愛でる楽しみもあったろうが、夫婦に子供が授かるように宣長の両親が祈り、その霊験あらたかに彼が出生した水分神社に再び参詣する目的もあった。

四十二歳は男の厄年である。それを無事に過ごした安堵感と、学者としての面目も新たな「本居宣長」として水分の神に見参する自負に満ちた旅だったのではなかろうか。

十八　「日記」と「紀行」

日本には古来「日記」と題される書き物がある。日記といっても「旅の日記」であることも多い。古くは平安時代の紀貫之（八六六?－九四五）『土佐日記』（九三五）や菅原孝標女《すがわらのたかすえのむすめ》『更級《さらしな》日記』（一〇六〇）、また鎌倉時代の阿《あ》仏尼《ぶつに》（一二二二?－一二八三）の『十六夜《いざよい》日記』（一二七九）など、いずれも貴族や歌人が地方から京へと上ったり、京から下る記録だ。

貫之が土佐の任地から京の都へ帰り着くまでの日々《にちにち》を記したのが『土佐日記』だが、海上の風次第で船待ちをせねばならず、やっと船を漕ぎ出しても、

夜更《よふ》けて、西東《にしひがし》も見へずして、天気《てんけ》のこと、楫取《かじと》りの心にまかせつつ、男も慣《な》らはぬは（男でも慣れないので）、いとも心細し（『新日本古典文学大系』第二十四巻、岩波書店、一一頁。長谷川政春校注）

など、と旅の不安を多く記す。彼がことある毎にシャレや滑稽を言うのは、その不安が大きければこその元気づけのような気がする。『更級日記』は、谷崎潤一郎がその『文章読本』（一九三四）に引用するように、夜中に箱根越する少女の恐怖が生々しい。

阿仏尼の『十六夜日記』も、土地相続を訴えに京から鎌倉へ下る際の記録で、近江の野路《のじ》という地にさしかかっ

て、早くも、

野路といふ所は、来《こ》し方行《かたゆ》く先、人も見えず。日は暮《くれ》かゝりて、いともの悲《がな》しと思ふに、時雨《しぐれ》さへうちそゝぐ。

（『新日本古典文学大系』第五十一巻、一八六頁。福田秀一校注）

と心細げな様子を示す。

貫之、阿仏尼の二人は、ともに六十歳前後とあれば当然のことながら、中世の旅はしばしば非日常の辛さ、不便が嘆かれる。それを癒すのが日頃たしなむ和歌で、書き手の教養を示すためもあろうが、「日記」に歌が添えられるのが『土佐日記』以来の伝統となった。

しかし江戸時代になると、旅の日々の苦難や作歌の披露ばかりではなく、非日常の興趣を記す紀行文が盛んになる。宣長の『菅笠日記《すがかさ》』も、「菅笠」とあるように紀行日記である。芭蕉の『奥のほそ道』（一七〇二）はそうした紀行文の最初の名作で、この書が画期的なのは、名所、旧蹟の興趣を、それまでの和歌ではなく、発句《ほっく》で紡いでいったことにある。

江戸時代に諸国の旅人が著してきた紀行文の醍醐味は、板坂耀子《いたさかようこ》氏の『江戸の紀行文―泰平の世の旅人たち』（中公新書、二〇一一）に詳しい。中古中世の日記、紀行文の著者たちが、何らかの私的、公的な目的で、よんどころなく旅をした、その労苦を述べるのに対して、江戸期の紀行文は、自らの興味から各地を廻り、その記録を留めるものが多い。執筆の動機は「自分の老後の楽しみ」と「子孫に読ませるため」の二つにほぼ尽きる、と板坂氏は言う（同書、iii頁）。

江戸時代の紀行文は『奥のほそ道』のほかにも優れた紀行文があるとして、彼女がそのうち八つ選りすぐった紀行文を紹介する中で、宣長の『菅笠日記』を挙げ、「現実を理性と共存させて容認できる」宣長のすぐれた資質が「散文として雑然とした多様な内容を含む」紀行文において「十分に生かされた」と評価する（同書、一〇七頁）。

十九　紀行文『菅笠日記』

明和九年（一七七二）三月五日、四十三歳の宣長は親しい門人五名（その中には稲懸常松《いながけつねまつ》、のちに大平《おおひら》と名乗って本居家の養子となる最年少十七歳の少年もいた）を引き連れ、吉野へと旅立つ。『菅笠日記』は、まず『万葉集』中の天武天皇の有名な歌（『万葉集』巻一－二七）、

よき人のよしとよく見てよしと言ひし　吉野よく見よよき人よく見つ

を引き、二十年ばかり以前から思いついていた吉野詣《もう》でだが、春になると都合が悪くなって、なかなか志を果たせなかったのを、今度ばかりはとにかく行くぞ、と心を決め、すでに出立前日の朝からその準備に怠りないことを記して、さて出発。

ころは三月《ヤヨヒ》のはじめ、五日の暁《あかつき》。まだ夜をこめて立ち出《いで》ける。市場《いちば》の庄などいふわたりにて、夜は明けはてにけり。さて行く道は。三渡《ミワタ》りの橋のもとより。左にわかれて。川のそひをややのぼりて、板橋をわたる。此のわたり迄は。事にふれつつ。をりをり物する所なれば。めづらしげもなきを、このわかれゆくかたは。阿保《アオ》ごえとかやいひて、伊賀国《ノ》をへて。はつせにいづる道になん有ける。（『全集』第十八巻、三三三頁）

夜の明けぬ暗いうちから松阪を出て、庄《しょう》、三渡橋を通って行く。松阪に住む人間で三渡橋を知らない者はいないだろう。宣長にとっても何かの機会に時々往復する普段の光景であって、そこから左に折れてようやく山道となる。阿保は「あお」と読んで、今の青山町。近鉄電車が長いトンネルで山を抜ける名張《なばり》、榛原《はいばら》へと続く当時は山越えの道のりで、三渡橋を渡るや分かれ道に差し掛かり、遥かに行路を思いやっての感慨が「このわかれゆくかたは」の文字に込められていよう。つまり「めづらしげも」ない普通の日常と、以後の「非日常」の境目を強く意識しての緊張した心持を表すものだ。

「はつせ」は、もちろん旧の初瀬寺、現に長谷寺のあるあたりだが、初瀬の文字に浮かぶ「初」の新鮮な気分と、川沿いの意と機会を意味する「瀬」が合わさって、いかにも川沿いの道に立っての旅心が、「はつせに出る」という表現で存分に示されている。続けて、

此道《このみち》も。むかし一度《ひとたび》二度《ふたたび》は物せしかど。年へにければ。みな忘れて。今はじめたらんように。いとめづらしく覚ゆるを。よべより空うちくもりて。をりをり雨ふりつつ。よもの眺めも、はればれしからず。旅衣《たびごろも》の袖ぬれて。うちつけにかこち顔なるも。かつはおかし。（同）

とある。一、二回は来たことがあるけれど、しかし長い年月旅しないでいた身には、何もかもが珍しい。夕方になって雨模様となった。景色も陰鬱に、着物も濡れそぼって、たちまち嘆くのも、また「おかし」と書く。『土佐日記』や『更級日記』に見る古人の旅の苦労と旅情を二つながら興じてもいるのだ。

二十　『菅笠日記』――三渡橋《みわたりばし》

板坂耀子氏に従えば、芭蕉の『奥のほそ道』は中世の紀行文に倣《なら》って、辛く、憂き旅を書くことで、旅の実用、愉悦を説くことの多い江戸紀行文の中では、孤絶した作品という（板坂前掲書、九頁－一一頁）。しかし『奥のほそ道』の異色は、平安以来の紀行文がそれぞれの文章をつなぐ要《かなめ》に和歌を挿入するのと異なり、俳諧発句によって文章をつなぐところにある。それこそ有名な冒頭、「月日は百代の過客にして、行かふ年も又旅人也」で始まる文章に「草の戸も住替る代《よ》ぞひなの家」として「面《おもて》八句を庵の柱に掛置く」と書くのは、明らかに従来の和歌中心の紀行文への挑戦だったはずだ。

室町後期の連歌師である宗祇《そうぎ》の『筑紫道記《つくしみちのき》』（一四八〇）も発句が折々入るけれど、それでも自作の和歌や名所・旧跡に関しては他の名歌を差し挟んだりしている。和歌と俳諧がほぼ同じ位置にある今日と違って、和歌と発句と

の間は、今日では想像できないくらい大きな重みの差があった。
その意味で、宣長の『菅笠日記』は、中世紀行文の伝統を守りつつ、そのうえ自分が訪《おと》なう名所、旧跡について、綿密な調査と実証性をもって記したもので、いわば旅情と知識と見識が、バランス良く配分されている学者の紀行文と言うことができよう。またそこにこそ文芸復興を成し遂げた江戸期の文人の嗜みとしての文章の面目が発揮される。
先に引いた冒頭の松阪旅立ちの文章など、じつに明晰で、難解なところがほとんどない。そして名所の考証も、決して学を誇らぬ、穏当な書きぶりに感心する。たとえば、先述の市場《いちば》の庄から続く雨中の記事を見よう。

雨ふればけふ《(今日)》は小川の名にしおひ《(負い)》てしみずなが《(清水流)》るる里の中道。この村をはなれて。みやこ川といふ川。せば《(狭)》きいた《(板)》橋を渡りて。都《ミヤコ》の里あり。むかしいつき《(斎)》の宮の女房の。言の葉のこせる。忘井《ワスレヰ》という清水は。【千載集旅に斎宮の甲斐《(かい)》(作者の名)　別れゆく都の方のこひ《(恋)》しきに　いざむす《(結)》び見んわすれ井の水】今その跡とて。かたをつくりて。石ぶみ《(碑)》などを立たる所の。外にあなれど《(あるけれど)》。そはあらぬ所にて。まことのは、此里《(このさと)》になんあると。

(「全集」第十八巻、三二三頁―三二四頁)

この忘れ井の現在の姿は、松阪市殿町に住まう姉に同町赤塚利夫・邦代夫妻が届けてくださった『『菅笠日記』写真集』(あいの会、二〇〇二)に写真が掲載されているとのことで、早速ページを繰ってみると、宣長の旅程に合わせて七十二枚のカラー写真が、撮影者と説明文付きで印刷されている。赤塚夫妻は松阪の有志で行っている『菅笠日記』読書会のメンバーであるそうな。松阪の知の系譜は今も命脈を保っている、と感嘆しきりだが、その写真集で宣長の旅程をイメージと共にたどりながら、日記の文章をもう少し読んでいきたい。

二十一　『菅笠日記』―都の里の忘れ井

改めて宣長の『菅笠日記』の冒頭、松阪を発って市場の庄を過ぎてからの記事をいま一度引く。

「雨ふればけふは小川の名にしおひてしみずながるる里の中道。この村をはなれて。みやこ川といふ川。せばきいた橋を渡りて。都《ミヤコ》の里あり」とあるように、宣長一行は小川村に入り、村の名そのままの小川が流れる村を通って、みやこ川の板橋を渡れば都という名の地を過ぎる。斎宮の役を終えた皇女が京の都に帰るに際して、その供をする宮女たちが、そこで伊勢に残る同僚たちとの別れを惜しんで、清水を汲んだ故事から「都」の名がついたという。

そして「むかしいつきの宮の女房の。言の葉のこせる。忘井《ワスレヰ》という清水は」という『千載集』（一一八八）に載る斎宮《いつきのみや》に仕えた女性甲斐《かい》がそこで汲んだ忘れ井の水を歌ったものを注のような形で挙げて「今その跡とて。かたをつくりて。石ぶみなどを立たる所の。外にあなれど。そはあらぬ所にて。まことのは、此里になんあると」と記して、「忘れ井」の由来を説く。そしてさらに他の場所にその跡だという碑があるが、この「都の里」にあるのが本当の井戸という人もいて、それを確かめたいと立ち寄ってみれば、「まことに古き井あり」。昔から枯れることのない井戸ではあるけれど、里人は忘れ井の言い伝えを知らず、これが本物であるかは断定できない。もっと詳しく調べたいが「行く先の急がるれば」と、宣長はそのまま立ち去るのだが、早急な断定を避け、文献と実見とを合わせて後の考究に待つ、とする彼の実証主義が、この旅の記録にもはっきり現れて印象深い。

行路の雨はあいかわらず降り止まず、同行の門人たちと「かくては吉野の花いかがあらん」と、言い交して、花が散っているのではないかと心配しながら、宣長は、

春雨にほ《（干）》さぬ袖よりこのたびは　しをれ《（萎）》む花の色をこそ思へ

の自作を記す（口絵③）。「このたびは」と、旅と度をかけて、雨と涙に袖を濡らして、花も同じ憂き目にあっているのでは、と憂う歌で、旅の記事を和歌で繋ぐ中世からの旅日記の伝統をきちんと踏んでもおり、また雲出《くもず》川の上流の険しい岩々を見て、『万葉集』巻一にある吹黄《ふき》の刀自《とじ》の歌（二二番歌）を

　川上のゆつ岩村にこけ《（苔）》むさず　つねにもがもなとこをとめ《（常処女）》にて

を引いて、彼女がこれを詠んだのは、このあたりだとする賀茂真淵の説を思い起こすなど、三年前に亡くなった師への追慕も欠かさない。

　さらに雨中、日暮れになって伊勢地《いせじ》にたどり着く。「うれしさも又いは《（言わ）》んかたなし」と喜んでそこで一泊。翌日は川沿いに阿保《あお》の山登り。幸い雨は止み、七見《ななみ》峠から霧の中に里の景色や布引山《ぬのびきやま》を松阪とはまた違った角度から望んで名張《なばり》に至る。雨が降ったり止んだりの中を山路の道中、さて「くだらんとする所に。石の地蔵あり。伊賀と大和のさかひなり。なばり《（名張）》より一里半ばかりぞあらん」と書く。地蔵はおそらく「あいの会」写真集に載る追分《おいわけ》地蔵だろう。「宮川まで二十里」の文字がはっきり見える（『全集』第十八巻、三三六頁）。

二十二　『菅笠日記』——長谷寺から多武峰

　宣長の旅は、三渡、都の里、伊勢地をたどり、そこで一泊の後、雨中名張へ向かって七見峠《ななみとうげ》を越え、伊賀と大和の境の追分地蔵を見るところまでを述べた。宣長がもっとも愛したという『源氏物語』についての諸著作を素通りして、従来それほども注目されなかった彼の旅の記述に多くの字数を費やすのは、宣長の本領が案外この紀行文に表れているように思われるのと、彼の孫弟子にあたる小津久足の紀行文を後に比較しながら見ようと思っている下心からで、もう少し読み続けることにしたい。

　室生寺《むろうじ》近く大野寺の岸壁に彫られた阿弥陀像を見る。長谷寺まで進むはずが、雨のために榛原《はいばら》に一泊。この雨で吉野の桜はどうだろうか？盛りが過ぎはしないか？と今の花見客と同じように心焦って、翌日、街道が恐らく前日の雨でぬかるんでいたこともあろう、駕籠《かご》を雇って宿を出る。

　さるはいとあや《（賤）》しげに。むつかしき物の（それにしても駕籠はじつに田舎くさく厄介なもので）。程さえせばくて、うちみじろくべくもあらず（長さも狭いのでとても動くことさえできない）。しりいたき《（尻痛）》に、朝寒《アササム》き谷風さへ。はしたなう（遠慮もなく）吹入りて。いとわびしけれど。ゆきこうじ《（困）》たる旅ごこち《（心地）》には（これまで旅の苦労をしてきた身なので）。いとようしのばれて（旅に難儀した身にはけっこう堪《こら》えることができて）。かち《（歩）》行くよりは。こよなくまさりて覚ゆるも。あやしくなん（妙なものだ）。（同、三三七頁）

と、かえって旅の興趣を味わうのも、中世の旅日記に倣いつつ、理性的で楽観的な宣長をよく示している。同行する者との駕籠同士、「まへしりへ《（前後）》よび《（呼）》かは《（交）》しては、物語なども」する様子も、何かほのぼのと温かい。吉隠《よなばり》、長谷などの地では、「よその国ながら。かかる名どころは。明暮れ書《フミ》にも見ナれ、歌にもよみなれてしあれば。ふる里人な《ン》どのあへ《（会）》らんここちして。うちつけ（はっきり言って）むつまじく覚ゆ」（同、三三八頁）と感慨を漏らしながら、その土地の神社などの由来を説くのを忘れないのは、学者としての矜持だろう。

『万葉集』巻頭の歌で知られる雄略天皇の初瀬《はつせ》朝倉宮《あさくらのみや》を過ぎて、多武峰《とうのみね》へとかかり、寺々の故事を尋ねながら、世に知られる十三重の塔にも詣でる。

御廟《（ごびょう）》の御前《（おんまえ）》は。ややうちはれて。山のはらに、南むきに立ち給へる。いといかめしく。きらきらしくつくりみ《（磨）》がかれたる有《リ》様。め《（目）》もかがやくばかり也。十三重の塔。また惣社《（そうじゃ）》な《ン》ど申すも、西の方に立ち給えり。（同、三四二頁）

ここは中大兄《なかのおおえの》皇子と中臣鎌足《なかとみのかまたり》が蘇我入鹿《いるか》暗殺のクーデターを談じたことで「談山《たんざん》神社」と名付けられたのだが、宣長はなぜかそのことには触れていない。それよりも、折よく「櫻はいまをさかりにて。ここもかしこも白《シロ》たへに咲みち《（さき満）》たる花の梢」この山にこれほどの花が多いとは聞いていなかったと、桜好きの宣長には思いがけない喜びを溢れさせる。

二十三　吉野山一目千本

談山神社で折よく「いまをさかり」の桜を見て、その門から山路を登っていくと、大和の一帯を見渡せる茶屋がある。そこから峠の頂上にいたって、

　ここよりぞよしのの山々。雲ゐはるかにみやられて。あけくれ心にかかりし花の白雲。かつがつ（ようやくに）みつけたる。いとうれし。（「全集」第十八巻、三四三頁）

と待ち望んでいた吉野山の桜を遠目にとらえて喜ぶ宣長に、読み来たった私たちもほっとする。勇んで谷に降りて滝の畑、千股《ちまた》の山里に辿り着くと、春の日も暮れ、そこで一泊。名高い龍門の滝の見物は、桜に遅れてはと諦め、翌朝足取り軽く吉野に向かう。明和九年（一七七二）旧暦三月八日、松阪を出てちょうど四日目となる。

上市《かみいち》を過ぎて吉野川にいたり、丹治《たんじ》から吉野の山口にたどりついて、そこから桜の多い森の道を登りつめるとまた茶店で、ここは「一目《ひとめ》千本」と称し、一番桜が見えるそうなのだが、宣長はたちまち腹を立てる。

　げにさも有《り》ぬべく見ゆる所なるを（なるほどそのように見える場所だが）たれてふをこ《（烏滸）》の者か（一体どんな馬鹿者が）。さるいやしげなる名を（そんな俗っぽい名を）付けけんと。いと心づきなし（じつに気に喰わない）。（同、三四四頁）

「ひと目～」という称は、なるほど「俗っぽさ」を免れないが、単に呼称だけではなく、楽しみにしてきた花は「大かた盛《り》過ぎて、今は散《り》残りたる梢どもぞ。むらぎえたる（まばらに消えた）雪のおもかげして、所々に見え」るだけ。吉野の桜の見頃はこの頃、と人々に聞いてきたのに、それがまったくいい加減で、今年は例年よりも早く咲いてしまったのを、今頃になって聞かされたことからも怒りが来ているようで、八つ当たり気味の宣長がかえってほほえましい。結局は里人たちにもとうてい定めがたいことだと自らを納得させ、まず「箱屋の何がし」に宿を予

約しておくと、近くの吉水院《よしみずいん》の蔵王堂に足を伸ばして後醍醐、後村上両帝の事績を偲んだ。

その堂より十八町（約二キロ）程上った所に「子守の神」の社があり、これこそが吉野水分神社で、彼の吉野詣の目的の一つでもあった（口絵⑤）。

さるは（というのも）むかし我父なりける人。子をもたぬ事を、深くなげき給ひて。はるばるとこの神にしも。ねぎこと《（禱）》（祈り）し給ひける。しるし有て。程もなく。母なりし人。ただならずなり給ひしかば（懐妊したので）、かつがつ（早くも）願《ネガ》ひかなひぬと。いみじう悦《ヨロコ》びて。同じくはおのこ《（男）》ごえ《（得）》させ給へとなん。いよいよ深くねんじ奉《（たてまつ）》り給ひける。（同、二四七頁）

そこで私が生まれたことになる、と宣長は感慨ふかく振り返る。生まれる息子が十三歳になれば必ずお礼参りをさせると約束した父は、彼が十一歳の時に亡くなり、母がその約を違《たが》えず十三歳の宣長を水分神社に詣でさせたが、その母も今はない。この段、『菅笠日記』上のまさしく山場で、このことを書くために紀行を綴ったかと思えるほどだ。

二十四　『菅笠日記』――吉野水分神社

吉野水分神社の前に立った宣長は、亡父の誓言を果たす十三歳での吉野詣をこう振り返る。

思い出《（いづ）》るそのかみ垣《（がき）》（神の「かみ」と昔という意味の「上（かみ）」を兼ねる）にたむけして麻《ヌサ》よりしげく（麻糸のよりもさらに細く沢山）ちるなみだかな。袖もしぼりあへずなん。かの度《タビ》（旅と度《たび》を掛ける）は。むげにわか《（稚）》くて（まったく幼くて）。まだ何事《ナニ》も覚えぬほどなりしを（何のことかわからなかったが）。やうやうひととなりて（やっと大人になって）。物の心もわきまへしる《（知）》につけては。むかしの物語をききて。神の御《ン》めぐみの。おろかならざらし事をし思へば。心にかけて。朝《アシタ》ごとには。こなたにむ《（向）》きてをがみつつ。又ふりかはへても（無理をしてでも）まう《（詣）》でまほしく。思ひわたりしことなれど。何くれとまぎれ《（紛）》つつ過ぎこしに。三十年《ミソトセ》を経て。

今年《コトシ》又四十三にて。かくまうでつるも。契《リ》あさからず。年頃のほい（願い）かないつるここちして。いとうれしきにも。落ち添うなみだは一ッ也。（「全集」第十八巻、三四八頁）

毎朝吉野の水分神社の方角を拝み、参詣を思いながら果たせなかった三十年の後に、やっと思いを遂げた宣長の感慨は、子供の時に流した細い、沢山の涙が凝って、今や一つの涙となって流れる。

振り返ってみれば、三渡橋からの阿保峠、名張、多武峰を越えてきた苦難の旅は、宣長誕生の機縁となり、かつ亡き父母の思いにつながる水分神社において最高潮に達する。まさに紀行文の高度な仕掛けが施されているのだ。宣長は「そも（もともと）花のたよりは。すこし心あさきようなれど。ことこと《（異）》事《（ごと）》のついでならんよりは（それとは別の用事のついでではないから）。さりとも（それなら）神もおぼしゆるして。うけ引給ふらん。猶たのもしくこそ」（同）と、心に期した神社詣を、見頃の吉野の花見の口実としたけれど、しかし他事のついでではなく、名にし負う吉野の桜、ということならば、神様も許してくれよう、と種明かしをする。

先にも言うように、宣長の旅立ちは明和九年（一七七二）の旧暦三月五日。彼の生まれが享保十五年（一七三〇）五月七日だから、四十二の厄は、なお彼の意識下にあっただろう。それはすなわち父の願掛けからの誕生から、『論語』にいう「十有五で学に志す」、その年齢に近い十三歳での初詣。そして三十年を経た、「厄《やく》」払いした後の新しい『古事記』学者宣長の自覚を生む旅だったのだ。

引用した文章に続けて、水分神社の由来を地勢や『万葉集』にまつわる故事、『続日本紀《しょくにほんぎ》』などを引いて、「水分の神」と称されていたのが、やがて変になまって「御子守《ごこもり》の神」となり、それが「子守の神」となった、と宣長が推測するのは、まさしく商人を志した当時の少年が、いまや古代学の知識と見識を備えた学者となった証を、吾他《われひ》人《と》ともに確認させる響きがある。

宣長一行は、このあと尾張からの旅人と付近の茶店で出会う。漢詩文を作って得意なこの旅人が、自分たちのことを根ほり聞くのを、漢文一辺倒を排斥する宣長が、閉口しながらも歌のやり取りをしてみせるのも、あるいは水分神社の感激を失わないためだったかも知れない。

二十五　『菅笠日記』——宮滝

花ざかりの水分神社の参拝を終えた宣長一行は、三月九日朝立ちして、西行の庵跡を過ぎ、和紙の里国栖《くず》では紙すきの珍しい技に「発つことも忘れ」て見入る。さらに吉野川に沿った里を進むと大滝村の名の通り、大きな岩が重なる中を激しく落ちる滝つ瀬、そこを四人乗りの筏が下る様をまるで絵のような、と感嘆し、里人が「岩飛び」と称して、滝の落ちる流れを隔てる幅二丈（六メートル）ほどの岩の間を飛んで見せたり、淵に沈んではまた浮いてくると聞いて好奇の耳をそばだてた。

好奇心は宮滝（口絵⑥）の柴橋を渡ったあと、屏風のように並んだ岩場に現れた男によって満たされる。その男は、まづ《(着)》き物を皆ぬぎて。はだかに成て。手をばた《(垂)》れて。ひしと腋《ワキ》につけて。目をふたぎ。うるはしく立《タチ》たるままにて。水の中《ナカ》へつぶりととびいる様。めづらしき物から。いとおそろしくて。まず見る人の心ぞ。きえ入ぬべき。此比《(このころ)》は水高ければ。深さも二丈五尺（八メートル弱）ばかり有《リ》となん。しばし有《アリ》て。やや下《シモ》へ浮かひ《ミ》いでて。きしの岩にとりかかりて。あがりきて。くるしげなるけしき《(気色)》もなく。なおとびてんやといえど（もう一度飛びましょうか、と言うが）。恐ろしさに又はとばせでやみぬ（二度目は飛ばせなかった）。（『全集』第十八巻、三五五頁）

宣長らが手に汗握って見物する様子や真っ逆さまに落ちて見せるという男の言葉を写す彼の筆から、その驚きが見て取れる。しかもまた滝の名称の詮議も忘れず、生き生きとした叙述も怠らぬ一節に、彼の紀行文の醍醐味を味わうことができる。

数年前、奈良日仏協会の会員諸氏の案内で私も宮滝を訪れ、この岩場に立って、青い淵を覗き込んだことがある。その時配られた江戸時代の観光案内冊子のコピーに、岩から飛び込む男達の絵と文章があり、宣長もこの図を見たのだろうかと思ったりした。

宣長一行は川辺を離れて帰途につき、『万葉集』にある象《きさ》の小川、桜も盛りの象山《きさやま》も見る。いよいよ吉野を去るにあたって、

ながれての世には絶《たえ》けるみよしのの　滝のみやこに残る滝津瀬

と一首「から《辛》うじてひねり出」して『菅笠日記』の上巻を閉じる。

天武天皇の「よき人のよしのよく見てよしと言ひし　吉野よく見よよき人よく見つ」の『万葉集』の歌（巻一―二七）を引くことから始まった宣長の旅日記は、途中の賑やかな事件も綴りながら、天武帝の吉野離宮があったという宮滝へと至り、柿本人麻呂の「山川も依《よ》りて仕ふる神ながら　たぎつ河内に船出せすかも」（巻一―三九）や、山部赤人の「み吉野の象山の際《ま》の木末《こぬれ》には　ここだも騒ぐ鳥の声かも」（巻六―九二四）、そして大伴旅人の「昔見し象《きさ》の小川をいま見れば　いよよ清《さや》けくなりにけるかも」（巻三―三一六）をほうふつとさせる文章で締めくくる。雅俗みごとに取り混ぜた、まことに鮮やかな構成と言うほかない。

二十六　宣長の旅

『菅笠日記』の下巻は、明和九年（一七七二）三月十日に吉野を発って、往路の「桜の渡し」とは別の道で西に向かい、「柳の渡し」を越えて土田から北に進み、壺阪《つぼさか》寺、川原寺、岡寺など『古事記』、万葉の故地をめぐって、古学研究の成果を確認しつつ松阪帰着にいたる紀行となる。奈良朝文化を慕う人々が、今も多く散策する三輪神社、藤原宮跡、山野辺の道と、土地の古老に地名の由来や逸話を尋ね、典拠に照らし合わせて、時に疑い、時にうなず

きながら筆にしていく。

萩原からはまた往路と別の道を取り、雨降る中を駕籠で赤羽《あかばね》越えから石名原《いしなはら》に出て、多気の里で宣長の遠祖《とおつおや》が仕えたとする北畠家の古文書に祖先の名を見出して感慨に耽った後、目に懐かしい堀坂《ほりさか》の峠を険しく辿って、三月十四日伊勢寺を経てようやく松阪に近づけば、「迎えの人々などきあひ《（来会）》たる。うちつれて。暮《クレ》はてぬる程にぞ。帰りつ」く。宣長が「よしや匂《ニホ》ひのとまらずとも。後しのばん形見《カタミ》にも。その名をだにと。せめてかき《（書）》とどめて。菅笠《スガガサ》の日記《ニキ》」（前掲書、三七八頁）と筆を置くまでを読み来った私たちも、なにかほっとする気持ちになる。

下巻も上巻と同様興をそそる記述が多いが、叙述の冗長を恐れて詳述は控えよう。『菅笠日記』に関心を持たれた方は、ぜひ本文の味読をお勧めしたい。

吉野旅行の後、本居宣長は寛政元年（一七八九）六十歳の春、名古屋の門弟たちを訪ねて長男春庭と門弟稲掛大平（のちに宣長の養嗣子となる）を同伴して二十日ほど旅し、翌年はさらに門弟数人を加えて上洛。文事にたしなみの深い光格天皇の新しく成った皇居を見学するなど、一カ月足らず滞在する。さらに寛政三年八月、にわかに眼を病んだ春庭の治療のため尾張馬嶋《まじま》の明眼院《みようげんいん》まで付き添った。翌年の名古屋行きも、春庭の治療の外に名古屋の門弟獲得のことがあり、さらに寛政五年の上洛は四十日にわたる長期滞在となる。この時も春庭を同伴しているが、それは京都で彼を鍼医《はりい》として修業させるためでもあった。

宣長は、他に例がないほど、七十年の長きにわたって日記を残しているが、若い時の『在京日記』と『菅笠日記』を除いて、ほぼ簡略な筆で要件を書きつけたものばかりで、寛政五年の在京の記録は、一種の「歌日記」のように京都の文人たちと交わした歌の応答の記事に満ちている。宣長が学者としての才能を見抜き、将来自分の後継者と嘱望した長男春庭の失明の危機にあるのを知って、彼はどれほど驚き、慌てたことか。その寛政三年の日記はそれをどう記しているだろう。

事の起こった八月十日の記事「健亭（春庭の号）眼病によって　療治の為尾張間嶋に行く。今日発足」とだけあり、十四日「飛驒（宣長長女）（婚家の）津に帰る。二月から逗留して、今日帰る所なり」といずれも漢文で記し、二十日の項で、伊勢の地に雨が降り続き、大風も出て町中瓦が多く落ち、大木も倒れたことを、漢文数行を費やして記録する（「全集」第十六巻、四四〇頁）。

長男の眼病、長女の婚家先との不和、当地の悪天候。三項目ともに宣長の心を大きく悩ませる事件である。この記述の冷静さはただものでない。北伊勢や尾張辺が最も災害が多いと記す中に、長男、長女に降りかかる災いの兆しへの懸念を封じ込めようとしたのだろうか。

二十七　宣長の子供たち

宣長は三十三歳で二十二歳の勝子を妻に迎え、翌年二月春庭が生まれる。この年五月に賀茂真淵と松阪で初めて対面しているから、長子春庭の誕生は宣長にとって意義深い年として刻まれたにちがいない。次男春村は宣長三十八歳、長女飛驒はその三年後、次女美濃が宣長四十四歳、そして三女の能登は四十七歳で生まれた。四人の子供はともに一月の誕生である。

自ら春庵《しゅんあん》と号したほど、宣長が春という季節を愛でたのは良く知られているが、子供たちをすべて新春に得ているのは、もちろん偶然にもせよ、宣長の律義さ、というか何か計画的な意図さえ感じるほどだ。男には春の名、娘にはすべて古来の地名を与えているのも、彼のこだわりの強い一面を表すものかもしれない。美濃、飛驒、能登の旧の国名に基づいた命名は、彼が十七歳の時に作成した『大日本天下四海地図』の名残りだろうか。母方の村田家を継いだ彼の弟親次《ちかつぐ》の三人の娘のうち、次女、三女の名に佐渡、壱岐《いき》（後に春庭の妻となる）の地名を付けたのも宣長に違いない。

子供の誕生は、折しも彼の学問がいよいよ本格的に実を結ぼうとしている時で、大いに彼を力づけもしたろうが、同時に彼自身は直接手を下さないにしても、育児に煩わされる時間を惜しくも思っただろう。私が幼い頃、母に連れられて松阪城址内の鈴屋旧宅を見た際に、二階の狭い書斎に上がる箱階段を面白く見た記憶がある。子供が上がってきて勉強の邪魔をしないように、書斎に登りきると、上部の階段を外したという。その階段を上がって書斎を見わたした時—昭和三十年（一九五五）前後には鈴屋旧跡はまだその階段を昇ることができた—、その数畳もない書斎を狭いなぁと子供心に思った。今は立ち入ることはできないだろうから、貴重な経験をしたことになる。

宣長幼時の習慣にならって、春庭は十三歳の頃から古典籍の筆写に携わったという。現代の読書は、ほとんどすべて活版の印刷物で、文庫本などもあり実に手軽だが、古来、典籍は筆写されて伝わり、江戸期においても、多くの読書人は貴重な書物（その多くは写本）を友人から借り来たって、それを筆写して返した。春庭も父の指示する古典を筆記しながら、文字を通して多くの知識を記憶していったことだろう。『松阪ことはじめ』の高倉一紀氏の記述に拠れば、宣長の蔵書のうち、転写本の大半は春庭の手になるそうだ。

春庭は父の講義にももちろん参加して耳を澄ましたに違いない。彼は弟妹たちと同じく、あるいは彼ら以上に父を尊崇すること篤かった。当時、書籍の刊行は木版による。清書原稿をさらに筆記者が薄い和紙に筆で書写し、それを版木に張り付け、彫り師が文字を残して削って墨をつけて刷る。版木に張る紙を版下というが、父宣長の主著『古事記伝』全四十四巻の版下は、春庭が十七巻、春庭失明の後は、宣長が六巻、次女の美濃が五巻、弟子の丹羽勗《つとむ》が十巻、植松有信《ありのぶ》が五巻、栗田土満《ひじまろ》が一巻をそれぞれ書いた。この版下書きは、労力、眼力、その上に根気のいるもので、春庭の眼病の一因と言われている。

春庭は二十九歳で眼の病を発し、三十二歳で失明にいたる。宣長の嘆きは深かったに違いないが、いよいよ壮年に達して学海に羽ばたかんとする春庭自身にとって、悔やんでも悔やみきれぬ絶望的なものであっただろう。

本居春庭

チチェローネ　二　本居春庭

宣長の長男。日本語の語法研究に不朽の足跡を残す。幼い頃から父の膝下で古典の筆写を行って深い知識を養い、父宣長も将来を嘱望したが、不幸三十歳を過ぎて眼疾に襲われ、親子とも懸命な治療にあたるも、ついに失明。宣長は学問の後継として弟子大平を養子として、大平は和歌山を拠点に本居本家とした。鍼医の道のほかないとされた春庭は、父の死後、松阪の居宅を「後鈴屋《のちのすずのや》」として弟子たちを指導、父同様に歌作を楽しむ。また父の日本語研究をさらに補う形での術語部分に関わる法則を、膨大な古典の検証から、動詞の四段活用、変格の活用などの法則を発見して『詞八衢《ことばのやちまた》』として発表。その執筆には盲目の兄に代わって妹の美濃が多くを助けた。画期的な動詞の「活」（はたらき）の発見は、多くの学者たちを啓発する。彼はさらに研鑽を深めて、その死の前年に彼の理論をいっそう精密に組み立てた『詞通路《ことばのかよいじ》』を完成。その刊行は彼の死後になるが、西洋文法学とはまた異なる形での日本語文法の二大著作として、今もその学問上の業績は色あせない。

足立巻一の名著『やちまた』に拠りながら、『詞八衢』、『詞通路』の行文を辿ることで、さらに春庭の生涯と事績を追うことにしたい。

二十八　足立巻一著『やちまた』

足立巻一（一九一三－一九八五）著『やちまた』を読んだ感動は忘れられない。昭和四十九年（一九七四）に河出書房新社から初版が出て、この時私は三十歳。長い間、豊中市刀根山の学生寮の暗い蛍光灯の下で一気に読んだとばかり思いこんでいたが、この稿を書くために中公文庫版（二〇一五）を開くと、それがとんだ思い違いであることがわかった。初版の出版年を確認すれば、この本が出る前年の昭和四十八年に私は結婚しており、神戸女学院大学にフランス語教員として初めて職を得た昭和五十年に『やちまた』は芸術選奨文部大臣賞を獲得している。書評からか、人からか、その評判を聞いて読んだのが本当のようだ。足立が昭和九年から伊勢倉田山の神宮皇學館で過ごした四年間、同学の友人たちとの濃密な交友を活写した文章に、私自身の学生寮での体験を重ね合わせて、つい学生時代の読書と錯覚していたに違いない。

『やちまた』は、神宮皇學館本科の学生として勉強に励む「私」が、ある日の講義で文法学の教授が黒板に「本居春庭」「詞《ことば》の八衢《やちまた》」「詞の通路《かよいじ》」と書いた文字に興味をひかれ、春庭の事績を説いたあと教授が「ふしぎですねぇ……語学者には春庭のような不幸な人や、世間から偏屈と言われる人が多いようですねぇ……」とふとつぶやいた言葉によって、「盲目の語学者」春庭が「私」の心に深く巣くってしまうところから始まる。

本居春庭（口絵⑦）の人生と学問的著述についての徹底的な追跡と、「私」を取り巻く事象の叙述が、二つながらに重なり、もつれ合うこの本は、ようやく腰を落ち着けて、フランス文学研究にしっかり取り組もうとする私の心に強く響いて、興奮しつつ読み進めた。私が高校生の頃、長姉一家が伊勢市内に住んでいて、よく泊まりがけで遊びに行っていた。『やちまた』の中で、語り手の「私」と友人たちとの共同生活の中で取り上げられている伊勢市の懐かしい町名や、私が『心の中の松阪』で触れた殿町中学校で国語を教わった松井先生、あだ名ジャリさんも神宮皇學館の出身だったことも思い出された。ジャリさんは作中の「私」とほぼ同時期に学んだのではないか。著者の足立氏にそんなことなど書き記した手紙を出そうとさえしたが、さすがにこれは思いとどまった。いずれにしても学術書というよりは、まさしく「小説」として面白く読んだのだ。

若い時に読まずにいた本を、年を経て読むのも大事だが、昔感動した本を、改めて再読、三読するのも得るところが多い。どうしてこんな下らぬ本に感動したのか、という場合もあるが、著者の「真意」や、著書の「読みどころ」を外していたことに、初めて気がついたりすることの方が多い。

今回『やちまた』を読み返して、その名著たることを確認するとともに、最初の読書では思い及ばなかった著者による春庭の事績探索の詳細な記録と、それに割《さ》く著者の計り知れない情熱とエネルギーに改めて驚かされた。私が少年時代よく通った松阪城跡の市立図書館の奥にひっそりと併設された鈴屋遺跡保存会でお見かけした山田勘三氏の篤実な姿やその周辺が、この本に如実に描き出されているのも懐かしかった。

『夕刊三重』に稿を連載するに際して、「松阪の知の系譜―本居宣長、小津久足、小津安二郎―」と題して、本居春庭の名を挙げなかったのは、すでに春庭については足立巻一の『やちまた』に尽きているように考えたからだ。以下に連ねる稿も、伝記的な事実はその本に委ね、その記述に依拠しながら、多少私が宣長、春庭の本文に当たって私なりに感じたことを、付録的に書くことになるだろう。

二十九　春庭の出生

本居宣長の七十年にわたる日記は、漢文体の簡潔な記事に終始することが多い。たとえば宝暦十三年（一七六三）、宣長三十四歳の正月四日は「晴天、風」、六日は「晴天」、七日「晴曇天、風烈《（はげし）》、時々雪散《（ちる）》」とだけある。他の日もおおむね天候が記されるのみで終わる。さすがに元日は「晴　陰《（はれたりくもったり）》、微風　詣両産土神社、山神祠《（うぶすなじんじや、やまのまきのほこらふたつにもうず）》

町礼」の次に、亥の刻（夜十時ごろ）町々での失火があるが幸い大火事にならずに済んだこと、「古今序」を読書始めとしたことが数行記されている。産土《うぶすな》神社の参詣は、おそらく妻勝子の初産を案じてのことだろう（『全集』第十八巻、一九三頁）。

　同じ年二月三日はやはり天候についての記述のあと、「未刻《ひつじのこく》半（午後二時頃）津より使い来たり、今巳《み》の刻前（午前十時頃）勝安産、男子出生、母子つつがなき由」（同、一九五頁。原漢文を読みやすく書き改めた）と記している。翌日には津に使いを出して餅を送り、九日の朝早く、お七夜の酒、鰹節、産着などを携え、初めて津の妻の実家草《くさ》深《ふか》家を訪れて「小児健蔵と名づく。余が旧名也」とあり、午後六時の松阪帰着までやや詳細に書く。

　宣長の第二子、春庭には弟の春村の出生は明和四年（一七六七）正月十四日。「晴天　夜亥刻半（午後十時頃）勝安産。男子出生」とだけ、二十二日に「今日七夜を祝い、小児に恭次郎と名づく」と記す（同、二八二頁）。明和七年一月十二日「申刻（午後三時）勝安産、女子出生」とあり、十八日「七夜也、小児名女飛驒」と書くのみ（同、三一五頁）。当時として初子で当然とはいえ、さすがに長子春庭の珍重ぶりがよくわかる。

　宝暦、明和と言えば、松阪の商人で俳句、絵画を良くした森壺仙《こせん》（一七四三－一八二八）の『宝暦はなし』は、その時代における当時の松阪の様子を半世紀以上にわたって記録したものだが、昭和四十八年（一九七三）郷土史家桜井祐吉氏の編で刊行されたものを、三年前の十一月に亡くなった長兄が購入してその面白さを吹聴していた。その頃はそうした本に関心が薄く、手に取らずにいた。これも読んでいなかったことを後から悔やむことになる例だ。

　足立巻一が『やちまた』下巻に付した本居春庭の年譜によれば、春庭は八歳で手習いを始め、十三歳から父に命じられて賀茂真淵の『にひまなび』（一八〇〇）などを筆写、以後年ごとに写した書籍が挙げられている。和歌は春庭が二十歳の時に二首作ったとあるが、果たしてどのようなものか、宣長は自宅でも歌会を催していたから、さらに春庭も和すこともあろうし、二十七歳の時に父の六十歳還暦を賀す宴に連なっているから、折々に詠じた歌も多いはずだが、春庭の養子健正《たけまさ》（一七八八－一八一九）が編んだ歌集『後鈴屋集《のちのすずのや》』（一八一六）、春庭の長男有郷《ありさと》編『後鈴屋後集』（一八三二）は、各歌集ともに、詞書《ことばがき》のあるものを除いて、その作歌年代が記されていないので、それぞれの歌がいつ頃の作か、なかなか判じ難い。

その春庭の著作は本居清造と和歌山本居家の後裔本居豊穎《とよかい》（一八三四－一九一三）との共編『増補本居宣長全集』の第十一巻『本居春庭・本居大平全集』（吉川弘文館、一九二七。以下吉川弘文館版、全集）に収められているが、春庭、大平の著作として示されているものを、とにかく刊本として出すことに意義がある、といった編纂の仕方で、ひたすら活字が並べられて、注も解説もない、私などのように知識の少ない者には、まことに取り付く島もないような無愛想な編集としか言いようがない。しかし今のところこの本の外に手ごろなものがないから、春庭の著作はこの版に従って見ていくことにしよう。

三十　春庭の眼疾

本居春庭の眼疾のいきさつは、足立巻一『やちまた』上、第三章、「春庭が目を病みはじめたのは、寛政三年（一七九一）二九歳の春ごろからであろうか」から始まって、その治療に宣長が奔走、憂慮するさまが詳しく述べられている。

春庭は天明六年（一七八六）三月、二十四歳の時に父宣長の弟子の一人と吉野行を試み、満開の桜を満喫した後、奈良、京都、大阪、伏見を巡ってほぼ一カ月の旅を終え、その四年後の寛政二年十一月、父や数人の弟子たちと京都に上り、二週間ほど滞在する。眼疾に襲われるのはその翌年だから、この数年は春庭にとって、もっとも充実した青春ではなかったか。

目が痛むとか、見えにくいとか、霞むとかの症状が、すでに数か月前から出ていて、ようやく堪えがたくなったのか、寛政三年八月、津の薬種問屋小西家の養子となった弟春村に付き添われて、当時眼病治療で有名だった尾張馬嶋明眼院《まじまみょうげんいん》（口絵⑧）に施療を受けることになった。

さてどんな治療を受けたか。服薬、膏薬、鍼治療の類が考えられるが、一カ月後の九月二十八日付け春庭宛て宣長の書簡で、「腫《は》レ痛ミもうすらき、次第に快候由《こころよくそうろうよし》」と、明眼院まで一緒に付けてやっていた下僕与七が帰松しての話を喜んだものの、春庭自身から寄せられた手紙を読めば、今もなお彼の眼は充血して、「目も開キ不申候由《もうさずそうろうよし》、嘸《さぞ》難儀之段察入《さっしいり》候」と心配しているから（「全集」第十七巻、一五五頁）、あるいは鍼などを用いての施術であったかも知れない。その症状を春庭は「はやり目」だと思うから、病人たちのいる明眼院を去りたいとして、もう少し長く逗留《とうりゅう》を望む父の意向を押して、結局その年十一月の初旬松阪に戻り、自宅での療養を選ぶ。

『やちまた』の主人公の「私」は春庭の病名を特定しようと、伊勢市内の若い眼科医に『宣長翁書簡集』（奥山宇七編、啓文社書店、一九三三）などを示して問うと、「これだけではなんともいえませんが、急性葡萄膜炎じゃないかと思いますね」と答えたという（『やちまた』上、一四二頁）。葡萄膜炎は一種のアレルギーで医学的にはまだわからない。寛政の頃にその病にかかれば、治療法はなくて失明するよりほかなく、鍼を打てばひどいことになる、と医者は笑い声をあげた、とあるのは、小説的な脚色も入っているかも知れない。一般に春庭の眼疾は、細字での宣長の原稿及び参考文献の筆写が原因の一つと考えられているようだが、病名は特定されていない。

翌年三月、宣長が名古屋の門人たちに講義を行う旅に同道した春庭は、ふたたび明眼院の施療を受けるが癒《い》えることなく一カ月後には帰宅する。さらに次の年父とともに京都に上り、高名な眼科医の診察を受けるが効き目なく、寛政七年三十三歳となる正月には失明が確定、その四月失明した者が当時身を立てるたつきとした鍼医《はりい》の修業のために再び京に滞在、鍼医猪川元貞《いかわもとさだ》についたのは十月のことだった。

京都滞在一年余の八月始め、老い先の短いことを訴える父宣長の乞いに負け、迎えに来た弟春村と共に松阪に帰った春庭に縁談が調えられ、宣長の弟で母方の家を継いだ村田親次の三女壱岐がその年の暮れの二十六日彼の嫁として本居家に入った。春庭三十五歳、壱岐は十九歳年下の十六歳。鍼医としてじっさいに診療したこともあるようだが、本領はやはり本居学の継承だと深く自覚していたに違いない彼にとっては、辛い日々の連続だったろう。

三十一　春庭の結婚

鍼医となるべく京都で修業をしていた春庭三十四歳の寛政八年（一七九六）三月、妹の飛騨が婚家の草深家を離縁となり、盲目の兄は家督をその彼女に譲ることを決心して、飛騨と同じ津に住む弟春村に京都からその意向を告げる。しかし父宣長はこれを許さず、春村に京都まで説得に出向かせた。翌年八月宣長の意向を受けて春庭は帰松したことは先に述べた。戻る者、迎える者、いずれもが深い思いを持って対面したことだろう。春庭の深い絶望と宣長の悲嘆の面影をつい想像してしまう。

その年の暮れ、まだ少女と言っていい姪壱岐との結婚は、屈託した春庭を慰め、励ましたに違いない。年若く学問の素養がないと嫁を案じる父の懸念を払拭しようと、春庭はまだ幼い彼女に読み書きの手ほどきの言葉を優しく連ねたことだろう。目の見える自分が、夫の目になろうと健気に努める若妻に、中年にさしかかろうとする春庭が、心癒される思いをする光景が彷彿とする。

春庭が家督放棄を考えたのは、その四年前の寛政四年、父宣長が紀州徳川家に召し出されて、その禄を食《は》むようになったことも関係するかも知れない。当時のこととして、宣長がそれを名誉のことと思ったのは、以後、紀州への旅などにも本来町人である身を、武士としての格式を守ろうとしたり、また彼の遺言書にこと細かに葬儀の次第を指示して、武士としての形式と格とを残る者たちに葬礼の順序を書き残すところにも窺われる。

新婚当時は松阪中町に鍼医を営んだ春庭だが、数か月のうちに魚町の父宅に戻って同居、父宣長の歌集『鈴屋集』を編集している。彼の志はあくまで父の業を継ぐことにあっただろうし、春庭のそれまでの学業は、一介《いっかい》の鍼医として世を終わることについて、それを良しとさせなかっただろう。

寛政十一年、少年の頃から、宣長が親しく教授した稲懸大平を本居家厄介《やくかい》（当主の扶助を受ける親族などをいう）として、紀州家に養子縁組の届けが出される。春庭三十七歳、大平は四十三歳、宣長は六十九歳になっていた。宣長は、その年、大平を伴って紀州藩和歌山を訪れた旅の終わりに、因縁深い吉野水分神社を参詣するのは、宣長の養子として迎え入れた大平に期する気持ちを表すものに他なるまい。

春庭の失明が遂に完治しないことを知って、その幼少の頃から弟子として身近にいた大平との養子縁組を進めたのは、宣長が迫る死期を予感していたからだろうか。長子春庭とその弟春村の二人に詳細な遺言書をしたため、山《やま》室山《むろやま》にその墓所をも定めた宣長は、紀州で家督相続の手続きを済ませた享和元年（一八〇一）九月二十九日未明、肺炎をこじらせて病没。七十一年四カ月の生涯を終えた（口絵⑨）。

足立巻一『やちまた』第二章に、その葬儀のありさまが詳しく描かれている。記述はおおむね宣長の遺言書と弟子植松有信（一七五九－一八一三）が当日の様子を記した『山むろ日記』（一八〇一、「全集」別巻三に所収）に拠って、午後四時に魚町の鈴屋を出棺、樹敬寺《じゅきょうじ》での普通通りの葬儀を済ませたあと、宣長の指定した墓所山室山に葬列が出発する際の春庭の姿を、足立巻一は、

春庭は白綾のきものの上に藤布衣《ふじごろも》を着た。フジのツルで編んだ十徳《じっとく》で、（略）棺のすぐあとをゆっくり歩いた。目が見えないので、さぞ難儀であっただろう。若党ひとり、下僕ふたりがつき従ったというから、春庭は若党に手を引かれていたのだろうか。（『やちまた』上、七四頁－七五頁）

と描写している。

麻の上下を着た養嗣子大平に先立って、たどたどしく父の棺のあとを歩く盲目の春庭の心境が、喪主が着るとされる藤の蔓《つる》で編んだ粗服の内から溢れてくるではないか。

三十二 『詞八衢《ことばのやちまた》』

父宣長の死は、春庭に大きな衝撃であったに違いないが、同時にその桎梏《しっこく》から逃れることにもなったのではなかろうか。翌享和二年（一八〇二）、養子とした門弟大平が正式に家督を相続し、その保護を受ける形で魚町の鈴屋に住む春庭は、もう鍼医としての仕事はせず、父の遺稿の整理や刊行、門人たちの著作への序文執筆、自宅での講義、和歌指導そして自身の著作に日を送っていたようだ。

足立巻一『やちまた』下巻所載の年表によれば、宣長死後三年、春庭四十二歳の文化元年（一八〇四）には最初の著書『詞八衢』に「着手したか？」とある。儒教に「父母亡くなれば三年喪に服す」という。日本で初めてオランダ語を系統的に学び、蘭学の祖とされ、飢饉に備えての甘藷の栽培を奨めた青木昆陽《こんよう》（一六九九－一七六九）は、江戸日本橋の魚問屋に生まれ、京の伊藤仁斎《じんさい》の息東涯《とうがい》（一六七〇－一七三六）の「古義堂《こぎどう》」に儒学を学び、江戸に帰ったのち私塾を営んでいた。その彼が幕府に召し出されたのは、儒教の教えどおり父母の喪に三年服したその孝心を、大岡越前守配下の与力加藤枝直《えなお》（一六九三－一七八三）が評価し、奉行に推薦したことによる。ちなみにこの加藤は紀州藩士の浪人の子で、伊勢松坂に生まれて、その息子は『万葉集略解《りゃくげ》』（一七九六－一八一二）を著した千蔭《ちかげ》（一七三五－一八〇八）である。

もちろん儒学と一線を画す本居家の長男春庭が、儒教の規定を践《ふ》んで服喪を行ったわけではないだろうが、少なくとも没後三年の服喪の意識は、当時としてあったと思われる。長年父の傍らにあって講義を聞き、著作を写し、校訂や版下の筆を執ることで、古典の知識も豊かに、また古代語の文法や音韻に対してすでに敏感になっていた彼の中で、父の死を契機として、それらを総括するものとしての「詞《ことば》の活《はたらき》」の概念が、次第に大きくなっていったに違いない。

「詞」は、春庭の当時、広義の言語の意ばかりでなく、主語となる「体言」に対する「用言」、つまり存在や動作、作用、性質、状態を表す語として、主語に対して述語となり、はたらきに応じて語形が変わる（活用）動詞、形容詞（今に言う形容動詞をそれに含むこともある）を言う。ある種の言葉が「はたらき」に応じて語形が変わることは、もちろん昔から知られていたが、その語の変化のすべてを体系的にとらえ、組織として示した最初の学者が本居宣長である。

息子の春庭はもとより、田中道麻呂《みちまろ》（一七二四－一七八四）や鈴木朖《あきら》（一七六四－一八三七）などの弟子たちの協力によって、宣長は膨大な用例を集め、理論化をはかった。天明二年（一七八二）頃に大体出来上がっていたとされる『活用言の冊子』は、その成果のひとつだが、この書名は本居清造が本居家の資料から発見した際に付したもので、じっさいには刊行されてはいない（それをさらに補訂した『御国詞活用抄《みくにことば》』が明治十九年一八八六に刊行されている）。

宣長の『活用言の冊子』の成立過程については、なかなか複雑で、年長の弟子田中道麻呂の貢献が最も大きく、宣長生前に自分の著作として刊行するまでには至らぬままに、稿本として残ったようだ。その経緯については全集第五巻の大野晋による「解題」の記述に詳しいが、この冊子の稿のほとんどが春庭による筆記であることは、本居清造が稿本に付した注記によって知られるという。尾崎知光《さとあきら》氏が「国語学史上、最高の評価を受けるべき、最も重要な書と称しても敢えて過言でない」と評する（勉誠社文庫版『詞八衢』一九九〇、「解説」、一二七頁）本居春庭の『詞八衢』はここから出発している。

三十三　『詞八衢』の書名

文政七年（一八二四）の正月、六十二歳に達した本居春庭は、四十六歳で刊行した自著『詞八衢』について、和歌山に本居本家を構える太平に宛てて、紀州藩へ提出すべき文書として、

詞八衢と申候《もうしそうろう》書出板して、世に弘メ申候。是《これ》は春庭口《くち》より申候はいかがに候へども、古今いまだ誰も不申出《もうしいでず》、発明（初めて考え出す）の著述にて、末代迄不動説《うごかざるせつ》にて御座候

と自負している（足立巻一『やちまた』下、三一二頁）。父宣長の死後三年、春庭四十二歳の時から着手したとされ、以後四年の歳月を費やしたのち、文化五年（一八〇八）の春、その刊行にこぎつけるが、あらましの稿はその二年前には出来上がっていたようだ。完璧を期して、動詞などの活用の用例について、念には念を入れたのだろう。

現在の国文法にいう動詞、形容詞の活用にかかわる法則の発見、その理論の展開については、すでに彼が二十歳の頃、父宣長の指示に従って『活用言の冊子』を筆記している時から、大いに期するところがあったに違いない。彼はその序文で「詞のはたらきは（略）いともいともくすしくたへなるもの（じつにふしぎで、たくみにつくられているもの）」であるが、

「同じ言《こと》の葉も、その活《いきる》さまによりて、いづかたへもおもむき行くものにしあれば（どこへでも向かっていくものであるから）、道になぞらへて、かくはものしつるになむ（このように書いたことだ）（吉川弘文館版『本居宣長全集』第十一巻、一九二七、「本居春庭全集」、二頁）

と、『詞八衢』という書名の意味を説明している。しかしその題名の由来は、それだけだろうか。

『万葉集』巻二に、三方沙弥《みかたのさみ》の「たちばなの蔭踏《かげふ》む道の八衢に　ものをぞ思ふ妹《いも》に逢はずて（恋人に会えなくて）」（巻二－一二五）という有名な歌がある。八衢とは八方に道が分かれるその拠点を謂《い》って、歌人はそこに立ち止まっ

て感慨にふけるという歌意になろうが、沙弥の歌の「妹《いも》」はもちろん妻、あるいは恋人の意ながら、春庭が「詞八衢」と書名を思いついた時、この『万葉集』にある三方沙弥の歌を思い浮かべて、「八衢に（…）妹に逢はずて」の句から連想する妹《いもうと》、美濃の面影がそれとなく浮かび出る工夫としての題名でもあったのではなかろうか。これは私の勝手な解釈だが、この書が出来上がる次のようないきさつを考えれば、それほど荒唐無稽な思い付きでもないはずだ。

『松阪学ことはじめ』で小津美濃の伝記を担当された吉田悦之《よしゆき》氏の書くところに拠れば、宣長が亡くなり、協力者の田中道麻呂も没して、かつ春庭の失明が重なったために中断を余儀なくされた『活用言の冊子』を、春庭が新たに稿を起こすに際して、

> 手伝ったのが美濃と、亡き父の門人大友親久であった。三人の共同作業は、指示をする春庭と、読み手、書き手に分かれる。（略）読み手は美濃の役目か。妹が読むのを聞いていた春庭が、今の言葉、と指示する。それを親久がカードに書く。（吉田悦之「小津美濃」、『松阪学ことはじめ』二五八頁–二五九頁）

と記している。

書き上げた何百枚ものカードを春庭の指示通りに並べ、それを動詞の活用別に整理して、「美濃が清書する」。兄の仕事への美濃の貢献は計り知れない。現在県の有形文化財に指定されている『詞八衢』の原稿、さらにそれを印刷するための版下も美濃の筆によるという。吉田氏は「美濃が担当した巻の文字の美しさと内容の正確さは他の巻に較べて遜色がない。美濃のうちに秘めた意志の強さと学識が窺われる」と記す（同、二五九頁）。

先に引いた万葉歌で作者三方沙弥は、恋人に会えない、すなわち「まみえること」が出来ぬことを嘆いている。『詞八衢』という題名は、もとより序にいうように「詞」の道が八方に広がる様を示すものには違いないが、今は間近《まぢか》にも見ることのできない妹美濃への盲目の兄春庭のひそやかな感謝が込められてもいるのではないか。

三十四　眼疾の治療

春庭の遂には失明に至った眼疾とその治療について、春庭が遠く現愛知県海保郡大治町、当時の尾張の国馬嶋まで赴いて入院、加療を受けた日本最古の眼科治療施設である明眼院について、足立巻一『やちまた』の記述を参考に、「さてどんな治療を受けたか。（略）あるいは鍼などを用いての施術であったかも知れない」と書きはしたものの、じっさいはどんなものだったのか、はっきりとはわからないでいた。

ところが、私の勤務していた大手前大学の辻村尚子《なおこ》准教授（国文学）が、着任前伊丹の酒造家で江戸俳句の研究家にして関係古書の収集家である岡田利平《りへい》が設立した柿衞《かきもり》文庫の学芸員をしておられた時に、上田秋成の眼病を治療して、秋成から「神医」とたたえられた谷川流眼科についての資料展観を担当されたとのことで、私の連載記事を読んで、参考になるかも、と『播州谷川家遺品展』（やしろ文化振興財団編、一九九二）の展示目録のコピーを見せてくださった。

谷川家は現在の兵庫県加東《かとう》市屋度《やど》に十五代続く通称「播磨の眼科医」の名で知られ、大阪に診療所も設け、また京都の公家たちのために京都へも出張した。同じく辻村氏が示された杉浦守邦「谷川流眼科の系譜」（『医譚《いたん》』復刊第八九号、二〇〇九年五月）に、寛政五年（一七九三）宣長上京の際、長子春庭に「谷川眼科の診療を受けさせることにした」とあり、両眼ともに明を失おうとしていた六十五歳の上田秋成が、谷川眼科の大阪診療所で受診して「右眼は治癒しなかったが、先に失明していた左眼の方が見えるようになった」と記されている（口絵⑩）。

それにしても天明六年（一七八六）の頃から、古代語の発音や天照大神をめぐって書簡を往復し、激しい論争を交わした宣長と秋成が、眼疾の治療について同じ谷川流眼科に問うて、一方の春庭は治癒せず、秋成がすでに治癒のおぼつかなかった右目はともかく、左目が明を取り戻して、以後著述に励んだのは、まことに皮肉なめぐり合わせというべきか。

また杉浦守邦「江戸時代宮廷の眼科医」（『医譚』復刊九一号、二〇一〇年五月）に、春庭が最初に入院加療を受けた尾張明眼院の由来やその治療法について詳しい記述がある。寛永九年（一六三二）に後水尾《ごみずのお》天皇と徳川二代将軍秀忠の娘和子《まさこ》との間にできた女三宮が眼病を患ったのを、馬嶋の天台宗の僧円慶《えんぎょう》が治療、快癒したことから宮廷の信頼を得、のち隆盛を誇ったという。

この論文で杉浦守邦氏は「本居春庭のように葡萄膜炎の如きもの」は「当時の医術では治癒は不可能」と断じているが、明眼院の最盛期は宝暦の頃から寛政あたりまでで、「常時一五〇人以上の入院患者を擁し、莫大な収入があった」ものの、巨費を投じて、庭園、書院の大改修を行い、それによって莫大な借財を負い、以後衰退に向かったとある。

つまり春庭の明眼院への入院は、あたかもその名声のピークの時にあったのだ。ではどんな治療かというと、「馬嶋明眼院の場合は直針法で（略）、針を瞳の上から刺して濁った水晶体を墜下させる」という。春庭が宣長に「眼がまだ充血して開くこともできない」と訴えたのも、その治療のゆえだろうか。谷川流は「横針法」で「横から針を入れて水晶体を破壊する」。どちらにしても痛くてたまらなかったに違いない。

三十五　『詞八衢』の序文

左眼の失明が回復した上田秋成が、晩年の名作『春雨物語』を完成させた文化五年（一八〇八）に、盲目の本居春庭は主著『詞八衢』を刊行する。春庭四十六歳。序文「詞《コトバ》のやちまた序《ハシブミ》」は宣長の名古屋在住の弟子で、山室山への宣長葬送の記録『山むろ日記』の著者、当時四十九歳の植松有信《ありのぶ》である。

有信の序文の日付は、その二年前の文化三年五月十三日。足立巻一作成の春庭の年譜に「三月『詞の八衢』成るか？」とある。有信の文章は春庭の稿を見て書いたのだろう、その言葉遣いがよく似通っている。

有信は、まず歌を詠む人も文章を書く人も、何よりもまず詞の道に入らなければならない、昔の書物は、文章にしても歌にしても「ふかき心をこまやかにしら《知》んには、てにをはの心ばへ（配慮）。辞《コトバ》のはたらきなど、その代《よ》の（時代の）物言《もののい》ひざまのねむごろ《懇》なる（心のこもっている）さま、みやび《雅》かなるさまなど。ふかくこまやかにあぢ《あじ》へしらでは。えあるまじければなり（ありえないことだから）」と説いて、日本語の五十音が「一つとしてまぎるる（まぎらわしい）ことなく、あやしくくすしく《奇》（じつに神秘的で）妙なる物なりけり」として、その玄妙な働きで、いわゆる活用（はたらき、と有信は振り仮名を振っている）があるのだが、仮名遣いについてはすでに先人の著作（主として宣長のことか）があるけれど、「此言葉《コノコトバ》のはたらきといふことは。いまだ世《ヨ》にあげつらへる（論じている）人もなく、おしへ《教》さとしたる書《フミ》も見え」ないから、春庭が全二巻として書き上げた、とする。

注目すべきは「こたび鈴屋大人《スズノヤノウシ》の真子《マナゴ》、今の本居大人《モトオリノウシ》と聞《きこ》ゆる。春庭君《ハルニワノキミ》」と書いていることだ（『増補本居宣長全集』第十一巻、一頁、吉川弘文館、一九二七）。真子はもちろん実子をいうが、宣長の本当の子供だ、と書くところに、和歌山の養嗣子大平との差異をことさらに強調するように読むのは、世知がらい現代に生きる私のひが目かもしれない。

春庭による本文の書き出しは、有信のやや平易明解な文よりも、もう少しひねった含蓄のある言葉で綴られている（口絵⑪）。その書き出し。

詞のはたらきはいかにともいひ《言》しらず、いともいともくすしく《奇》たへ《妙》なるものにしてひとつことば《言葉》もそのつかひ《使》ざまによりて、事かはりはたらきにしたが《従》ひつゝ、意もこと《異》にきこえ《聞》などして、ちゞ《千々》のことをいひ《言》わかち《分》、よろづ《万》のさまをかたり《語》わかつに、いさゝかまぎるゝ（まぎれる）ことなく、又見るもの聞《キ》くもの人の心におしこめたる思いのくまぐ《隅々》ま、すべて世中にありとしあること、いく千万のことなりとも、いひ尽くしまねびやら

んに、たらはぬことなく、あか《（飽）》ぬことなきも、此の活《ハタラキ》による技になむありける（同、二頁）

読みやすいように、かな文字に漢字を宛てて注したが、有信がこの春庭の文章を下敷きにしていることがよくわかるだろう。この春庭の文は、口絵⑪に見るとおり、有信の序文のように句点は施されず、ひたすら延々とのべつに仮名書きが続く。古代の文章に句読点はなく、ただ文字だけが書き連ねられる。それを意識した厳密な春庭の古典学者としての態度がそこに見られるが、同時に元来盲目である著者の文章が、口で語り、耳から入る語を連ねるものとして、それをひたすら忠実に筆に記そうとした筆者美濃の深いおもんぱかりも、そこに示されているのかも知れない。

三十六　「うひ学び」のありよう

『詞八衢』上巻の冒頭数行で、春庭は言葉のはたらき（彼はこれに「活」の字を宛てている）は、じつに不思議なもので、思いのままに幾千万のことがらを、誤解されることなく表現できるのは、この「活」があるからだと言う。この「活」には自然に備わった規則があり、大昔からそれは変わることなく続いており、人が語法を間違うのは、その規則を理解できないでいるからだ。昔の人はそれをよくわきまえて間違うことがなかったが、世の中が進むにしたがって言葉が乱れ、それを咎《とが》める人もなく、そのことを論じる本もないままに、ますます乱れることになった。歌詠みや文章を良く書く人は、自然と学んで間違うことはないが、

うひまなび《（学）》のともがら（初学の人）はいとたどたどしくまぎらはしげにて（惑うことがあって）あやまることいとおほ《（多）》ければ（大変多いので）今その人々にさとし《（諭）》しらしめ《（知）》むとていにしへ《（古）》のそのさだまり《（定）》を、これかれ（あれこれ）あげて、くはしく《（詳）》わかちしるし《（記）》つ。（同

と、語の働きの規則を学び始めの人に説くためにこの書を著したとする。

春庭のこの言葉は、父宣長が『古事記伝』を完成させた寛政十年（一七九八）に、弟子たちから学問の手引きを、と乞われて同年執筆、翌年刊行した『うひ山踏み』に認《したた》めた文章を、たちまち思い起こさせる。

「うひ学びの輩《ヤカラ》のまなびやう」は、どんな本から始めたらよいかと皆が問う、と宣長は始める。それは当然のことで、結構だが、どんな学問が正統か、どんな方法が正しいか、間違った方向に陥らないよう、よく認識して、学問が早く成就するように考えなければならない。「大抵みづから思いよれる（自分がこうしたいと思う）方にまかすべき也《なり》」と学ぶ者の志向を重視する姿勢を見せ、「詮《セン》ずるところ（結局のところ）学問は、ただ年月長く倦《ウマ》ずおこたらずして（飽きず怠けず）、はげみつとむるぞ肝要にて、学びようは、いかやうにても」良ろしい（『全集』第一巻、三頁）。

しかし、それではとりつくしまもなかろうから、自分ならこうするという例として、国学者としての根底を作り上げるのに必要と思われる書籍やその読み方を懇切に列挙して、そのそれぞれに丁寧な説明を付している。そして上の基本書籍の類《たぐい》を、できる限り多く読むことを勧めている。ただ文法に関わることがらについては、「五十音のとりさばき、かなづかいなど、必ずこゝろがくべきわざ也」とだけにとどめ、後段の注記においても仮名遣いや五十音の縦横《たてよこ》の用法など、古語を理解するのに必要なことだからだ、と付け加えて済ませている（同、一六頁）。

宣長が『うひ山踏み』で、さらっと流した形で済ませた「五十音のとりさばき」について、長年父に従って古典の用例を博捜してきた春庭は、そこでは十分に説かれなかった「五十音のはたらき」について、父の説き及ばなかった部分を補う形で、調査考察の結果を『詞八衢』として著したのではなかろうか。『うひ山踏み』と『詞八衢』の言葉遣いが、一見似通いながら、それぞれ微妙に異なる趣きがあるのは、似ているようで似ていない父子の資質を垣間見させて、私にはまことに興味深く思われる。

三十七　「活」の本領

本居春庭の『詞八衢』は、冒頭に、言葉の働きの霊妙であること、さらにそれが古代から定まった規則によっていることを簡潔に述べて、たちまち言葉の活について具体的な本論に入る。

活《はたらき》はすべていとおほく《多》さまざまなる中に、四種の活もとも《最》そのたぐひ《類》さまざまひろくいとおほくして、これにならぶはたらき他《ホカ》にはなし。（吉川弘文館版『増補本居宣長全集』第十一巻、一九二七、「本居春庭全集」、二頁―三頁）

として、「四種の活」を「四段の活」、「一段の活」、「中二段の活」、「下二段の活」を挙げ、それに当てはまらぬ「変格の活」も後に説明するとする。

いま学校で習う動詞の活用はまず五段活用。たとえば「書く」は、「書かない（未然形）、書きます（連用形）、書く（終止形）、書くとき（連体形）、書けば（仮定形）、書け（命令形）、書こう（志向あるいは推量形）」のように、「か行」の五段すべてを使うので、「カ行五段活用」という。他に「上一段」、「下一段」、「カ行変格」、「サ行変格」を加えて五種を学ぶ。

古文の歴史的仮名遣いでは、「書かず（未然形）、書きて（連用形）、書く（終止形）書くべき（連体形）、書けば（已然形）、書け（命令形）」で「四段の活」。現代語で「書こう」は古語では「書かむ」となって「こ」の段にわたらない。

春庭の説く「一段の活」は、「射る」、「着る」など五十音図のイ段の一段だけで活用し、「中二段の活」は「聞く」、「落つ」などイ段とウ段の二段、「下二段の活」は、「受く」、「捨つ」などエ段とウ段の下二段のみで活用する。この四種とは活用が先に述べた規則に違《たが》う動詞があるが、それは「変格」として扱い、さらに形容詞に関しては、カ段だけ働くもので、数も少ないと総括する。

次いで「四種の活の図」を示して（口絵⑫）、四種に属する動詞の変化形とそれを受ける「てにをは」などの助辞を具体的に列挙して、詳細な説明に移る。ここで重要なのは五十音図の理解だ。「カ行」、「サ行」など縦の行を諳《そら》んじてこそ、動詞の働きの規則性が腑に落ちることになる。

私たちは五十音図を日常当たり前のものと思っているが、この成立には先人たちの血のにじむような研究の努力が、その背後にある。縦に同じ子音、横に同じ母音を並べる原則から成り立つ日本語の五十音も古代から同じものであったわけではない。子音の発音にしても、たとえば「花」の発音は、万葉の時代には「ぱな」と言った、と昔国語の授業で聞いた人もあるだろう。

歴史的仮名遣いによる五十音図は、十一世紀から十二世紀頃の日本語、すなわち『源氏物語』や『枕草子』の時代を標準として考えられたもので、これを理論的に推定し、確定したのが本居宣長だ。彼は古典研究の基礎として古代語研究に勤《いそ》しみ、多くの重要な発見をした。漢文を読むのに必須の知識としてどんな日本語の仮名を宛てるかを『字音假字用格《じおんかなづかい》』（一七七五）で説き、渡来した文字の音に呉音、漢音、唐音の区別があることを『漢字三音考』（一七八五）で確定する。古文における動詞とそれを活用させる「てにをは」の規則は、『詞の玉の緒』（一七七九）で詳述した。

春庭の『詞八衢』は、父宣長が端緒を付けた「てにをは」などの助辞と動詞が係わる法則を、きわめて実証的に、帰納的にまとめ上げた。後の国語学者たちが論の多少の不備を補うことになるが、この書が語の働きを明らかにした画期的な著作であることは疑いない。

三十八　小西甚一の仕事

『詞八衢』に詳しく説かれる古典語における動詞の活用は、後の人々の補正を経て、確固たるものになる。たとえば受験参考書の名著とされる小西甚一が『国文法ちかみち』（洛陽社、一九五九。新版ちくま学芸文庫、二〇一六）

で動詞の働きを説明する例に、春庭の名前こそ出していないが、『詞八衢』で引かれる動詞「射る」「得る」「老ゆ」など、ほぼ春庭の挙げるものに倣っていて、春庭の学説が今も生きていることを実感させる。

三重県伊勢市船江町に生まれた小西甚一（一九一五－二〇〇七）は、旧制宇治山田中学校を卒業後、東京高等師範学校で国文学を学び、四十代で学士院賞を獲得、母校で長く教壇に立って『日本文藝史』（全五巻、講談社、一九八五－一九九二）などの学術的業績を数多く発表するとともに、『古文研究法』（洛陽社、一九五五、新版ちくま学芸文庫、二〇一五）や『古文の読解』（旺文社、一九六二。新版ちくま学芸文庫、二〇一〇）などの優れた学習参考書を出版して、国文学の基本的知識の普及に努めた。碩学《せきがく》が受験参考書を出す場合、多くは弟子に書かせて、名前だけで本を売ろうする例がままあるが、小西の場合、一つの信念でそうした入門書を真摯に執筆し、ラジオ講座のマイクの前にも立った。小西は『古文研究法』の「はしがき」で、こう言っている（ちくま学芸文庫版、六頁）。

これからの日本を背負ってゆく若人たちが、貴重な青春を割《さ》いて読む本は、たいへん重要なのである。学者が学習書を著《あら》わすことは、学位論文を書くのと同等の重みで考えられなくてはいけない。

国語の教科書から「古典」が外されるような現在の風潮を見れば、小西はどれほど嘆くことだろう。「貴重な青春を割いて読む本」はきわめて重要だ、という認識が忘れ去られれば、本当に「これからの日本」は危ういのではないか。また本当の学者が初心者向けの学習書を書くことの大切さを説く言葉も貴重だ。学問は決して無用の業ではなく、深い底のところできわめて有用なのである。これはおそらく宣長にしても、春庭にしても、共通して持つ認識だったに違いない。

同じ著者のちくま学芸文庫版『国文法ちかみち』に島内景二氏が書いた「解説」に、興味深いエピソードが記されている。島内氏が学生の頃に受講した国語学の教授が、講義に使用する用例一覧のコピーを配る時、「このような用例を集めるのが、文法研究の醍醐味だ」と言い、著名な学者の文法書に引かれる用例には惚れ惚れするものがあるが、自分がたった今配った用例は苦心して集めたもので「少しは自慢してもいい」と語ったという。それを聞いた島内氏は「具体的な例文に、抽象的な定義を雄弁に語らせる。それが文法だ」と理解したそうだ（同、五四七頁）。

春庭の『詞八衢』の本質もまた、彼が妹美濃や弟子の助けを得て様々な古典から満遍なく拾い上げた具体的な動詞の用例の豊富さにある。これらこそは、彼が「四種の活」として抽象的に定義する動詞の法則を、雄弁に語らせて遺憾がない。『古事記』、『源氏物語』、『古今集』、『蜻蛉日記』などの文学、『続日本紀』など歴史書、『字鏡集《じきょう》』といった辞書、『祝詞《のりと》』からまでも採用した例も含めて、奈良、平安の時代の代表的な書物からの引用は、彼のすさまじい執念と膨大な文献から探り出した自負が溢れている。

三十九　東条義門の疑義

本居春庭『詞八衢』刊行後の反響については、足立巻一の『やちまた』上巻に詳しく記されている。「それが出版されると、たちどころに反響をよんで版をかさね、また批判する諸書が続出」したそうだ（『やちまた』上、三四七頁）。なかでも春庭の著書に感激した福井小浜の僧東条義門《とうじょうぎもん》（一七八一－一八四三）は、深くその価値を知るほどに、本文、例証を綿密にたどり、誤りの指摘や疑義を子細に記し、書簡をもって春庭に問うた。それらはのちに『詞の八衢疑問』という著作に結実する。

その原稿とそこからさらに考察発展させた『詞の道しるべ』の稿を携えて、義門が松阪まで春庭を訪《おとな》ったのは、『詞八衢』刊行五年後の文化十年（一八一三）の春三月。植松有信《ありのぶ》の序文に見られる語法や春庭の本文にかかわる問いに、春庭が真摯に応対した様子は、帰郷後義門が春庭に宛てた手紙でうかがえるが、春庭門下の人々は義門の厳しい態度に反発したようだ。

著者や著作を評価し、尊敬もしながら、それだけ真剣に向き合って、その度合いが深ければ深いほど、自身気づかぬうちに、尊重する自分の思いとは逆に、相手を貶《おとし》める結果になることは、真面目に過ぎて不器用な生き様の学者に見られることだが、義門もおそらく相手も自分と同じ学問の徒と生真面目に信じ、学理にのみ忠実であろうとする人だったのだろう。反論や説明を求められて、それを自らの学説を糾弾されたかのように思い込んで、破門したり、絶縁したりする者もいる。

しかし自説と異なる意見に対して、誠実に対応することを説く父宣長の教えのとおり、春庭自身は義門の指摘を自身の問題として受け止め、「末代まで動かず」とする自著の正当性を確信しつつ、さらに発展させる方向へと向かった。義門の『詞の道しるべ』の一読を春庭が門弟の足代弘訓《あじろひろくに》（一七八四―一八五六）に奨めたと、弘訓が所持した本の奥書にあり、また義門の松阪訪問後の礼状に、春庭が詞の自他の理論について考えている旨を、義門に明らかにしたとあることからも、春庭の遺著となった文政十二年（一八二九）の『詞通路』に結実する資料の収集と考察に、その頃から取りかかっていたのが知られる（このあたり足立巻一の『やちまた』第九章に詳しい）。

『やちまた』下巻の「年譜」によれば、春庭が『詞通路』上中下三巻の稿を書き終えたのは文政十一年二月。『詞八衢』刊行の文化五年から数えて、ちょうど二十年の歳月が流れたことになる。

前著が動詞、形容詞の活用の研究を主として、活用の種類を「四段」「一段」「中二段」「下二段」と四つに大別、カ行、サ行、ナ行の変格を説き明かしたのに対して、彼の学問の集大成としての『詞通路』は、単なる動詞等の活用の法則ではなく、文章の中における動詞の意味の働き、引いては文章全体の意味内容を決定する要素は何かを明らかにしようとする。

上巻は「詞の自他の事」、中巻「詞の兼用の事　詞の延約の事」そして下巻は「詞天爾乎波《てにをは》のかかる所の事　その他」と名付けられている。巻末に下巻で説き及ばなかった歌論、『詞八衢』の補足、解説が加わるから、春庭が前著以来不断に考察、研究を重ねて来たことがわかる。しかし稿を書き終えた年の十一月、彼は自著の刊行を見ることなくこの世を去った。『詞通路』は文字通りの遺作である。

四十　『詞通路』の序文

『詞八衢』から二十余年の研鑽を経ての春庭の遺作『詞通路』（一八二九）に寄せた本居大平の序文「詞のかよひ路序」は、

世にありとありて（世の中にある中で）人のもてあそぶわさ（技）。大かた人の心を楽しましめざるものはなくなむあるべけれど（大抵は人の楽しみにならないものはないが）。それが中に歌よむわざなむ。物よりことに優りてはあるべし（作歌がなにより優れたものに違いない）。

と始めて、和歌を作る楽しみこそ『古事記』、『日本書紀』からの伝統で、花鳥風月、恋し、旅しては歌を詠むことで、友人たちとの交わりも深まるとする。しかしその歌を詠むには、古来の法に従って学ぶべきで、宣長の『詞の玉緒』、春庭の『詞八衢』を初学の人は繰り返し読めと説き、『詞通路』も「家の教え著しく。まめまめしき書」で、「くまぐま明らかに至れる力ならでは。かくはえ諭すまじくなむ（細かいところまで行き届く力のない人には、とてもこれほど教えることはできない）」と持ち上げて終わる（吉川弘文館版『増補本居宣長全集』第十一巻、「本居春庭全集」、五五頁）。

日付は「文政十一年（一八二八）秋」。あるいは春庭の亡くなる直前に書かれたものか。それにしても、この序文は和歌についての概説のみで、肝心の春庭語学の意義については言及せず、単に「鈴屋の学」と抽象的に書いて済ませている。本当に大平は春庭の稿本を読み、しっかりと理解して筆を執ったのだろうか。春庭が長男有郷を措《お》いて、大平の長男健正《たけまさ》を養嗣子とし、その四年目の文政二年に健正が死去。次いでその弟の清島《きよしま》を望むが、彼も二年後に急逝するなど、養子の問題をめぐる大平と春庭とのわだかまりを、その序文からつい推測してしまう。

大平の序文に続いて『詞通路』上巻の冒頭、春庭はまず皇国の言葉が「くすしく妙なる」もので、「その使い様など自ずから定まり」があり、神代から正しさが変わることこそ万国に優れるところ、と讃えて、

世々深くしげる言葉の通ひ路は　あとふみ見てぞ行くべかりける

の一首を掲げる。歌の意は、古来からしげる（これは言葉と木《こ》の葉を掛けて、葉の縁語の繁るから言葉の豊富さと厚みを示す）言葉の葉が敷き詰められてきた道を、あたかも恋の逢瀬に通うように踏んで（「あとふみ見て」の「あと」は、古来の人々の通ってきた跡であり、また振り返るべき後を掛け、「ふみ」は恋文の「文」と道を「踏む」とを掛ける）、進んで行かなければならない、となろうか。「通ひ路」の語は、言葉を相互に伝えるさまを指すが、もちろん「恋人のもとに通う」イメージを重ねて、わが国の和歌の主流が恋を主題として今にいたることを、この一首でみごとに言い尽し、しかも「あとふみ見て」の「ふみ」は現に読者が手に取る『詞通路』の書冊をも含意して、自身の学説への強い自信と自負を示してもいる。

そして「詞の意を知らんよりはその使いざまをよくわきまえる」べきで、とりわけ和歌は特に人の思いを述べるものだから、言葉の使い方、「てにをは」はもとより、たった一文字でも使い方で意味が変わるから、語法をこそ大事にしなければならない、その規則について「ひとつふたつ」考察した、と書く言葉に、死期近い春庭の学者としての謙遜と矜持が覗《うかが》えて感動する（同、五七頁）。

四十一　日本語「動詞」の「活」

春庭の『詞通路』の上巻は、まず「詞《ことば》の自他の事」を説く。花が「散る」、花を「散らす」という。「散る」は自、「散らす」は他で、おおよそ自他の詞は、①「自ずから〜である、自から〜する」、②「物を〜する」、③「物に〜

する」、④「他に～する」、⑤「自ずから～させられる」、⑥「他に～させられる」の六つあり、『詞八衢』で説いた四種の活と連動するものとして、個々の語を六つの型に当てはめた克明な表を提示する（口絵⑬）。横の軸に六十個の語（今で言う動詞）を右から左に列挙し、各語の縦の行に①から⑥の説明を付して、各語にカ行一段活用、サ行四段活用などと記した上で、六つの自他に応じたその語の変化形を提示、自他の詞の働きをそれぞれ具体的に悟らせる。

西洋語文法で言う「自動詞」、「他動詞」だ、とつい思われるが、島田昌彦氏は勉誠社文庫版『詞の通路』の「解説」で、「詞の自他」とは自動詞とか他動詞とか、それら動詞だけでなく、古来「自分の身」と「他事」、「表」と「裏」といった「自他」の区別される世界があり、それぞれの世界にふさわしい語を使用するために、「単語相互の意義の調和と整合にかかわる歌学、詩学の伝統の中から踏まれた作歌、作詞の心得」を説くもので、本来名詞、形容詞などにも関わることだと言う（勉誠社文庫版『詞の通路』下、一九七七、一八三頁）。

確かに本に添えられた動詞の表をよく見れば、春庭は動詞の「活」、彼の発見した法則の提示にだけ重きを置いたのではなく、あくまで日本語の霊妙さを明らかにする意図があったことが推量される。当時この細密な表を作る膨大な作業を考えれば、版下の制作から印刻、印刷刊行に及ぶまで、心身ともにどれほど多大な労力を要したことか（実際のありようを眼下に見ることのできない盲目の著者が、頭の中にこの細かな表を想い描き、筆記者にそれを指示したのだ！）。しかも表に示した各語について詳細な運用の規則を、春庭は多くの例を引いて懇々と説く。

中巻の「詞の兼用の事」は、和歌に見られる掛詞や枕詞、縁語の使い様《よう》について、例えば小野小町の歌「花の色は移りにけりな徒《いたず》らに　わが身世にふる眺めせし間に」で、「ふる（経る）に降るの心を兼ね物思ふ時の眺めに長雨を兼ね用ひたり」と、個々の例を数多く挙げ、さらに彼が発見した動詞の活用の規則を援用しつつ、そうした「兼用」が成り立つ理由を細かに説明する。そして「詞の延約（伸び縮み）の事」では、古来日本語が「この扉とあるのは、「開《ひら》け」と言うところを「開《ひら》かせ」と「か」の字を入れ、「待つ」を「待たす」と「た」を入れるなど、言葉が延びることがあり、また「人憎からぬ」の「か」は、「くあ」が約まったもの、といったように、二語が一語になる例をカ行からラ行にわたって詳細に例示して、やはり詞の活用の規則を用いながらその理由を挙げる。

下巻は「詞天爾乎波《てにをは》のかかる所の事」として、こうした助辞がどの言葉に掛かるかを理解する重要さを言い、今の受験生用参考書のように、さまざまな記号を用いて、一首の歌のどの言葉が、どの語にかかるか、具体的に例示している。

歌論書とも言える語学書『詞通路』は、いわば春庭の積年の歌書繙読《はんどく》と作歌指導の体験から結実した、実用を兼ねる思索の書と言えるだろう。

四十二　「自他の詞」の活

春庭が『詞通路』で示した「自他の詞」の六つの働きを説く細密な表は、挙げられた六十の語すべてが、六つの枠を満たしているわけではない。

一つの詞の働きを分けて、第一段「自ら～する」は、現在なら自動詞に分類される語が三十例、第二段の「物を～する」は他動詞的で五十七例、これも他動詞的の第三段「他に～する」はわずか十例、第四段「他に～さする」は使役動詞的で四十二例、第五段の「自ら～せられる」は二十九例、受け身表現の第六段「他に～せらる」は五十三例となっていて、表全体をみると例示されない空欄がかなり多い。

たとえば第一段に「寝る」とある詞は、第四段の「寝さする」、第五段の「寝らるる」が埋まり、「着る」は第一段「自ら～する」は空欄、第二段で「着る」が入り、第三段は「着する」、第四段「着せさする」、第五段「着らるる」、第六段は空欄など、春庭が西洋文法の自動詞、他動詞の区別とはまた別の基準を宛てていることに気が付く。

現代の国文法に馴れた目からすれば、春庭の分類は詞の運用の側面にこだわりすぎて、その区分が明快でないと思われるかも知れない。しかしそれら空欄の意味を細かに検討すれば、あるいは春庭の分類の原理を、そこから引き出せるのではないか。

じっさい、表の三分の一以上を占めるそれらの空欄は、一つの動詞について「文の調和と整合を乱す部分では使用しなかったこと」を示して、現実に動詞を使う場合、使わないことが多々あるからその空欄ができるわけで、「全体としては法則性があり、その法則性の中に動詞が分類されることを示したもの」と、島田昌彦氏は勉誠社文庫版『詞の通路』の「解説」で説明している（同書、二九〇頁）。

島田氏は『詞通路』は、『詞八衢』の動詞研究を土台として、その動詞が文中において関わる形について、「具体的に把握しようとした国語の文法の嚆矢と称すべき内容を持っている」と指摘して、「もし春庭が詞通路刊行後も、その生命を保ち詞通路の目指す方向を発展させ得たならば、作歌とか、古典解釈に有効な国語の文法が完成し、春庭は詞八衢《ママ》ともども詞通路《ママ》も「末代迄不動説」（長く揺るぐことがない）と自負したと思われる」と結論する（同書、二九八頁）。

さらに島田氏は「真の国語の文法の建設のため、詞通路の再発見が強く求められる」（同書、二九九頁）と期待しているが、昭和二年（一九二七）の『増補本居宣長全集』第十一巻の活字翻刻本文の外には、現在春庭の著書が勉誠社文庫版の文政十二年（一八二九）版の影印でしか見ることができず、私も含めて変体仮名の読み方もままならぬ読者の多いことからも、詳しい註釈付きの活字翻刻本の刊行が切望される。

春庭の二著については、義門を始め、弟子たちによる解説の書も多く出たようだが、島田昌彦氏の言を借りれば「そのすべては、春庭の天才を理解し得なかった」ばかりでなく、かえってその意図から外れる著述も多く、明治になって西洋文法を日本語に当てはめての文法理論が形成されると、『詞通路』で展開した春庭の言語理論は多くの発展を見なかった。

その意味で、春庭の弟子の中でも松阪本居家の後見役として重きを成した小津久足が、春庭の『詞八衢』を批判する文を書いていることは注目に値する。

四十三　春庭の弟子たち

文化五年（一八〇八）に刊行された『詞八衢』は、「末代迄不動」（死んでから後の世まで揺るぐことがない）と、和歌山本居家の当主大平へ書き送ったように、著者春庭の評価を一挙に高めたことは、遠く北陸福井の僧義門などの発奮を促して、追随する学者を輩出させたことでも理解される。

その翌年、紀州藩主の命で、本居大平が松阪から家族を引き連れて和歌山に移住すると、伊勢外宮の神官の子で、国学者である足代弘訓や豪商三井家の松阪南家第六代当主三井高匡《たかまさ》など門弟二十七名によって「大平転出後の松阪の学統保持を目的に、春庭の後鈴屋社《のちのすずのや》が組織されることになる」（高倉一紀「本居春庭」、『松阪学ことはじめ』、二五一頁）。

以来、伊勢神宮祠官《しかん》を多く含む弟子が毎年二十五名前後入門して、「急激な門人増加」があったというから、春庭四十五歳から五十五歳の壮年期に、およそ二百名を超える門弟が後鈴屋社に学んだわけだ。

そして「その私塾経営には、殿村安守《やすもり》・三井高匡・小津久足等の心強い支援があった」（高倉一紀、前掲書、二五一頁）中で、もっとも重きを置かれたのは殿村安守（一七七九－一八四七）だったろう。

殿村安守は、小津本家と並ぶ松阪の豪商殿村本家を継ぎ、寛政六年（一七九四）十六歳で本居宣長の門に入った。その時春庭は三十二歳。折から失明の危機にあり、若い安守はつぶさにその苦境を目にし、耳にしたに違いない。

宣長在世中も、その財力も含めて頼もしい門人であったろうが、宣長没後は後鈴屋門下の中心人物として、春庭の後見人となった。安守三十一歳、春庭は四十七歳となっている。

その安守とともに、春庭の弟子で支援者となったのが、やはり江戸店《だな》持ちの豪商小津与右衛門の湯浅屋六代目小津久足（一八〇四－一八五八。口絵⑭）で、彼が小津家四代徒好《ともよし》、五代理修《まさのり》とともに春庭の門に入ったのは文化十四年。徒好は五十一歳、理修十八歳、そして久足は十四歳というから、兄弟子の安守とは二十五歳、師春庭とは四十歳以上の年下となる。

その久足が師の主著『詞八衢』について、私的な文章ながら、こう書いているのだ。

もとよりこの「やちまた」てふ（という）書は、わが師なる人の著されたるなれど、おのれは（私は）仮にも（決して）信じることなく、常に忌み嫌ふこと甚だしく、近き頃本居風（本居宣長流の学問）を尊とみ思はざるは（尊敬しないのは）、これらより（この著書などから）萌《きざ》したるなり。（髙倉一紀・菱岡憲司・龍泉寺由佳編『小津久足紀行集』（二）、二〇一五）

師春庭の主著に対する弟子小津久足の激烈な語は、天保七年（一八三六）、松阪から難波、京都を経て大和に至り斑鳩《いかるが》の里から吉野を見て帰って来るという、かつて宣長が『菅笠日記』で辿った道とも重なる部分もある旅程を綴った紀行文『斑鳩日記《いかるがにっき》』にある。

春庭没してちょうど二十年、ようやく師の桎梏《しっこく》から解き放たれた、ということだろうか。宣長、春庭と続く本居学の学統を、忠実に守ってきた、あるいは守って来たはずの小津久足が、「本居風」を「尊ばなくなった」所以《ゆえん》は、どこから来るのだろうか。

板坂耀子『江戸の紀行文』で「紀行作家としてもっと広く認知されるべき人物」とされた小津久足について稿を継ぎたい。

小津久足

チチェローネ　三　小津久足

江戸後期の有力な松阪商人。公刊はせぬものの膨大な紀行文と詠草を残した。江戸の松阪「小津党」の一翼を担った本居宣長の曽祖父は、松阪から江戸に上ってくる若い商人たちを庇護した。その助言と資金をも得て紙商として大をなした小津清左衛門の店で働き、認められて小津姓を受けて独立した小津新兵衛は、当時必須の肥料干鰯《ほしか》の商いで成功する。代々湯浅屋を名乗った店は、第六代小津久足においてその絶頂となる。久足は十九歳で家督を継ぎ、居宅は松阪西町、江戸店《だな》は小網町から深川へと移した。若年から松阪商人の先輩たちと春庭門に入り、彼らと親交を深めつつ、風雅の道を究める。彼は春庭の歌会に十五歳で出て以来、毎年熱心に作歌し、本居古学を修め、商用や遊山で近畿一円、時には奥羽にまで足を伸ばして、その旅日記とも称すべき紀行文をつぶさに記して文章の妙を磨いた。菱岡憲司氏を中心として紀行文の多くが現在翻刻され注目を浴びている。

その私的な紀行文中に本居古学、春庭語学への激しい忌避の語を記すのはなぜか？　菱岡氏の久足に関する二著を手掛かりに、彼の紀行文や詠歌のテクストを読んでみる。また二十四歳で江戸の居宅を訪って以来、その知的生活に関わる曲亭馬琴や松阪商人・本居門下として先輩の殿村篠斎との交わりを、馬琴日記や馬琴の書簡から探って、久足の実像をうかがう。

四十四　本居春庭の遺作歌集と弟子

松阪魚町での後鈴屋社《のちのすずのや》では、国学の継承も、もちろん大切であったろうが、宣長がとりわけ作歌にいそしんだように、春庭《はるにわ》も歌を詠むのにいっそう熱心で、足立巻一によれば、春庭十九歳の折の自筆『春庭詠草』二冊と『後鈴屋集』と題された五冊の歌集が、本居宣長記念館に残されているという（『やちまた』下巻、二八五頁）。

本居春庭の養子健正《たけまさ》の編むところに成る歌集『後鈴屋集』（一八一六）と、春庭の長男有郷《ありさと》が編んだ『後鈴屋後集』（一八三二）は、作歌年代を記載せず、『古今集』以来の「春」、「夏」などの四季、「恋」、「雑」のテーマ別に編集されていて、春庭の作歌の年代が判じ難い。ところが足立巻一が見た歌集は「年代順になっており、刊本はこれを底本として取捨し、分類されたもの」とある（同書、二八五頁）。歌集は春庭の日常の思考を知るのに第一級の資料と思われるが、寓目する機会のない私は、吉川弘文館発行の旧全集の活字本で推量するしかない。

それにつけても、当時春庭は国語学者としてよりは、むしろ歌人、あるいは作歌の指導者として盛名を得ていたのではないか。歌会が社中で行われて、春村、美濃など春庭の弟妹たちや妻壱岐、弟子たちにも作歌が多い。

春庭没の翌年の文政十二年（一八二九）三月、第一回の「追悼歌会」が催され、最終は慶応三年（一八六七）、すなわち明治維新直前まで年を重ねて四十回近くも続けられた。このことからも春庭と和歌の深い関係が知られる。

本居春庭著『詞八衢《ことばのやちまた》』についての批判を洩らす小津久足《ひさたり》（一八〇四－一八五八）も、後鈴屋社の門人代表、春庭の遺児有郷の後見人として、嘉永五年（一八五二）まで、その歌会に二十四回律義に出席し続けたという（足立巻一、同書、四二八頁）。

松阪を代表する豪商の一人で、春庭門の高足《こうそく》にして稀代の読書家かつ蔵書家の小津久足を、私はついこの間まで全く知らなかった。小津久足について私の蒙が啓《ひら》かれたのは、小津久足研究の第一人者、山口県立大学の菱岡憲司氏に拠る。

菱岡氏は自身の読書録や研究ノート、身辺雑記をブログ「北窓書屋」に公開しておられ、拙著『こう読めば面白い　フランス流日本文学』（大阪大学出版会、二〇一七）が出版された際、そのサイトで推奨してくださった。その記事を私が勤務する学校の同僚から菱岡氏のメールアドレスも添えて教えられ、メールで早速お礼を申しあげた。その折り返してのご返事に、私の旧著『謎解き「人間喜劇」』（ちくま学芸文庫、二〇〇〇）を読まれて以降、菱岡氏は私の書くものに注意を払っておられた、とのこと。夕刊三重新聞社刊『心の中の松阪』も読まれ、私が小津久足と同郷ということに一驚されたという。また私が加わった「座談会『八犬伝』再読」（『文学』二〇〇四年五月－六月号、岩波書店）での私の発言も面白く読まれたそうだ。

というのも、菱岡氏は元来江戸読本《よみほん》作者の雄、曲亭馬琴から研究をスタートされたが、『南総里見八犬伝』の刊行中、その克明な読後評を馬琴に書き送った小津久足に注目。久足に先んじて馬琴と書簡の往復から知己となった春庭門下の先輩殿村安守《やすもり》（号は篠斎《じょうさい》）とともに、馬琴が数少ない友の一人とした久足の研究へと歩を進められた。小津久足は熱心な読者としてだけでなく、馬琴の友人を任じて援助を惜しまず、松阪西之荘《にしのしょう》に蓄える膨大な蔵書も馬琴に役立たせてもいる。

以来菱岡氏は、馬琴研究と合わせて、小津久足の馬琴との往復書簡のほか、久足が書き残した膨大な紀行文等の研究や翻刻に従事、顕著な成果を上げておられる。私は菱岡氏からメールのやり取りをしてすぐに、その大著『小津久足の文事』（ぺりかん社、二〇一六）を送っていただいて、初めて小津久足の事績を知ったという体たらくで、松阪に生まれ育って十八年、以後居を関西に移して以後も、ほぼ年数回帰省していた半世紀間、久足について何の知識もなかったのは、大いに恥ずべきことだった。その罪滅ぼしも兼ねて、これまで菱岡氏から頂いた資料と情報に多くを拠りながら、本居春庭の高弟にして松阪商人の雄としての小津久足について、文字通りの拙稿を続けて行くことにしたい。

四十五　松阪商人──湯浅屋の系譜

小津久足は文化元年（一八〇四）、松阪の坂内川《さかないがわ》を北に魚町橋を渡った百足町《むかでまち》（現在の西之庄町）で父小津徒好（当時三十八歳）、母ひな（当時二十七歳）の長男として生まれた。のち江戸で干鰯《ほしか》を扱う豪商湯浅屋の六代目となる。父徒好は杉山家の出で、十歳から江戸の店《たな》で働き、三代目与右衛門理香《まさか》に認められて、理香の姪で彼の養女としたひなと結婚、理香の実子亀蔵が成人するまでの「つなぎ」のような形で入り婿となった（菱岡憲司『小津久足の文事』の記載に拠る）。

湯浅屋の初代新兵衛理樹《まさき》は、寛文十二年（一六七二）紀伊和歌山藩領の一志郡須賀村に生まれ、旧姓中西、「幼年より江戸大伝馬町《おおてんま》本家（小津清左衛門家のこと）紙店にてつとめたまひ、首尾よく出世金を貰ひ、小津の苗字を貰ひ、当所（松阪）中町に家を求められしなり」と久足は『家の昔がたり』（口絵⑮）に初代で曾祖父の新兵衛の事を記している（菱岡憲司他編『小津久足資料集』、雅俗研究叢書3、雅俗の会発行、二〇一九、五六頁。以降『家の昔がたり』の引用は同書による）。

小津清左衛門は、代々の紙商いで江戸の豪商となり、本宅を松阪本町において、江戸店は現在も「小津商店」として東京日本橋に本社を構え、「小津史料館」を併設している。例によって迂闊な私は、この史料館のことさえも、つい最近まで知らず、まだ訪ねる機会がない。

先頃九年間過ごした大学の学生寮にいた者たちでオンライン同窓会を開催、数年の後輩にあたる旧寮生が南伊勢町出身で伊勢高校（旧制宇治山田中学の後身）から大学進学、勤めた会社の定年後奈良の名所旧跡の案内などをボランティアでしているという。そこで奈良長谷寺の本堂前に鎮座する小津家奉納の大香炉の話が出た。早速その写真を送って貰うと、まことに立派な青銅製で、これほどの大きな細工物は、よほどの豪商でないと寄進できまい（口絵④）。小津清左衛門家の財力をまざまざと見る思いがした。台座には「勢州松坂本町　奉寄附主　小津清左衛門」と彫ってある。

その紙商小津店から出世金を貰って独立した新兵衛は、新しく干鰯の商いを始める。干鰯は文字通り鰯を干した肥料で、油カス、糠などと並んで当時菜種油や木綿の生産に無くてはならないものだった。木綿の産地松阪出身ならではの商売で、四日市や白子にも干鰯を扱って大をなした店がある。

今も「にんべん」で知られる鰹節屋の伊勢屋も、四日市の干鰯商人の次男に生まれた初代が、江戸で油商人の店に雇われ、独立して塩干物を扱うようになり、やがて鰹節屋を始めて「現金掛け値なし」を看板に大商人になる。あたかも松阪出身の商人、三井越後屋が呉服の現金掛け値なしで江戸の人気をさらうのと軌を一にする。

平成三十年（二〇一八）六月のＮＨＫスペシャルで、「にんべん」の大福帳を軸にして、江戸商人の盛衰を描く「大江戸」という番組が企画され、折からパリの国立高等美術学校に残る江戸時代の浮世絵肉筆画コレクションを調査していた私の妻に、そしてついでに私にも声がかかり、夫婦で渋谷のスタジオまで出かけて、半日かけてビデオ撮りをした。

どんな映像になっているかと実際の放映を見れば、私たちの出番は、なんと僅か数分に編集され、あとは松平健らのおしゃべりと「にんべん」のストリーが映された。干鰯と伊勢商人が江戸で華やかに活躍する話に、湯浅屋小津久足の名を絡ませずに終わったのが、今になってつくづく惜しまれる。

四十六　松阪「小津党」

本居宣長が六十九歳の折（寛政十年一七九八）に書き著した『家のむかし物語』（「全集」第二十巻所収）に、本居家の先祖は阿坂《あざか》村を拠点とする北畠家の家臣で、後に松阪城主となった蒲生氏郷《がもううじさと》配下となり、主君氏郷の会津移封に従い、戦乱の中で討ち死にした一族の一人本居武秀《もとおりたけひで》の妻が、陸奥から懐妊のまま松阪に帰り、そこで生まれた男子が宣長の遠祖となることが書かれている。

その妻は阿坂の本居本家には行かず、旅の疲れのために行き倒れたものか、三渡《みわたり》の北、小津村の油屋源右衛門の家で出産。やがて源右衛門が松阪に居を移すのに、武秀の妻は、その子（のちの小津七右衛門）を伴って同道、油屋源右衛門は小津姓を名乗って、いわゆる松阪「小津党」の祖となる。七右衛門はその長女を妻とし、夫婦の次男が宣長の曾祖父三郎右衛門（隠居して道休《どうきゅう》）で、道休は江戸で木綿問屋など三つの店を営む富商となる。

現代まで続いている紙商「小津商店」の祖、小津清左衛門（一六二五－一七一〇）も、三郎右衛門に二百両を借り受けて、大伝馬町の紙商店を買い取り、今日の大となる礎を築くことになったという。

小津清左衛門はもと森嶋姓で、幼名を太郎次郎《たろじろう》、徳川家光が三代将軍に任ぜられて三年目の寛永二年（一六二五）松阪西町に生まれた。十五歳で江戸へ奉公に出て、一度故郷の松阪に呼び戻されたものの、再び江戸に戻り、大伝馬町の紙商で働くうち、その隣家の紙商が廃業するために買い手を探すことを知った。商売の才覚は十分にあるが、隣家を買い取る資金がない。そこで太郎次郎は、三郎右衛門の江戸店《だな》支配人小津三十郎（三重郎とも書く）に相談。三十郎の下で太郎次郎の弟が働き、しかも三十郎の妻と太郎次郎の弟の妻が姉妹という縁で、三十郎が主人の三郎右衛門に話をした。

小津家江戸店の手代《てだい》の略歴を細かに記した宣長の明和四年（一七六七）『歴世《れきせ》手代《てだい》略記』（全集第二十巻所収）に、小津三十郎の項で、現在盛業の小津清左衛門家は、その始め、「江戸大伝馬町一丁目にて紙店を開く、然りといえども力弱くしてほとんど支え難し。ここにおいて宗心《そうしん》（三十郎の隠居名）の縁をもって（略）道休大徳（三郎右衛門の隠居名）の助力を願う」とある（原文は漢文）。

三郎右衛門は太郎次郎に資金を用立てた上、鱗久《うろこきゅう》△久を家印として、太郎次郎に小津を名乗らせ、「店が成功したら自分の店にしたらよい、うまく行かない時は私の店とする」と言ったという。感激した太郎次郎は小津清左衛門と名を改め、以後商いに励んで、店が大いに栄えた。その後は毎年三十両を小津本家に送った、と宣長は書く。

小津商店が創立三三〇年を記念して発行した『温故知新―小津三三〇年のあゆみ』（小津商店、一九八三）の記述では、宣長の曾祖父の三郎右衛門ではなく、手代の小津三十郎が「小津屋というのは、店が繁盛するめでたい名だ」と、鱗久の印と合わせて太郎次郎に勧めた、と記されており、宣長の記事と相違する。

小津清左衛門は、自分の弟や弟の妻がつながり、かつ自分も親しい三十郎に、自家の創業支援の功を帰そうとしたのだろうし、宣長にしてみれば、清左衛門家の富が曾祖父の徳から来ることを強調したかったのに違いない。

小津久足の曾祖父小津新兵衛は、その小津清左衛門の江戸の紙問屋に奉公に上がった後に、干鰯問屋湯浅屋の初代として豪商の道を開くことになる。

四十七　松阪での一日

松阪の地元紙『夕刊三重』にこの連載を始めたのが、令和三年（二〇二一）七月四日。こんなに長く稿を継ぐとは、正直なところ思っていなかった。先にも書いたように、平成三十年（二〇一八）七月に松阪産業振興センターで桂文我師匠との「二人会」で話した内容を、そのまま文章にすれば、と考えていたのが、本居宣長の多様な仕事を振り返るうちに、『古事記伝』はともかく、『古今集』や『新古今集』の注釈や紀行文など、彼の著作について、私なりに感じるところが多くあり、彼の文章の魅力を少しでも伝えられれば、と稿が増していった。

桂文我師との「二人会」では、宣長の『菅笠日記』から、一足飛びに小津久足の紀行文に移って、春庭は説き及ばず、今回もあっさりとやり過ごすつもりで、連載の副題にも名を挙げずにいたが、春庭の眼疾を境にして宣長と春庭の葛藤、両者の語学研究をめぐる優れた業績、二人を支える春庭の妹美濃の献身的な協力など、現在春庭の著作の入手が難しいことからも、できる限り詳しく紹介しようと思い定めた。

　そしてようやく春庭の弟子小津久足までたどり着いた令和四年の六月末、ちょうどその年の三月末で勤務する大学をそれぞれ停年退職した私の教え子二人を労《ねぎら》う会を、彼女たちと一緒に何度も松阪本町の割烹旅館小西屋で会食した縁で、松阪工業高校で同級の私の友人三人が企画してくれ、西宮から私たち夫婦と親しくしている料理人夫婦も同道、小西屋での一夕となった。そこでその機会に少し連載の記事に関係する場所を巡ってみることにした。

　お昼過ぎに松阪に着いて、まず松阪城跡にある本居宣長記念館に、これまで資料提供いただいたお礼がてら足を運んだ。毎回架蔵の貴重な資料類を提供して連載記事を豊かにして下さる東博《ひがしひろ》武《む》館長はじめスタッフの方々に暖かく迎えて頂き大いに恐縮。その時の展示室のテーマは「うひ山踏み」で、その一つに宣長の漢学の師堀景山《けいざん》の軸があり、鈴屋書斎の写真に見る有名な賀茂真淵「県居《あがたい》之《の》霊位《れいい》」の軸は、実は宣長自身は真淵の命日など特別の日だけ掲げて、普段日常に掛けていたのは、景山の書軸だということを井田もも学芸員の説明で初めて知った。漢意《からごころ》を徹底して排斥した宣長にして、漢学の基礎を叩き込んだ師の恩は、じつに宏大だったのだ、と今さらながら痛感する。

　展示の品々は、宣長の「もの学び」のありようを知るのに、まことに適切な資料と配置で、若い来館者には、とりわけ意義深いものになるに違いない。

　あいにくその日は水曜日で、小津清左衛門家、松阪商人の中でも代表的な長谷川商店の旧邸や明治維新後、鴻池《こうのいけ》財閥を支えた松阪出身の実業家原田二郎旧宅もすべて休館。ちょっと当てが外れたが、宴果てて一泊した翌朝、昔小、中、高と通った市立図書館が、今は歴史民俗資料館、二階が小津安二郎松阪記念館となったのを、友人二人と訪れ、米倉茂館長や岩岡太郎学芸員に話を伺い、小津映画のいくつかの劇場用の看板が二階に上がる階段の踊り場の壁に掛かるのを懐かしく眺めることができたのは、有難い収穫だった。

そのあと樹敬寺《じゅきょうじ》の宣長、春庭の墓に詣で（口絵⑨）、中学の恩師原田誠先生の大伯父にあたる原田二郎の堂々たる墓所がすぐ隣なのに驚きつつ、小津久足の墓のある養泉寺《ようせんじ》へと急いだ（口絵⑯）。

六十年以上も松阪と大阪の間を往復しながら、お寺と言えば父母の墓のある常念寺《じょうねんじ》くらいしか知らず、今回初めて養泉寺を訪れ、小津久足の墓石を探したが見つけられなかった。帰郷の度に墓詣りしていた常念寺に、久足の春庭門の先輩である殿村篠斎の墓があることを知らずにいて、今回改めて友人と一緒に探したものの、戒名だけの墓標は破損の個所も多くて判読しがたく、いずれも次回を期したが、ほぼ一年にわたる連載によって、多くを得たのが、じつは私自身だと思い至った。

四十八　「西荘文庫」

令和四年（二〇二二）六月下旬に松阪に帰省した時、本居宣長記念館を訪って、興味深い展示を見ることができたのに加えて、その時学芸員の方にお願いして『鈴屋学会報』第四号（一九八七）、第五号（一九八八）に掲載された小泉祐次本居宣長記念館第三代館長の貴重な論考「小津久足自筆稿本『小津氏系図』と『家の昔かたり』について」のコピーを頂けたのはとても有難かった。その論考は小泉元館長が、今から三十五年前の当時、松阪西之荘在住の小津愛子氏から小津久足自筆稿本『小津氏系図』と『家の昔がたり』などの新資料の提示を受け、それらを調査、翻刻した結果を報告されたものである。

小津久足が江戸時代後期における、それこそ五本の指で数えて一、二と折られるほどの蔵書を誇る「西荘文庫」を擁していたことは有名だが（と言いながら、そこから坂内川を隔てて徒歩十分足らず、すぐ近くに住んでいた私自身、実はまったくそのことに無知であって、まことにお恥ずかしい次第だが）、その詳細については、また触れる機会もあろうが、それらの書籍の大半が、第二次大戦後、三重県伊賀上野の沖森《おきもり》古書店の扱うところとなり、これも貴重書の収集で有名な天理図書館に収められた。

日本一の古典籍店と言って過言ではない弘文荘《こうぶんそう》店主の反町茂雄《そりまちしげお》著『一古書肆の思い出』四（平凡社、一九八九）によれば、昭和二十六年（一九五一）十月末に神戸で行われた古書の入札市で、沖森書店が西荘文庫の一部を出品し、そのわずか半月後、今度は東京に大量の本を持参、臨時市《いち》で売り立てたという。「如何なるプロセスで、誰が引き出したものか知りませんが、沖森さんがもっとも多くを買い取ったことは確かで、その一部分を天理に売り、大部分を二回に分けて売り立てました。」と反町は書いている（同書、五〇五頁）。

反町によれば、西鶴本や浮世草子のコレクションなどは、昭和初年に近世小説、絵入り版本の蒐集家として名高かった小田久太郎（一八六六－一九三五）の果園《かえん》文庫に買い取られて「その豊かさと値の高さで、好事家《こうずか》の耳目を」驚かせていたから、戦後の大量の放出は、重要文化財に指定される書目や、曲亭馬琴の自筆稿本、書簡などもあって、いっそう古書界の評判となったようだ。ちなみに小田久太郎は長崎県人ではあるが、昭和初期の三越本店の専務を務めているから、あながち松阪商人と無縁でないことになる。小津久足旧蔵書の多くは、沖森書店の手で天理図書館に収められ、また大阪吹田の関西大学図書館にも久足の「文庫目録」が収められ「西荘文庫」蔵書の残本の一部として、「文庫」のあらましが分かるが、さらに反町やその他の古書店が買い取って収集家の有《ゆう》となった書籍もある（口絵⑰）。

おそらく久足自筆『小津氏系図』や『家の昔がたり』は、小津家の筐底深く秘蔵されていたもので、しかも小説、写本類とは異なり、そうした売り立てにはそぐわないとして、小津家に残ることになったのだろう（口絵⑮）。もっとも小津久足の膨大な紀行文や歌稿類も、その浄書本の大半は日本大学図書館、草稿本の大半は天理図書館に蔵されることになって、久足研究の貴重な資料となった。

戦後の大規模な西荘文庫の売り立ての際に、久足自身の紀行文や詠歌の稿本や系図等の資料などは、もちろん小津家に関わる秘蔵のものとされてきたのを、菱岡憲司氏や高倉一紀氏らの調査、翻刻によって、秘匿の底から多くの関心ある人の眼に資すべく公刊され、小津久足の文業を知る貴重な基本資料となっている。

従来小津久足の画像は、伊賀上野の古書店主沖森直三郎「西荘文庫のことども」(『天理図書館善本叢書』第十二巻月報、一九七三)に掲載されたものが知られていて、沖森氏が久足の画像を所有していたということは、それだけ小津久足家との縁故が深かったということだろう。ところが、その画軸は、以後長い間所在不明のままだったのが、ごく最近ある古書店で忽然とカタログに載り、無事菱岡憲司氏が手に入れられた。古書の収集で知られる元関西大学教授故肥田晧三氏の「本なんてそんなものです。あるべきところにしかないのです。本の流通は絶対そうなっています」の名言を裏書きするような話で、その菱岡氏のご好意で本書にも口絵として掲載させて頂けた(口絵⑭)。

四十九　干鰯問屋湯浅屋の系譜

本居宣長『家のむかし物語』の記事でも、また宣長自身の後継について見ても、養子縁組は武家だけでなく町家においても、現代の私たちが想像する以上に重要で、かつ複雑、デリケートなものだったことがわかる。春庭が実子の有郷を措いて、わが家の後継に紀州本居大平の長子を養子に望み、事が成就する前にその長子が亡くなると次男を欲したのも、本居家の筋の継続を思ったからだろう。大平自身も実子が亡くなった後、養子を迎えるのに様々な苦労をしている。

一九八〇年代に西之荘の小津家から示された『小津氏系図』と『家の昔がたり』など、小津久足自筆稿本を小泉祐次本居宣長記念館第三代館長が『鈴屋学会報』四号、五号に翻刻、解説した論考を読むと、小津久足の祖先にあたる初代湯浅屋小津新兵衛から七代目忠三郎克孝《よしたか》までの系譜で、やはり養子縁組の多いのに気づかされる。

伊勢国《いせのくに》(三重県)一志郡須賀村の初代新兵衛(一六七二―一七三二)は、江戸伝馬町の伊勢松阪出身の紙商小津清

左衛門の店に奉公、忠勤を愛でられ功労金と小津の苗字をもらって独立する。久足の大叔母たかが嫁いだ小津別家二代目新七（号良桂）による三代目理香《まさか》の伝記『花山道秀居士伝《かざんどうしゅうこじ》』によれば、宝暦五年（一七〇八）頃、紀州湯浅村出身で千葉勝浦で干鰯を扱う岩崎家の一族岩崎嘉右衛門が、千葉の海が不漁で江戸に出て、相州《そうしゅう》（現神奈川県）浦賀の同業湯浅屋与右衛門兄弟と江戸で店を始めたものの、与右衛門がほど経て浦賀に帰ってしまい、その後釜《あとがま》として伝馬町の小津紙店で知り合った新兵衛を仲間に誘ったという。

　嘉右衛門は新兵衛を見込んだものか、干鰯の商いに素人の彼に商売が立ちゆくように親切に世話し、湯浅屋与右衛門の屋号も与えて、十七年ばかり働いた後に紀州に戻った。その間に湯浅屋の基礎ができたのだろう。

　干鰯・〆粕《しめかす》の取引場の一つに干鰯場である銚子場があり、あたかも紀州湯浅の醤油作りが千葉の銚子に渡り野田醤油ができるように、肥料の製造、販売で紀州湯浅の人脈が銚子場を仕切っていたわけで、現在、松阪城址の搦手《からめて》門《もん》入口に安永九年（一七八〇）と刻まれた銚子場組の江戸干鰯問屋の常夜灯《じょうやとう》が残っていて、これは早馬瀬《はやませ》の参宮街道沿いにあったものを、昭和二十九年（一九五四）に現在地に移設したものだそうだ（曲田浩和《まがりたひろかず》「江戸深川の肥物商小津家に関する一考察」、『日本福祉大学研究紀要―現代と文化』第一四二号、二〇二一、二五頁）。

　湯浅屋与右衛門を名乗った新兵衛は、当初江戸小網《こあみ》町で商いをしていたが、やがて松阪中町に居宅を買い、江戸店は支配人に任せて、節季には江戸に赴いて舵を取る、いわゆる松阪商人の習いを践むことになる。小網町の店は火事で焼失したため、のちに深川へ引き移った。「材木と干鰯・〆粕などの魚肥《（ぎょひ）》にとって深川は商品保管地としてでなく、取引地でもあった」（曲田、同、二四頁）からだ。

　初代新兵衛は男子に恵まれず、甥の長之助を長女ぎんの婿として二代目新兵衛を名乗らせる。しかし、ぎんは二十六歳で亡くなり、三女るいが後添えとなる。るいの長男与右衛門理香が湯浅屋三代目を継ぐ。すなわち久足の大叔父である。次女ちくは分家となる初代小津新七に嫁いだ。その理香の妹たかを娶って初代新七の養子となり二代目を継ぐのが、初代新兵衛と縁の深い紀州岩崎家から来た教寧《のりやす》で、小津久足はその教寧に学問の初歩を習うことになる。

五十　湯浅屋三代目与右衛門理香

小津久足の大叔父で、湯浅屋三代目与右衛門理香は、初代新兵衛の末女るいが、新兵衛の甥で、彼の養子となった二代目新兵衛宝高《とみたか》との間に儲けた唯一の男子で、そのほかには姉妹五名（先妻だった長姉ぎんにも女子二人がいたが幼くして亡くなっている）となれば、一家中から大事に扱われて育ったに違いない。久足の書くところを引けば、

大酒放蕩にて、登楼（遊郭に行くこと）を好み、たわむれに（略）浄瑠璃を語り、囲碁を好み、拳《けん》（手の置き所で狐、庄屋、鉄砲を示して勝敗を争う狐拳をいうのだろう）を好み、又は役者・角力取などを近づけ、或は鳥を飼い、橘を賞し（略）、山を造り、池を掘り、菊を作りなどして（略）その壮観なりしこと、余（久足のこと）幼年の折ながらよく覚えたり。（小津久足『家の昔がたり』、前掲書、五九頁）

江戸小網町に店を持ち（深川移転は六代目久足の決断による）、理香自身は、松阪の居宅（初代の頃中町から川向かいの百足町に転居し、坂内川洪水の後の堤防修復の大工事を終えたことで、中町の小津清左衛門家に対して「土手新」と呼ばれるようになる）に住いして、好き気ままに過ごした。

松阪豪商の典型的な姿に見えるが、本来の松阪商人は三井家の歴史を見ても、表向き華美を示さず、堅実な暮らしぶりのようだから、理香の派手な生活は、例えば彼の長姉ひでが嫁いで、のち彼女を離縁することになる元夫で、やはり松阪の豪商の一人だった森壺仙《こせん》（一七四三―一八二八）の『宝暦はなし』（一八二八）の中に、「松阪のおごり人」の一人として、「旦那旦那ともてはやしにのり、さまざまとおごりをなし」と批判されるほどのものだった（菱岡憲司『小津久足の文事』二一四頁）。

壺仙は、そうしたおごりの中で、放埓や趣味に走って、あたら大店も持ちこたえられなかった松阪商人の例をあ

げて後世の戒めとしているが、久足自身も、理香が「家業の外の紅塵（煩わしい俗世を指すが、ここではその付き合いの派手さを言うか）の中に頭を埋づめて、寿を縮められしは、惜しきことにあらずや」（『家の昔がたり』、同、五九頁）と、彼の放蕩の過去を非難するよりは、遺憾なこととして、それらのことがありながら、店は傾くどころか隆盛を極めたことに注目している。そして三代目の大叔父理香の人となりを最後に回顧して、

その姓（性の意）は甚《はなはだ》綿密にして、甚器量あり、江戸店などよく帰伏せり（尊重して言うことを聞いた）。屋敷向き並びに本家（大切な顧客の屋敷や小津本家のこと）等への勤《つとめ》（義理などを果たすこと）は甚嫌いにて、気ままに世を過ぐしたまえども、一己《いっこ》（自分ひとり）の守り良ければ、かえって害少なく、同輩の人に交わることを好みたまわず、姓（同じく性の意）に驕奢《おごり》の意毛頭なければ、日夜酒宴、また登楼の居続けも、さのみ家に障《さわ》ることなく、稀代の人物というべし。（『家の昔がたり』、同、五九頁）

と情理にかなった人物論を展開している。

幼少時に同じ屋根の下で一緒に暮らした一家の主人、大叔父理香の表裏をよく見抜いた観察だが、久足自身が商人としての処世を説いた『非なるべし』の文にも重なる点から、久足が理香を手本とした所のあることを窺わせる。しかも店の繁盛を「これ運の強きなるべし」と理香の強運に帰する所に、久足の冷徹な商人の知を見ることできる。

五十一　小津別家二代目小津新七（良桂）の湯浅屋三代記

江戸の干鰯問屋湯浅屋六代目小津久足が弘化三年（一八四六）に筆を起こしたとされる『家の昔がたり』を著したのは、松阪本町の小津別家二代目新七（号は良桂《りょうけい》）が湯浅屋本家三代目理香の未亡人りせの依頼で文化八年（一八一一）に執筆した『花山道秀居士（理香の戒名）伝』を久足が手に取って読んだことに始まる。そしてその大叔母りせが七十九歳ながら記憶も確かなことから、久足の亡き父四代目徒好や昔を知る手代たちにも聞いたりしたこ

とを補って、久足は二代目小津新七、隠居して号良桂の文章の後に『家の昔がたり』を付して一書とした（口絵⑮）。

久足の幼児期に、当時武士はもちろん、しかるべき町家の人間にも必須の学問であった『論語』、『孟子』などの四書や、『易経』、『春秋』、『書経』といった儒学のいわゆる五経を手ほどきした良桂は、小津別家初代新七の養子で、その初代は、湯浅屋初代である小津新兵衛がまだ小津紙店にいる頃に声をかけて、一緒に干鰯業を始めた岩崎嘉右衛門の甥北村太七《たしち》である。紀州湯浅に隠退した叔父嘉右衛門の縁で初代新兵衛の江戸店に奉公し、新兵衛の次女ちくと結婚して名を小津新七と改めた。ちくは男子を出産するが、産後に逝去。せっかくのその男児も三歳で早世して、嘉右衛門の兄茂右衛門《もえもん》の次男虎松が、本家二代目新兵衛の懇望によって紀州湯浅村から江戸に下って二代目小津新七となり、小津本家三代目理香の妹たかと結婚、男子が生まれると還暦を期して五十九歳で家督を譲り隠居、良桂と名乗った。

小津本家六代目の当主となった久足は、この良桂について、彼は名のある師に習ってもいないのに、漢籍を教えるほどの学力があったと評価し、

> 今うすうすそのひととなりを思ふに、ひと癖ありて、偏屈なる老翁なりしが、性甚だ綿密にて、書もつたなからず（下手でなく）、俗牘《ぞくとく》（一般の手紙）などは、いはゆる文者《もんじゃ》（文学の分かる人）とも言ふべく、詩歌連俳《しいかれんぱい》（連歌や俳諧）の心がけはなけれど、仮字（かな文字）の俗文などもつたなからぬを外にも見しことあり。（小津久足『家の昔がたり』、同、五六頁）

と、いささかその人を煙たくは思いつつ、また彼には久足の好む和歌に素養のないことに少々不満げながら、その実力に信を置いて、良桂の書いた湯浅屋三代目理香の伝記を「家の宝」と賞している。

じっさい菱岡憲司翻刻『花山道秀居士伝』（山口県立大学『国際文化学部紀要』二八号、二〇〇二年三月）を読めば、久足が「性甚だ綿密」と評する良桂の特質がよくわかる詳細な記述を残している。

たとえば小津家二代目新兵衛宝高《とみたか》の代に起こった安永二年（一七七三）の坂内川大洪水の様を

坂内（川のことを言う）山ぬけて（山崩れが起って）古今の洪水にて、百姓の家または諸道具・牛馬に至るまで前成《まえなる》（前にある）川を川上より流れ下り、大橋も捻折《ねじお》れて落ちる。（略）右洪水後は川も一面に埋まり、水の流る所、町地面と同位に成て、水の防ぎなし、それより町内世話して川ばたに土手を築き、水の防ぎとし、右土手の上を人馬往来の通路とせし也。それ故百足町中居宅の地形は土手より甚だ低かりし。（小津良桂『花山道秀居士伝』、前掲書、一三三頁）

と記す文章は、凡手なら災害の様子をくどくど書くところを、理路整然として、叙述簡潔、その委細を尽くして遺憾がない。久足が「文者とも言ふべく」と評するゆえんだろう。水害を多く被った百足町の土手を四尺（およそ一メートル二十数センチ）高くあげるという「土手新」にふさわしい大普請は、六代目久足の奮闘による。

五十二　小津久足『家の昔がたり』

先にも言うように、湯浅屋初代新兵衛には女子ばかり生まれて、新兵衛の甥長之助が少年の頃から江戸店で働いていたのを長女ぎんとめあわせて、彼を二代目新兵衛とし、ぎんが二人の娘を生んだ後、二十六歳で亡くなったため、その妹である初代新兵衛の末娘るいを添わせて、男子一人と女子五人が生まれることになる。

ちょうどこの頃には商品の原料となる鰯の不漁や、江戸の大火、店の売り上げの不振といったことが続いて、二代目新兵衛は苦労を重ねつつ、ようやく店を立て直した後に、天明四年（一七八四）に隠居、実子理香を三代目与右衛門として家督を譲った翌年に六十七歳で逝去した。

久足は『家の昔がたり』で、良桂と号した別家二代目新七が『道秀居士伝』で書いている以上には二代目新兵衛については知らないが、ただ「御若年《ごじゃくねん》の時、いさゝか放蕩なりしよし。その時の御詫証文《おわびじょうもん》今にあり」（『家の昔がたり』前掲書、五八頁）と旧悪を暴露したりしているが、良桂は、二代目新兵衛が店を引き継いだ時、「店類焼にて、難渋の所を取続きし後より、（略）御父御存生《ごぞんしょう》中に店も段々持直せしは、一同の悦びとする所也」（小津良桂『道秀居士伝』、前掲書、一三三頁）と、その一生を総括している。

養子の身として、必死で番頭たちの助けを得ながら、先代の店を維持することに努めた二代目新兵衛の姿を映す良桂の筆には、彼自身、別家小津新七家の養子の二代目としての惻隠《そくいん》の情がこもっているかも知れない。

理香が二十五歳で家督を継ぎ、その翌年に度会郡船江《わたらいぐんふなえ》の森家から十歳年下のりせを娶る。しかし十年年を経て子宝に恵まれない。そこで理香の長姉ひでが、妊娠のまま松阪の商人山村家を去って小津の実家で産み落とした娘ひなが二十二歳になっているのを理香の養女として、彼女を江戸店に十歳の時から奉公していた杉山嘉蔵《よしぞう》とめあわせた。ひなより十一歳年長の彼は、「姓質《ママ》一器量ありしかば、江戸にても他家より養子に望みしを、道秀居士心に適い、自らの嗣《し》なかりしかば、養子とし」たと『家の昔がたり』にある（小津久足『家の昔がたり』、前掲書、六二頁）。

ところが、今も良くあることだが、嫁《か》して十年以上も子の無かった理香の妻りせが、その後妊娠して男児亀蔵を儲けることになった。理香四十三歳、りせ三十三歳での初子だ。わが子は可愛い。まして四十を越えた中年になってできた子は、なおいっそう可愛いだろう。しかし嘉蔵を婿養子に取るとき、実家とは縁切りをさせている。小津家における嘉蔵のちの四代目徒好の立場は、なかなか微妙だったに違いない。

しかしこの養子縁組の日付は、りせの出産後になっていて、菱岡憲司氏は、そこには理香の深いおもんぱかりがあるとして、「亀蔵出生時に四十三歳であった理香は、息子が成人し、家を継ぐ十五、六歳頃に、自分は六十歳近き老人であることを当然予期し」て、妻の妊娠が判明した時点で、息子が成人するまでの間、小津家を守らせる意図での養子縁組だったのではないかと推測する（菱岡憲司『小津久足の文事』、二五頁－二六頁）。

一方養女とした理香の姪ひなは、結婚の翌年に儲けた長男を生後九十六日で失い、その悲しみを癒やすべく赴いた江戸店で次男を出産するが、これも日ならずして早世し、その後妊娠した三番目の子を松阪で産むべく帰郷。文化元年（一八〇四）に生まれたのが、幼名安吉、後の久足ということになる。ところが、ひなはその産が重かったために亡くなってしまう。久足は生まれてすぐ母を失う悲運に会った。

五十三　生まれ出ずる悩み—ルソーと久足

小津久足が生まれたのは文化元年（一八〇四）八月十二日、母のひなは、もともとひ弱な体だったようで、ちょうど一カ月後に亡くなってしまう。父の徒好は、先の子供二人ともに生後まもなく死亡したため、長寿延命、縁結びの神とされる近江の多賀《たが》大社に祈り、子供が三歳になると髪を伸ばす習いを、災いを防ぐ意味で僧形にして十歳まで髪を置かせなかった。

彼が生まれてすぐに母が亡くなったことは、父からも、母ひなの生みの母である三代目理香の長姉ひでからも、何かにつけて聞かせられたに違いない。自分の命と引き換えの母の死。このことは久足の心に大きなトラウマを残すことになったのではないか。

生後すぐの母の死と言えば、世界文学史上最大の傑作の一つとされるジャン＝ジャック・ルソー（一七一二－一七七八）の自伝『告白』（一七六四年－一七七〇年執筆。刊行は著者の死後第一部全六巻が一七八二年、第二部全六巻、一七八九年）の冒頭、彼の誕生の経緯を記す個所が思い起こされる。ジュネーブの時計師だったルソーの父は、愛する妻と幼い長男（ルソーの兄）をその町に残して、トルコのコンスタンティノープルの宮廷に時計を作るために招かれたが、美貌の妻は夫の不在につけこまれての誘惑を怖れて、早く戻ってくるよう夫に懇望した。

父はすべてを放りだして戻った。十カ月後、私が生まれた。体もしっかりせず、病んだ形で。私は母の命を引き替えに生まれた。私の誕生は以後の数々の不幸のうち、その最初のものだ。（ルソー『告白』第一部第Ⅰ巻、

柏木訳）

つまりルソーは「母殺し」の汚名を自身に負い、そのことを一生引きずることになる。それは幼いルソーを抱いて妻の身代わりと思って愛《いつく》しみながら、そのわが子こそ最愛の妻を奪った者という考えを捨てきれなかった父の言動も影響していよう。その子供であるルソーは『告白』にこう綴っている。

「ジャン＝ジャック、お前のお母さんのことを一緒に話そう」父がそう言うと、私はいつも言ったものだ。「えぇ、お父さん、じゃぁ、一緒に泣こうね」この言葉だけで、父は涙を流すことになる。「あぁ」と彼はうめきながら言う。「私に彼女《あれ》を返してくれ。あれを失った私を慰めてくれ、あれが私の魂に残していった空っぽの穴を満たしてくれ」。（同）

ルソーの母は、ルソーが生まれて十日後、久足の母ひなは彼が生まれてひと月後に亡くなっている。まさかルソーの父親のように、久足の父が妻の死をわが子に嘆いてみせたりはしなかったろうが、敏感な子供なら、そうした父親の悲しみと悔いを、それとなく感じたに違いない。まして実際の祖母であるひでは、娘ひなが幼な子を残して亡くなったことで、その遺児久足への執着はいっそう強くなったろう。子供をあやす毎に、赤子と入れ替わりに死んだ娘のことを愚痴る言葉が、ルソーの父と同じように、口をついて出たこともあっただろう。

『家の昔がたり』で、久足が「浄香《じょうこう》大姉（ひでの戒名）は性たゝしき人なりしかども、かたくなにねたみふかきかたなりしかば（ひたすら恨み嘆くことが多い人だったので）、わが女《むすめ》（ひなのこと）にわかれてののち、執着心深く」（小津久足『家の昔がたり』、前掲書、六二頁）と書いていることからも、そのあたりの事情が察せられる。

こうして当時の松阪百足町の小津家では、三代目理香を中心として、理香の妻りせ、五歳の長男亀蔵、理香の母るい（初代の三女にして二代目新兵衛の後妻）、その長女で理香の長姉ひで、その婿で理香の養子となった徒好、そして生後間もない久足の計七名が、同じ屋根の下で暮らしていたことになる。

五十四　四代目徒好の立場

小津久足の父の徒好が、妻のひな二十七歳を久足出産後一カ月で失った時、彼は三十七歳の男盛り。養父の小津家三代目の理香は四十六歳で意気軒昂としており、すでに四歳になる彼の実子亀蔵がいた。

ここでの徒好の立場は、極めて微妙となる。小津家との繋がりと言えば妻のひなだけで、彼女は初代新兵衛の孫娘にあたり、三代目当主理香の姪で養女だった。子無きを憂いた理香が、姪のひなと使用人の徒好とを添わせて、彼を婿養子としたが、思いがけず四十歳を過ぎて妻りせとの間に男子が生まれた。実子が家を継ぐ年頃には自身は還暦となる。その時までの万一のことを思った理香は、仕事ができると見込んだ奉公人の徒好に、同居する出戻りの長姉の末娘を添わせ、小津家経営の万全の策としたのだろう。それは他に頼る所を持たない出戻りの長姉ひでにとっても、その娘ひなにとっても強力な拠りどころともなる。

しかし、その重要な鎹《かすがい》、絆の要となるはずの妻のひなが、一人息子久足を残して死んでしまったことで、男やめの徒好はまことにいぶせき思いをしたに違いない。戸籍の上は理香夫妻が父母であるが、実質としての姑にあたるひでは、久足が『家の昔がたり』で記すように、恩愛の意識の強い女性だったようで、ひなの没後、「月々十三日に家内出入り中を集め、百万遍（死者の極楽往生を願って十人ずつ僧と信者が輪になって念仏を唱え、数珠を百回順送りに繰り替えす仏事）いたしたきとの願」を理香に申し出て、理香が三年を限って許したのを、期限が過ぎても繰り返したという（小津久足『家の昔がたり』、前掲書、六一頁）。

妻の供養だから、夫の徒好はもちろん、幼児の久足も毎月その仏事に従ったに違いない。母不在による喪失感は幼い久足においていっそう切実に迫ったことだろう。一方小津家の婿養子徒好にすれば、いつまでも寡夫でいることを自覚させられることになる。久足は祖母ひでの娘への執着の深さを次のように記して、父の境遇に同情を示している。

浄謙居士《じょうけんこじ》（徒好の法号）はさのみ（それほど）老年ならぬを、十年余妾をもおかせず、独身にておかれし始末、甚《はなはだ》いかが也（いったいどんなものだろう?）（同、六二頁）

再婚を厳しく禁じられ、側女《そばめ》を置くことさえ許されずにいた壮年の父は、ひたすら一人息子を育むほかは、家の商いに没頭するよりなかったろう。といって久足の将来は、理香の実子亀蔵のいる限り、久足が父について言う言葉に倣えば、彼もまた「別家手代の一人」にすぎなくなる可能性が高い。

ところが久足誕生の四年後に、小津家第三代理香が没して、その長男亀蔵はいまだ八歳。そこで養子徒好が亀蔵が成人するまでの約束で家督を継ぐことになった。姑のひではまだ健在で、相変わらず独り身を余儀なくされる徒好は、湯浅屋四代目として「家業をよくつとめ、いさゝかの隙《すき》なく、守良居士《もりよしこじ》（理香の実子亀蔵の成人しての名前）に世をゆずられしまでは、類すくなきひと也」（同、六二頁）と、徒好の実子である久足が、はっきりと評価の語を送るほど精励した。

この湯浅屋小津家の三人の男たちが魚町本居春庭の門に揃って入門するのは、徒好五十一歳、守良十八歳、久足十四歳の文化十四年（一八一七）のことだ。それまで小津家においては、万事無事に過ぎていたことがわかる。

五十五　湯浅屋第五代守良

小津家三代目理香は、四十三で男子亀蔵を得て、養女ひなの婿徒好を理香の長子亀蔵の後見とする万全の策を取ってほっとしたか、あるいは「大酒と相場とにて心をいため」たため（小津久足『家の昔がたり』、前掲書、六〇頁）か、五十一歳で亡くなった。そこでわずか八歳の嗣子亀蔵が成年に達するまで、徒好が湯浅屋四代目を継ぐことになる。

三代目理香は、初代から継いで名乗って来た「新兵衛」を「与右衛門」と変え、次代以降も与右衛門と称させる遺志を示していたが、四代目徒好は与右衛門の名を襲う事をはばかったか、新右衛門と称した。そして亀蔵が十六歳に達して小津家五代目を継ぐ際、おそらくは徒好の意向が働いたのだろう、彼は初代以来の新兵衛を名乗ることになる。

五代目新兵衛守良は、度会郡《わたらいぐん》堀田家の三女うのを娶り、翌年長男虎蔵、その三年後長女ゐのを得る（口絵⑮㉕）。守良は十八歳で徒好、久足とともに、本居春庭門下となり、和歌を嗜んだ。「達吟（素早く上手に歌を詠む）にはあらず、遅吟なりしかと、よみ口は甚《（はなはだ）》たくみにして、おもしろきうた《（歌）》もありき」と久足は評して、長生きしておれば「必《（かならず）》上手の名あるべき」（『家の昔がたり』、前掲書、六五頁）と期待していたが、守良は十九歳で江戸店にいる際、眼病を患って、片方の目を失ってしまう。

本居春庭が眼疾の治療を受けた播磨の眼科谷川氏の大阪出張所に赴いて施療を受けたが効果なく、二十三歳の春、今度は播磨の谷川家まで治療に出かけた帰途、下痢にも悩まされた守良は、折しも妻うのが大病に罹っていて祖母りせ（故理香の妻）が同道、京まで出養生していた宿にようよう辿り着き、そのままそこで亡くなってしまった。

残された虎蔵は、彼の父理香がその父宝髙を失った時よりも幼い五歳。今度は四代目徒好の子、十八歳の久足が、守良の忘れ形見虎蔵の後見役としてつなぎの相続人になる。

ところが不幸は続くもので、翌年その虎蔵が疱瘡《とうそう》で死去。二歳年下の妹ゐのは、兄虎蔵の葬儀の際、ひきつけを起こしてなかなか正気に戻らず、周囲を心配させる事件もあった。彼女も疱瘡が重かったが無事に回復、のちに十七歳に達すると久足の養女として、津の上浜《かみはま》町川井忠三郎を婿として迎えることになる。

久足は、同じ家に育った彼より四歳年下の守良と、ほとんど兄弟同様に過ごしてきたに違いない。守良の早すぎる死は、彼にとっての大きな衝撃で、

かなしさもなかなか人やしり《（知）》ぬらん　われは夢かとたどる別《（わかれ）》に
（自分の哀しみは人にはわからぬだろう　彼との死別は夢としか思えない）

など追悼歌十五首を詠んで痛哭した（菱岡憲司『小津久足の文事』、三九頁）。

久足は十九歳の秋、思いがけなく湯浅屋小津本家を継ぐ。因果はめぐるというか、父が踏んだ道を彼もまたそのまま歩むことになる彼の思いは、どのようなものだったろう。

久足の六代目相続の話は、父徒好も当然関わっていたはずだが、長年の独身生活を四十八歳まで余儀なくされていたのは、亡妻ひなの母ひでが、彼の再婚を許さなかったからだったが、その姑が五十九歳で死去、彼女の縛りがなくなった徒好は、その翌年縁談が持ち込まれて再婚していた。その時久足は「十三歳にていまだ幼年ながら、ふかくこば《（拒）》みしかど」と、その時の彼の抵抗を『家の昔がたり』に書き記している（同書、六二頁）。幼い頃から自分の誕生と引き換えに亡くなった母を、つねに不憫とも思い、その原因ともなったことを慙愧の思いでいたに違いなかろうから、父の再婚を当時の年齢として反発して拒んだのだろうが、父の再婚に反対する理由が、そのほかにも考えられることがある。

五十六　父徒好の再婚

久足の父徒好に再婚の話を持ち込んだのは、松阪近郊の垣鼻《かいばな》村（現松阪市）に住む中津伴右衛門。小津家三代目理香の妻りせの異母兄の遺児が、伴右衛門に嫁《か》した縁で、現に徒好一家と暮らしている三代理香の妻りせとは義理のいとこということで、理香と酒や碁の付き合いがあった。彼について久足は「一《（ひと）》器量ありし人なれども、いわゆる山気《（やまけ）》ありて、性は軽薄不実、されどもうへ《（上）》（うわべ）を篤実に見せ、よく人にとり入りし人なれば、松阪の富家《（とむいえ）》欺かれし人多し」（小津久足『家の昔がたり』、前掲書、六一頁）と書き、日頃からいかがわしく、疎《うと》ましく思っていたようだ。

祖母ひでによる父の再婚禁止の仕打ちを、「甚《はなはだ》いかが也《なり》（いったいどんなものだろう?）」と疑問に思い、批判してもいる久足にとって、父の縁談はむしろ歓迎すべきことだったはずだが、なぜ強く反対したのか。

それは本町小津別家三代目新七の後家せい（せゐ）が候補だったことにあるのではなかろうか。久足の祖母ひでの逝去と同じ年、数え年三十四で没した小津新七は、先に本家三代目理香の伝記を著した小津別家二代目良桂の長男で、母は理香の妹たか。新七は「その性学問をこのみ《好》、（略）書を良くし、（略）絵も描き、（略）篆刻《てんこく》（絵や書に号を印する判の字を彫る）をもし、うたひ《謡》などもうたひ《謡》、多能の人」と久足は高く評価し、「惜しいかな、その性はなはだ虚弱にして、三四にて没。在世中子なく血統絶えたり」と彼の死を哀惜している（同書、六四頁）。その未亡人せいとの縁談は、新七没後一年も経っていなかった。

その時久足は「十三歳にていまだ幼年ながら、ふかくこばみしかど」、父徒好は仲立ちにたった伴右衛門の話に乗り気で話を進め、反対した息子や当時の若き当主五代目新兵衛守良への遠慮もあったのだろう、結婚して後は、夜は本町小津新七家に入って隠宅とし、昼間に小津本家に通う生活となる。

そこで「不和といふほどのこともなけれど、親子の間むつまじ《睦》からず」ということになり、長く独身を余儀なくされた父の不満は理解しつつも、久足は父の「志ただし《正》からぬ」婚姻を批判した。

以下はあくまで私の勝手な想像だが、せいを父の後添えとして強く拒む少年久足の心の底に、あるいは敬愛して親近していた故三代目新七の妻せいへのほのかな思慕があったのではないか。亡母と重なる年齢の若妻に、恋とはもちろん自覚しない憧れのようなものを、ひそかに抱いていたかも知れない。その久足にとって、まさか父の後添えとして、すなわちわが母として身近に迎えることとなるとは思いもよらず、そのため思春期にある若い心が激しく動揺したに違いない。

彼女のことを「両夫にまみへたる罪さへある（女は二夫にまみえず、という封建儒教の掟があった）」と糾弾しながら、「この人両養父母（すなわち二代目良桂夫妻）并《ならびに》夫（三代目新七と徒好）をとどこほり《（滞）》なくおくり《（送）》し功ある（死まで面倒を見たこと）」と評価する言葉（同書、六三頁）には、久足の愛憎相半《あいなか》ばする複雑な心情が読み取れるような気がする。

徒好はせいと添うた後、二男二女を得るが、久足はその男子豊吉、猪蔵《いぞう》のいずれにも小津本家の自分の後、新七別家の四代目も継がせなかった。徒好はせめて小津別家だけでも、せいの生んだ男子に継がせたかったに違いなかろうが、小津本家当主としての六代目与右衛門久足は「甚だ拒みて、熟談に及ばざりしなり」と厳しい態度を貫いた。初代新七の紀州湯浅の血統を重んじたことももちろんあろうが、中津某やせいへの評価に見る久足特有の潔癖さが、そこに現れているように思われる。

五十七　父の後妻せい

父徒好が、小津別家三代目新七の後家せいを後添えとして迎える縁談に、十三歳の少年久足が強く抵抗した心の底に、新七の若妻への幼い思慕が隠されていたのではないか、と書いたのは、あくまで私の勝手な憶測で、それを証拠立てる文献や証言を確かめたわけではない。

菱岡憲司氏はその著『小津久足の文事』の後書きで、「父の再婚に久足が反対した箇所について」師の板坂耀子氏から「ところで、このとき久足はどう思っていたの」と何気なく聞かれたという。それに対して、菱岡氏は「文献的実証主義にもとづくかぎりにおいて、父の再婚に久足が反対していた事実を文学資料で裏付ければ、一応はこと足りる。しかし、実際に書くか、書かないかに関わらず、いや、書かないからこそ、そのとき久足はどう思っていたのかを言表化できるレベルまで突き詰める必要がある」と書いている（『小津久足の文事』、二九〇頁－二九一頁）。

その意味で、私の憶測はいささか飛躍しすぎた素人考えと一蹴されるかも知れない。しかし母を自分が「殺した」とのトラウマを持つ少年が、自分より一回り上で、学問もあり、書も謡も達者な小津別家の新七を慕って、それほど遠くはない距離の彼の住居に出入りを頻繁にしていたことは十分に想像されるし、子供の無い若妻せいは、当時は本家の後継ぎではない年下の少年久足に心安く接したはずだ。

かつて多くの議論を呼んだ江藤淳の称える漱石の兄嫁登世《とせ》思慕説に倣うわけではないが、一人っ子で母の無い久足にとって、別家新七の若妻せいが姉のように慕わしく思えたことはあり得るだろう。

それが、あろうことか、五十歳にもなろうという父と再婚して義理の母となる。その十年後の『家の昔がたり』で、久足が彼女を「両夫にまみえたる罪さえある」と憤懣を込めた形で糾弾する底に、裏切られた青春の思いが蒸し返されている、と見るのは、菱岡氏が言うように「そのとき久足はどう思っていたのかを言表」すること、即ち人の「心のうち」を他人が明らかに言語化する危うさを踏むことになろうが、やはりここは文字通りの「暴虎馮《ぼうこひょう》河《が》」で踏み込んでみよう。

たとえ寡夫の期間が長かったとはいえ、父徒好が本家と血筋的にも関係の深い小津別家の若い未亡人と結婚するのは、久足が非難するように、いささか無分別な振る舞いに思われるが、徒好が縁談に乗り気になったのは、せいが若くて、子供も無かったことが大きな理由の一つだろう。

しかし、やはりせいが女性として魅力的だったことが大きかったのではないか。彼女の容姿について久足は何も記していないが、二人の夫の両親にも、夫自身にもきちんと仕えたたと久足が認める文章に、反感でない心配りが見られることに注目したい。久足が少年時代から「恋」の歌を歌題としてすることの多い本居春庭の後鈴屋社で、文雅の道を学んでいたことを思い起こせば、若妻せいの存在が、そうした心のいきさつに無関心でない年頃の久足の心を引いたことは、あながち無理な想像でもないように思われる。

『家の昔がたり』で久足が対象とした父祖の人となりの文章において、彼らに文雅の心得があるかどうかに力点を置く記述が多いことに注意しよう。第三代理香については俳句を詠んだり、本居家の門人となって作歌を嗜んだことを挙げ、彼の息子守良に和歌の才があることを評価する一方、理香の伝記を書いた小津別家二代目良桂に漢学の素養があったと評価しながら、「詩歌連俳《れんぱい》（俳諧連歌のこと）の心がけ」が無いことを惜しんでいるし、その息子の別家三代目新七の学問好きを強調しつつ、書や謡に堪能なことを取り上げることからも、久足自身の風雅の道に対する強い思い入れを知ることができる。

父の縁談が起こったまさしくその時期、久足が十四歳で本居春庭の門に入ったことを思い起こそう。師としての春庭が何よりも和歌を詠むことを重んじたのはすでに述べた。『古今集』、『新古今集』を範とすることは後鈴屋門では、勅撰歌集の分類にならって「春」、「夏」、「羇旅《きりよ》」、「恋」など、題に従って和歌をそれぞれが詠むのを決まりとした。少年久足も、「恋」を幾つも詠じている。たとえば、

秋風のひとの心にうち［そめて］《しより》　まくす《（真葛）》か原のうらみられつゝ

「今吹いている秋の風が、うら寒い人の心に触れて、真葛原の一面の葛の葉を裏返すように、恋の恨みを受けるようになった」とでも解せる歌には、［そめて］の元の歌句が「しより」と、師春庭の朱筆が加わっている。真葛原は京の東山、現在の丸山公園のある所の葛が群生する野原を言う。おそらく『新古今集』巻十一にある僧正慈円の歌「わが恋は松をしぐれの染めかねて　真葛原に風騒ぐなり」（一〇三〇）の「染めかねて真葛原」をそのままなぞるのを避ける師の指導だろう。「うらみられ」は「恨む」と同じ意の「恨みぬ」の語で、葉の裏返る「うらを見る」と「恨まれる」とを掛けたもので、久足十五歳の折の、恐らくは最初の頃の作歌を集めた『文政元年（一八一八）久足詠草』に、「恨《うらむ》恋」とある題詠の一つだ。

果たして十五歳の少年が詠む「恨む恋」に継母となったせいへの思いが映されているのか、どうか。『松阪市史

七（史料篇　文学）』（一九八〇）に翻刻されている師春庭の添削も付された久足の歌稿を少し見ていくことにしよう。

五十八　十五歳久足の恋の歌

十四歳で父徒好や叔父守良と共に本居春庭門に入った久足は、年若い新入りながら熱心に作歌を学び、歌会などにも真面目に参加したようだ。そうして、後鈴屋門では師たちから提出される「題を前にして歌を詠じる歌会という営みに、久足は格別の魅力を感じ始めた」（菱岡憲司『小津久足の文事』、三四頁）。

じっさい久足は春庭門下の月次《つきなみ》歌会などで、師の春庭を除いて、もっとも多く参加し、歌も数多く詠んでいる。彼が歌作に深く興味を抱いたことは、先に彼の周辺の人物評について述べたように、歌を詠む人かどうかを、他人に対する評価の大きな基準としていたところにも見られるようだ。

菱岡氏の調査によれば、その入門の年から五十四歳の年まで、たとえば『丁丑（ひのとうし、或いは　ていちゅう、すなわち文化十四年一八一七）詠草《えいそう》』など、自筆で年号を題目として書き入れた歌稿が、ほぼ毎年残されており、四十に及ぶ各冊には、少ない年で、四一三首、多い年は八千八百首、それらを合計すると「生涯に概ね七万首の歌を詠んだとするのが適当」（同、七六頁）という。すなわち年平均三千五百首の多きに昇る。毎日十首を案じて何らかの歌を詠んだ勘定だ。いかに久足が作歌に力を入れ、その記録に熱心であったかがわかる。

残されている詠草を自分で読んで確かめられれば、それに越したことはないけれど、故中野三敏氏が『和本のすゝめ』（岩波新書、二〇一一）で、日本人で英語は読めても「変体仮名や草書体漢字を読む力」（中野氏の言う「和本リテラシー」）の失せた人が多くいる、と嘆くとおり、口惜しいけれど、私自身もまったく歯が立たない。

その意味で、久足十五歳の『文政元年久足詠草』が、故岡本勝氏によって「解説」とともに『松阪市史　七（史料篇　文学）』に翻刻されているのはまことに有難い。他に菱岡氏翻刻の『丁未（ひのとひつじ　或いはていみ）詠稿』（久足四十四歳）があるが、他に多くある詠稿を顧みず、私が文字通り「読む」ことのできる翻刻版を頼りに、「一斑を見て全豹を卜《ぼく》する」危険を敢えて冒すことにしよう。

『文政元年久足詠草』が興味深い資料であるのは、歌を学び始めの久足の作品を私でも読めることと、その師本居春庭の添削の跡が知られることである。冒頭、「春」の歌が並ぶ中に、たとえば「関の花」を歌題として、

さかりなる花《梢の》［のこすゑ］にわかれ《立》［つつ］　越ゆる［も《ぞ》］つらき逢坂の関（『松阪市史　七（史料篇　文学）』、四一八頁）

という久足の作で［　　］に括った歌句を、春庭が添削して、「花のこずゑ」としたところを「梢の花」と変えて、「わかれつつ」を「立ちわかれ」とし、「越ゆるも」を「超えるぞ」と直している（表記は読みやすいように漢字を用いた）。

たしかに久足の「わかれつつ」と説明的な句よりも、「立ちわかれ」と朱を入れ、『古今集』（「離別」）の行平の歌（『百人一首』でも有名）「たち別れいなばの山の峰に生ふる　まつとし聞かば今帰り来む」（三六五）の初句と重ねる方が、歌の世界が広がるし、「越ゆるも」よりも「越ゆるぞ」と、「も」を「ぞ」に替えて強調する方が「立ち去る辛さ」が浮き上がる。そして超えるのが単なる歌枕としての「逢坂の関」というだけでなく、「逢う」という恋の響きが「さかりなる」花と女性の面影を偲ばせる初句と合い応じることになって、春庭の行き届いた指導が理解できる。

では久足のそうした歌稿にその前年には彼の義母となっている若妻せいへの隠された慕情を見ることができるのだろうか？

五十九　久足恋の歌の詮議

岡本勝氏翻刻による『松阪市史　七（史料篇　文学）』に収録された久足十五歳の『文政元年久足詠草』は、その年の正月から十二月までの作歌三七九首が収められている（以下引用は頁数のみ記す）。師である本居春庭が「良し」として朱を歌の初句右端に付したものが二九三首、朱点の無いものが八十六首、春庭の添削もそのまま歌句に付されてあり、その指導の様もよく汲み取れる。『詠草』に収められていない稿も入れれば、評価を受けた歌が四十一首、点の入らなかった歌が九十四首、総計五〇五首となる、と久足自身『詠草』の末尾に注記している。

毎月の後鈴屋歌会での作歌としても、おそらく本業の商家の長子としての業務や、学塾での国学や基本的な漢籍などの勉強もしているはずの少年としては、相当大きな数字であり、師春庭が歌として良しと認めた作品が、全作の八割を占めているのも、偉としなければなるまい。たとえ商都松阪を代表する小津一党の子弟としての尊重があったとしても、春庭がそれほど利得に媚びる人間とは思えないから、その評価は妥当なものと考えて良いだろう。

じっさい、それこそ歌を学び始めた最初の正月当座の暁　梅《あかつきのうめ》の歌題に

あかつきの寝覚めの床ににほひ《（匂い）》きて　朝戸いそか《（急が）》す軒の梅が［枝］《香》

と表記されているように、結句の「梅が枝《え》」を「梅が香」と直されており、また

にほひ《（匂い）》くるあり《（在り）》かもみえて　ほのぼのと色ぞあけ行く［窓］《庭》の梅枝《（うめがえ）》（四一八頁）

とあるように、「窓」を「庭」に直されており、久足が後年その号を「桂窓」としたことを思い合わせると、ここで「窓」に心が及んでいるのは、作者の注意のありどころが分かって面白い。しかし添削二例ともに、その方が歌として良くなっているのは確かだが、歌の形はそれなりに整ったものだ。また第一首の「朝戸いそがす」とか、第二首の「ありかもみえて」など、いかにも少年の目に映ったやや幼い表現であるところも微笑ましい。しかし歌を一首として見れば、「あかつきの寝覚めの床」とか二首にそれぞれ見える「梅枝」、「ほのぼのと色ぞあけ行く」は、歌題が「暁梅」だから当然とは言え、『古今集』以来、それこそありきたりな表現で、それだけ一年間の後鈴屋門

での学習の成果が現れている、とは言えようが、どうしても歌っている本人の個性が表されているとは言えまい。

というよりは、作歌に歌人の個性が強く表れるのを喜ぶようになるのは明治以降のことで、それこそ正岡子規の短歌改革を俟《ま》ってのことで、平安朝期以来の日本の和歌の主流は、いかに言葉の妙と自らの機知を閃《ひらめ》かせて、『古今集』以降、勅撰八代集の名歌の字句をどれだけ巧みに踏まえてみせるかを競うものだから、どうしても型にはまったものしかできなくなる。そしてその型にさえはまり、ある程度の修養を経れば、年少でも歌いおおせる。

能因法師ではないが、行って見たこともない陸奥《みちのく》の「白川の関」に「秋風ぞ吹く」と詠じ、さも旅していたように見せるため、人目につかぬよう戸を立てた屋敷の中で籠りながら、障子から顔を出して陽焼けに努めた、という笑い話も出て来ることになる。

久足の詠草にも

[都出し冬の《ふみ分て出つる》]　みゆきの面影に　さくら花咲く白川の関（四一八頁）

とあり、春庭は初二句を「ふみ分けて出《（い）》つるみゆきの」と直してはいるが、ちゃんと評価の印をつけて、白川の関など行ってもいないのに、こんな歌を詠むものではない、とは批評していない。

したがって、数え年十五歳、今で言えば満十四歳の少年の恋の歌に、その実景、実体験の影を求めるのは、かえって当時の歌のありようを知らぬことになって、彼もまた昔の恋歌の手本通りに詠んだと考えるのが普通だろう。

たとえば「逢恋《（あうこい）》」という題での、

きのふ《（昨日）》までつれなかりしもちきり《（契）》とて　こよひ《（今宵）》嬉しくとくる《（解）》下紐《（したひも）》（四二〇頁）

は、実際に恋人の下紐を解いての経験が久足にあったとは到底思われない。

六十　継母せいの名が折り込まれているか

小津久足が十五歳で作った歌の稿本『文政元年久足詠草』は、歌題ごとに正月から春、夏、秋、冬と、時節の風物や花木を順に詠んだものが並べられていて、おそらく本居春庭の指導の下、魚町鈴屋宅で行われた歌会での成果として記録されたものであることは先に述べた。

たとえば「逢恋」の題は、正月の賀歌から春の桜、ワラビ、スミレ、卯の花、郭公《かっこう》、菖蒲《しょうぶ》に続いて置かれ、先に掲げた歌に続いて、

見せはやとおもひし物を我袖《わがそで》の　まれ《稀》のあふせ《逢瀬》に何か［は《わ》］くらむ

はかなしや稀のあふせも飛鳥河《あすかがわ》　あすかかはらむ《変》中のちきり《契》は

の三首が記載されている（『松阪市史　七（史料篇　文学）』、四二〇頁）。

文化元年（一八〇四）八月生まれの久足は満で十四歳余、その年頃としては歌の形は成っていると言えるだろう。とはいえ、まさか十五歳そこそこで、第一首に「前日までつれなかった相手が、ようやく契りを承知して下紐を解いてくれることになり、共寝《ともね》の嬉しい夜となった」というのは、まず現実ではありえまい。『万葉集』や『伊勢物語』に出て来る「下紐」の作例から掬《すく》い取ったものに違いない。また「きのふまでつれなかりしも」という初句は、店の大人たちが花街で遊んだ話を傍で聞いたり、黄表紙本の知識から得たものを用いて、当世風の新しさを付け加えようとしたのかも知れないが、そのために和歌そのものが、やや下世話に落ちる感は否めない。

しかし下の句の「下紐を解く」は、もちろん由緒ある語法で、たとえば『伊勢物語』の第三十七段にある色好みの女に対して、恋人の浮気の沙汰を懸念する男の歌

我ならで下紐解くな朝顔の　夕影待たぬ花にはありとも

を踏まえたものであったとすれば、幼い少年が隣の少女へ恋の歌を詠む謡曲「筒井筒《つついづつ》」の元になった『伊勢物語』第二十三段の有名な箇所も、同時に思い出されることになる。

もし久足の幼い、しかし思春期まで至った憧れが、前年父と結婚した自分より少し年上の女性に向けられていて、春庭の講義において、当然基本中の基本の教科書であるはずの『伊勢物語』を踏まえているとすれば、そこに密かに込められた仕掛けを推測することも可能な気がする。そうすると「きのふまでつれなかりしも」の言葉も、歌の意味とは逆に「つれなかった」女性への裏返した恨みの気持ちの表現として読めるのではないか。

また第二歌として置かれた

見せはやとおもひし物を我袖の　まれのあふせに何か［は《わ》］くらむ

とある歌は、「自分が見せたいと思っているもの（物といっても、心の内のものでもある）」があっても、「逢瀬（あふせ）」、会うことが稀なので、どうして「わくらむ（久足は「はくらむ」と筆記しているのを、春庭が「わくらむ」と訂正している）」、分かるだろうかという意味だが、ここで「あふせ」の「せ」は、本居家旧蔵の仮名文字表にあるように、継母の「せい」の漢字表記は「勢」であって、勢の文字は平仮名「せ」の元文字の一つなのだ。すなわち「逢う瀬」の句は「逢う勢《せ》」が織り込まれている、と読めることになる。

そう読んでみると、同じことが第三歌の

はかなしや稀のあふせも飛鳥河　あすかかはらむ中のちきりは

についても言えよう。「はかないものだ、稀に逢っても、あの淵と瀬（川の水嵩《かさ》が低い所を言う）が日ごとに変わる飛鳥川のように、あてにならない恋のちぎりだもの」にも、「逢ふせ」と「せ」の文字と音とを連想させる言葉遣いがある。

「勢（せい）に逢う」にも通じる文字「あふせ」を連続して自作の歌に忍ばせるところに、あるいは若い久足の秘めた心を覗かせる人知れぬ工夫がある、と考えるのは、継母となるべき人に対する若い久足の密かな恋心を推量したい私の牽強付会、「わが田に水を引く」解釈の誹《そし》りは免れまいか。果たして然るや、否や。専門家の示教を待つことにしよう。

六十一　「恨む恋」の歌

『文政元年詠草』の久足は、今なら中学三年生。作歌から見れば、いささか早熟と言えようが、十五歳にして元服、成人として遇された江戸時代はそれなりに大人の智恵と自覚はあっただろう。

『久足詠草』には、さらに「恨恋《うらむこい》」が、秋の季の中に五首、先に引いた「真葛が原」の歌のほかに、

［恋《さよ（小夜）》］衣かへしてぬ《（寝）》れど夢にだに　み《（見）》えこぬひと《（人）》［は《そ》］うらみ《（恨）》られ［つつ《ける》］

う《（憂）》きことをえ《（得）》こそしの《（偲）》ばねうらみても　いま［は《そ》］かひ《（甲斐）》なき中のちぎり《（契）》も

うらみてもかひこそなけれことわり《（理）》と　ききもなされぬ中のちぎりは

絶えはてて今はみ《（見）》ぬめ《（目）》のうらみても　かひ［なきものか《こそなけれ》］波のよるよる

が収められている（『松阪市史　七（史料篇　文学）』、四二四頁）。

「恋衣かへしてぬれど夢にだに」の歌は、初句の「恋衣」を春庭は「さよ衣」と直して、あからさまな「恋」の文字を避けて次句の「夢」につなぎ、さらに「みえこぬひとは」の「ひとは」を「ひとぞ」と強調、「うらみられつつ」の「つつ」と継続する語を「ける」と止めて歌の形を整えている。衣を裏返して寝れば恋人を夢に見る、という俗信を踏まえた小野小町の「いとせめて恋しき時はむばたまの　夜の衣をかへしてぞ着る（恋人に会えぬ時は、夢で見るよう夜寝る時衣を裏返そう）」（『古今集』巻十二、恋二、五五四）とあるのを踏まえて、少年久足は「夢にさえ出て来ないところに、その人の心の裏が見える（恨みに思ってしまう、を掛ける）」としたのだ。

また「うきことを〜」は、「意を得ない辛い気持ちをどうして堪えることができようか、せっかくの約束も意味がなくなったのだから」と詠い、次の「うらみても〜」の歌は、「恨んでみても仕方がない。それが当然だと、自

分の言い分も聞かずに約束は破られてしまったのだから」とあって、恋を得ぬ恨み言が連なる。

最後の「絶えはてて～」の歌は、『源氏物語』第七帖「紅葉賀《もみじのが》」の巻で、光源氏と頭中将《とうのちゅうじょう》の二人に言い寄って報われない年配の宮女源典侍《げんのないしのすけ》が「うらみても言ふかひぞなきたちかさね　引きてかへりし波のなごりに」と光源氏に憾《うら》みを述べた歌を、久足の歌は「あなたとの逢瀬も絶えてしまったことを恨んでも仕方がないだろう、無駄に寄せては返す波と同じなのだから」とそのまま踏まえたものだ。「波」は「なみ（無いのだから）」とも掛け、「よるよる」は「波が何度も寄せる」意と、逢わずに過ごす「夜夜」を掛ける巧みさを見せる。師の春庭は「かひなきものか」を「かひこそなけれ」と強調して、歌としての韻を整えさせたが、「かひなきものか」の方が、若い久足の率直な訴えをよく表しているように思われる。

「恨恋」の第一歌「秋風のひとの心にうちそめて　まくすか《（真葛）》原のうらみられつゝ（冷たい秋（飽きとかける）風が恋人の心変わりを誘って、野原の葛の葉の裏、その心の裏を見ることになった）」も、『新古今集』（巻十一、恋一、一〇三〇）の慈円の歌「わが恋は松を時雨《しぐれ》の染めかねて　真葛が原に風さわぐなり」に拠るように、当時にあって、ある程度古典の知識があれば、それを踏まえて、たとえ初心者であれ、若年であれ、様々な題詠を人並みに詠ってみせられることが、上の例でもわかろうが、それにしても、春の「逢恋」から秋の「恨恋」への移行は、たとえ歌会の題であったにせよ、少年久足の恋心が、春から秋へと時と共に変化していく心象として、彼の歌作に自ずから浮き上がらせるようにも思われる。

六十二　「別恋《わかるる》」と「隔恋《へだつる》」

小津久足の『文政元年詠草』には、あと二つ恋の題詠がある。旧暦九月二十五日の「別恋」八首、そして十一月の「隔恋」四首だ（『松阪市史　七（史料篇　文学）』、四二七頁）。

「別恋」は、第一歌

此暮《このくれ》と契らざりせば猶いかに　けさの別《わかれ》のかなしからまし

「今日の夕暮れに（逢おう）、との約束がなければ、今朝の別れがなお悲しくなったろう」と言う意で、いわゆる「後朝《きぬぎぬ》の別れ」、妻問い婚で枕を交わした男女の朝の別れを詠う。これもありふれた歌題であり、かつ類例は各種歌物語に頻出する。

例えばその次に置かれた

鳥の音《ね》に驚《おどろ》かされてなくなくも　おき別れ行くしののめの空

とある歌は、「朝早くの鳥の声で、はや帰る時間と知らされて、泣く泣く（鳴くと掛ける）床から起きて（形身の衣を寝床に置くと掛ける）、別れ行く身に東の空が明け染めるのが見える」という意で、人も知る清少納言が「夜をこめて鳥の空音《そらね》ははかるとも　世に逢坂の関は許さじ」と歌った『枕草子』第一二九段の故事を踏まえたものと思われる。

続いてほぼ同巧の歌が続く中に、「別恋」の第六歌

又とた《（だ）》にちきり《（契）》おきなばなくさめ《（慰）》て　けさの別れもかくはなげ《（嘆）》かし《（じ）》

「また会おうとだけでも約束しておけば、それを慰めに今朝のこの別れを嘆くまいに」や第七歌

あふ《（逢）》こと［は］《を》又いつとしもしら露の（知らぬ、と白露をかける）　おき別れゆくけさ《（今朝）》［そ］《の》かなし［き］《の》

この歌を師の本居春庭は、初句の「は」を「を」と直し、結句の「けさぞかなしき」を「けさのかなしさ」と直して口調を整える程度の添削で済ませているが、久足の元歌は、若さを露呈しつつ別れの悲しさをより直截に述べているように思われる。

そして第八歌の

朝露のおき別れゆくかなしさに　なみだみた《（乱）》るる袖の上かな

の合わせて三首は、いずれも逢うという約束もしてないから、ひとたび別れた後は、いつ会えることになるか分からない、それゆえにいっそう哀しさが増して辛い、という歌意で、これも私の勝手な推測ながら、父徒好との結婚によって、素直には逢えなくなった新七の後家にして現在の継母となった人への思いを、それとなく踏まえたものとすればどうだろうか。

『文政元年久足詠草』の最後の恋の題「隔恋」四首は、例えばその第二歌、

はかなしやかよ《（通）》ふ心のたのみ《（頼）》だに　なくてへだ《（隔）》つる仲の契《ちぎり》は

「逢ってくれるという気持ちも定かでないので、隔てのある二人の恋の約束が遠くなってしまった」とあるように、障害があるために二人の恋の行く末が分からぬのも、相手自身の気持ちが本当にあるのかがその原因だ、というので「隔恋」歌題に添うたものに違いないが、久足の心境もそこにあると疑いたくなる。というのも、第一首の

かひ《（甲斐）》なしや程なき中のかよ《（通）》ひち《（路）》も　あ《（逢）》はぬ月日「のへたつ《へたて》」契は

の結句「あはぬ月日のへたつ契は」は、春庭に「あはぬ契は月日へたてて」と直されていて、歌の巧拙に係わるところだが、この歌に言う「程なき中のかよひち」は、それほど遠くない距離を言い、また第四首

うし《（憂）》つら《（辛）》しおも《（思）》ひかけても妹背山《いもせやま》　心へだ《（隔）》つる中の瀧河

とあるのは、文楽や歌舞伎の「妹背山女庭訓《いもせやまおんなていきん》」（明和八年一七七一初演）にある吉野川を挟んでの男女の恋の舞台を重ならせて、恋の成就が困難をきわめることを歌う。

さほど「遠くない距離」にあって、男女の住いを隔てる「瀧河」とある表現を、継母せいが住まう松阪本町小津別家と久足が住む本家の西町を隔てる「坂内川」と考えれば、「程なき中」に住まいながら、容易に意を通じることができなくなった十五歳の少年のそこはかとない恋心が、歌に託して吐露されている、と解釈したくなる。

「逢恋」、「恨恋」、「別恋」、「隔恋」と、春、夏、秋、冬の四季に合わせての題詠は、恋の始まりから別離までの流れとなっているが、それに従って作歌を重ねながら、所詮かなわぬ思慕を久足は断ち切ったのではないか。久足の継母への思慕を推測するに足る客観的資料として、果たして適切かどうか、議論は当然あろうが、歌という、当時としてきわめてありきたりの「月次的《つきなみ》」作業であればあるだけ、そこに寓意する楽しみもまた見つけていたのではなかろうか。「歌題」を得て、「恋」を想起する久足の心に、彼女が自ずと浮かび、師春庭もまたそのあたりの事情を察しての配慮を見るのは、あまりに小説的《ロマネスク》な筋書きだと笑われるかも知れない。

六十三　久足壮年の和歌

文政元年（一八一八）の歌題として「逢恋」から「隔恋」まで作歌していくうちに、少年久足は「恋」の来し方行く末を、心の内に整理していったのではないかという私の憶測を、十五歳の時の歌を習い始めて間もない頃の歌にその証を求めてみた。

では壮年期に達した久足は「恋」の題材をどのように歌ったか。初歩の歌をあげつらって、彼の男盛りの歌を見ないのは不公平というものだろう。久足四十四歳の『丁未《ていび》詠稿』を『有明工業高等専門学校紀要』46号、47号（二〇一〇、二〇一一）所載の菱岡憲司氏「小津久足『丁未詠稿』翻刻と解題」上下によって読んでみることにしよう。丁未は「ひのとひつじ」の弘化四年（一八四七）。その三年前には蘭学者高野長英が江戸大火の中、伝馬町の牢屋を脱獄、弘化二年、弘化三年には、外国船が日本に頻繁に現れ、再び打ち払い令が出されるなど、世情騒然たる時代にさしかかる。

この年、歌歴すでに三十年に及んで詠首九八五を数え、冒頭から第五首、

ほこるべき富ならねども身は安く　うれしき春を又むかへけり（菱岡憲司「小津久足『丁未詠稿』翻刻と解題」

上、六七頁）

と、店も順調に発展し、充足した日常を満喫している自信が、その歌に表されている。折しも久足は、その一年前の弘化三年、父と継母せいとの結婚の経緯《いきさつ》をいささか批判を込めて『家の昔がたり』に記したばかり。そのことを心にとめて、「恋」と題する詠草を、季を追って読み進むと、まず新春の「寄鶯恋《うぐいすによするこい》」と題して、

うらめしやわが身ふるすとふるされて　花にうつろふ谷の鶯（同、六七頁）

「恨めしい。古くなってしまったと粗略に扱われて、あちこちの花を巡って昔の古巣を探しまわる谷の鶯と私は同じだ」とでもなろうか。二句目の「ふるす」は、「古いものとなす、忘れる、捨てる」という意で、古巣と、相手を「振る」の意を兼ね、『古今集』（巻十九、雑体、一〇四六）にある「鶯の去年《こぞ》の宿りのふるすとや　我には人のつれなかるらむ」（鶯の去年の古巣のように、古くなったから、として捨てるつもりのあの人は、私につれない）とある歌を踏まえていよう。久足は「ふるすとふるされて」と「ふる」の語を、中年の男の矜持と自虐をないまぜにして重ねる。あるいはせいとの結婚の後、昼は自分の店、夜は後妻の家に帰る今は亡い父徒好の姿に重ねる気持ちもあるかも知れない。

第二首の

春きても涙の氷うちとけぬ　人の心のうぐひすのこゑ（同）

は、「打ち解けない氷のような相手の心も春を告げる鶯の声で溶けはせぬか」と続いて、自分を相手にせぬ女の意固地な姿の凄艶《せいえん》な様を写す。これも『古今集』（巻一、春歌上、四）の「雪の内に春はきにけり鶯の　こほれるなみだいまや溶くらむ」（雪が降っている中にも春が来た。凍って泣けなかった鶯の涙も溶けるだろう）を踏まえるのだろうが、第一首、第二首と続けて読めば、昔からの古い馴染みでありながら、相手の側が心を開こうとしないために、相手にされない中年男の嘆きのように聞こえて、おのずからそうした歌の底から一つの影を浮かばせるような思惑

さえ感じられる。

夏の季、「寄蛙恋《かわずによするこい》」（前掲書上、六五頁）の最初の歌、

もれやせん今は蛙のねにたてて　涙せきあへぬ苗代の水

は、「恋心が思わずも苗代に鳴く蛙《かわず》の声に合わせて涙とともに漏らしてしまいそうだ」の意になろうが、蛙（平安時代は川鹿《かじか》を言うが、ここでは今の蛙だろう）の声を恋の告白と重ねて、苗代《なわしろ》の堰《せき》も止められぬ、とする。『金葉集（二度本）』（巻六、別部、三三五）の藤原兼房《かねふさ》「よそに聞く苗代水《なわしろみず》にあはれわが　おり立つ名をも流しつるかな」に拠るものか。

以上の作歌の例を僅かながら一瞥しただけで、当時の和歌の大半と同じく、勅撰集を主とした古歌を踏まえるのは少年時代の作品と同じだが、言葉運びの滑らかさは見違えるばかりに改良されている。ただ気持ちの吐露が素直に出てきている、という点で、少年久足の方に私は軍配を上げたい。

六十四　「もの」に寄せる恋歌

久足四十四歳の『丁未詠稿』（一八四七）に収められた「恋」を主題とする歌は、四季にしたがって「〜に寄せる恋」として歌われている。先に引いた夏の季で、蛙に寄せる恋のほかに、「寄橘恋《たちばなによするこい》」三首がある（菱岡憲司「小津久足『丁未詠稿』翻刻と解題」上、六〇頁）。まずその一つ。

うつりがも今はむかしと袖ふりぬ　人はよそにや軒の立花《たちばな》

「自分の袖に恋人の移り香が残ったのも昔のこと、と言った恋人は今はどこにいるのだろう、香り高い橘の花を見るにつけて思い出す」と解せようが、第二首の、

ほととぎすならば音せんふるにれし　宿の橘花咲きにけり

も、「ひとたび巣を離れたほととぎすも、昔宿ったところに橘が咲いたら鳴きもするのに（「音せん」、鳴き声をあげると訪れるを掛ける）、恋人は訪れることがない」とあり、さらに三首目の、

　袖の香によそえてやみんその人も　昔と成りし軒《のき》の立花

も、「袖にかすかに残っている軒近くの橘の香りになぞらえようか、恋した人も今は昔となってしまった」と、これもかつての恋人を思い起こして嘆くものだ。詠歌の約束事の一つとしての、橘の余香と恋の名残をかけるものだが、先に紹介した春の「寄鶯恋」や夏の「寄蛙恋」と合わせて、今は遠い縁となってしまった女性せいを思い浮かべてのもの、と取れないことはない。

秋の季になっての「寄霧恋《きりによするこい》」（前掲書上、五八頁－五九頁）にしても、

　立《たて》ぞそう人の心の秋かぜに　なげきのきり《霧》は吹きもはらさで

と、「側に立つ（風が立つに掛ける）人の心に秋（飽き、と掛ける）風が吹くが、曇る心の霧（切り、の意もかける）は払ってくれない」と無情の恋を歌い、第三首目の

　つきあへぬなげきのきりもうき中は　あやにひとつのへだてとぞなる

も、「付き合うこともできず（霧のために見えぬ月とも掛ける）、嘆く心に霧がかかるが、こんな憂鬱な恋をしている時は、そうしたことも妙に二人を隔ててしまう」とかこち、次の第四首

　へだて有りてみる《見》めだになきうき《憂》中は　なげきのきり《霧》も昔さりつつ

も恋の成就に障害があることを強調する。

同じ秋の「寄菊恋《きくによするこい》」七首（前掲書上、五六頁）も、たとえば、

　猶たゆる霜のしらぎく折とりて　うつろひ安き人に見せばや

（冷たい霜が降ってもそれに堪《た》えて花を咲かせる白菊を手折って、心変わりする人に見せたいものだ）

など、ほぼ「つれなき人」に対しての歌が連続する。初句の「猶たゆる」は本来「堪《た》ふ」の仮名遣いだが、大槻文彦の『言海』では「堪ゆ」の訛りも認めている。仮名遣いに拘泥しない久足の面目を見ることができようか。

そして『丁未詠稿』の後半では、恋を題としたほぼ三十首が並べられるが、それらは「祈恋《いのるこい》」から始まって、「偽恋」、「忘恋」、「別恋」、「恨恋」、「恨絶恋《たえしこいをうらむ》」、「喚不帰恋《かえらざるこいをよぶ》」、「惜名恋《なをおしむこい》」、「隔簾恋《すだれをへだつこい》」など、いずれも恋を得た喜びを歌うものではなく、実らぬ恋、受け入れられぬ恋をテーマにしたものが多いことに気づかされる。

それらに続いて「寄月恋」、「寄風恋」など、「何々に寄せて恋を歌う」ものが並べられているが、寄せるものは蟬であったり、樋《とい》であったり、鐘、枕にも恋をなぞらえていく。それらの歌を細かく見ることはできないが、『丁未詠稿』での久足の「恋」の歌は、総じて、そうした題詠に自身の歌の技を示すところに興を感じることが主で、「恋」を切実に感じて歌っているようには思えない。しかし、その中にも「恨む恋」が多いのは、あるいは少年時の儚い慕情のトラウマがあるのではないか、と私はつい考えてしまう。

六十五　『非なるべし』

江戸で干鰯卸売りを家業とする松阪商人湯浅屋小津家の歴史を記した六代目当主小津久足の『家の昔がたり』に、十三歳の彼が父の小津別家の後家せいとの再婚に強く反対した、と厳しい口調で難じたのは、久足が彼女に思いを寄せていたからではないか。その憶測を確かめる文献として、久足が深く打ち込んだ和歌の中にその痕跡を探ってみた。

もちろん、与謝野晶子の『みだれ髪』（一九〇一）のように、個人の体験や心境を率直に吐露することを良しとする近代短歌と異なり、古来の和歌は、あからさまな心情の発現は卑しまれて、作者の機知の鋭さを示す場合を除いて、古歌の例に添いながら、それを読む人の知識を頼りに、あからさまには表現せず、それとなく意を伝えるのを良しとしたから、久足の「恋」を歌ったものでも、その伝統に則した形で歌われて、恋の相手は特定されない。それに彼の生涯七万首に及ぶ作歌を、徹底的に読み解くことは至難の業だ。現在活字翻刻のある十五歳と四十四歳の作歌の中に、彼の隠された恋の影を見て、その証と思われるものをいくつか示してみたが、はたして当を得ているかどうか。それは専門家の意見を待つことにして、話を久足の日常に戻すことにしよう。

先にも述べたとおり、小津家三代目理香の実子である五代目守良が二十三歳で逝去、その一カ月後の文政五年（一八二二）九月、あたかも久足の父徒好が理香の長男守良の成人まで四代目として一時期家督を継いだように、守良の遺児虎吉が成人するまでの当座、久足は十九歳で臨時の家督を継ぐことになり六代目与右衛門となった。ところがその虎吉も僅か七歳で痘瘡を病んで亡くなり、彼は名実ともに湯浅屋を背負って商いの道に勤しまねばならなくなる。

『家の昔がたり』には、久足が時に慎重に、時に大胆に湯浅屋の身代を守り伝える様が詳しく記されている。たとえば文政十二年の江戸大火の際、小網町の本店が焼けて、新たに普請したのを、天保五年（一八三四）再び火災に遭い、かつて父徒好が「江戸市中よりして、江戸外の深川にうつること、甚だ不承知」（『家の昔がたり』、六六頁）だったのを、その父が既に物故していたこともあり、江戸初期においては新開地で、やがて材木、干鰯、〆粕などの商品保管の場となり、取引地でもあった深川に移転を決断、湯浅屋の土台を揺るぎないものにする。

久足は『家の昔がたり』の筆を終えるにあたって、歴代の当主たちの好んだものを列挙して、

大円《だいえん》居士（初代）は仏をこのみ、道機《どうき》居士（二代目）は釣りをこのまれしよし。道秀《どうしゆう》居士（三代目）は相場を好み、浄謙《じようけん》居士（四代目、すなわち久足の父）は士僧をこのみ（武家や寺社との付き合いを喜んだこと）、つとめずき世話ずき也。守良（五代目）はとしわかければ未さだまらず（若年で亡くなったからその好みは分からぬ）、当与右衛門は風流をこのめり

と書いて、「いずれもいずれもよろしからぬ癖也《へきなり》」（同、六九頁）と結論する。いささか自嘲の気味があるが、彼が「風流を好む」というのは、いわゆる和歌の世界への入れ込みであり、また文事への傾倒を言うのだろう。

商人としての久足の面目は、子弟へ示した家訓『非なるべし』（弘化二年一八四五あたりから『丁未詠稿』成立の時期とほぼ前後する著作か）と題した書に明らかだが、「非なるべし」とは、その冒頭に

おのれ不惑のとしもすぎて、世渡のことにつきていさゝか発明せることなきにあらず。おもふこといは《言》ですぎんも口をし。ありのまゝにかい《書き》つけて、子孫のいまし《戒め》とす。されど非をし《知》りての誡《いましめ》ならず、（私がここに書くことごとく非なるべし。よりて一言を題してやがて表題とす。（菱岡・村上・吉田編『小津久足資料集』、七六頁）

とあるように、「非としていることが、かえって間違っているだろう」の意で題したと書いてはいるが、彼が「非」とした箇条に、彼のものの考えが良く表れている。彼がそれこそ「非」とした「風流」への耽溺は、七万首に及ぶ作歌に加えて江戸期第一の冊数、量を誇る紀行文に表れることになる。ここに至って、彼の言う「非」は謙遜と自負が入り混じった命名であることが了解されるだろう。

六十六　最初の紀行文『よしのの山裏《やまづと》』

小津久足は文政五年（一八二二）二月二十一日（旧暦）、供《とも》を一人連れて松阪を出て吉野に向かった。まさかその半年後、播磨まで眼科の治療に出かけていた五代目守良が、帰路の京都で客死するとは思いもよらぬ久足は、旅中の印象を綴って『よしのの山裏』と題した稿を残す。髙倉一紀・菱岡憲司・河村有也香編『神道資料叢刊十四　小津久足紀行集』（一）（皇學館大学神道研究所、二〇一三）による翻刻を読むと、冒頭から、

咲《さく》花にこころをかけて旅衣《たびころも》　けふおもひたつみよしのの山（同書、三頁）

（咲いている花を楽しみに、旅衣を着て今日吉野山に行こうと思う）

よしの山あまたのさくらわけみむと　ひとりいでたつ旅衣かな

（吉野の多くの桜をそれぞれ見分けようと、一人旅支度する）

みよしのの吉野の山に春べさく　花をしみにとゆかくしよしも

（吉野山も春になったから、花をぜひ見に行くのが良ろしかろう）

の三首が置かれ、紀行文というより歌日記の称がふさわしい。続いて「三渡にて、けふは春ともなく（春には似合わぬ）風あらくふきて、いとさむし」と短い文が添えられて、

けふは又かすみわたりのそれならで　波たちさわぐ春風ぞふく（三頁）

（今日は普通に霞が一面にかかるのではなく、三渡川の波が立つほどに吹く春風が激しい）

と第四首が来る。

第一歌「こころをかけて旅衣」の「かけて」は、心と衣とに掛かり、「おもひたつみよしのの」は「思い立つ」と、辰巳すなわち今の午前九時に出立したこと、「みよしのの」は、「身良し」と「美吉野」を掛ける。第二歌の「さくらわけみむ」は、桜を見分けるのと山を踏み分けるを掛け、「ひとりいでたつ」はこれから出会う多数《あまた》の桜とそれを孤身で見に行くことを対照させる。

第三首の「春べさく」は、「古今集序」の「難波津《なにわつ》に咲くやこの花冬籠り　今は春べと咲くやこの花」の難波津を吉野にかえ、「花をしみにと」は、「花を見に」と、散る「花を惜しみ」を掛ける。「ゆかくしよしも（行きたいものだ）」は、『万葉集』巻十四所載の東歌《あずまうた》に範をとった表現。「みよしの」から始まって、「よし（良し）」を三回も重ねるのは、やはり『万葉集』にある天武天皇「よき人のよしとよく見てよしと言ひし　吉野よく見よよき人よく見つ」（巻一－二七）を思い起こさせる。

第四歌の「かすみわたり」の語は、『源氏物語』の「若紫」にある「はるかに霞みわたりて四方《よも》の梢《こずえ》そこはかと

なう煙りわたれるほどに」の古文を踏まえようが、同時に「霞む三渡り」と今通ろうとする地名と霞が「わたる」のを巧みに読み込んでもいる。

この最初の四歌だけ見ても、久足十五歳の『文政元年久足詠草』に較べて、以後四年の間に彼の作歌技法がどれほど上達しているかがよく理解できよう。春庭の後鈴屋社での月次歌会の詠みぶりとは違って、なにか伸び伸びと、気楽に言葉遊びを楽しんでいる様子が、花を見るはるかな旅への期待を込めた弾んだ気持ちと合わせて、その暢達《ちょうたつ》な歌の中から浮かび上がって来る。

久足は初瀬街道と呼ばれる伊勢から奈良に向かう道中を辿り、三渡から、谷戸《たんど》、大仰川《おおのきがわ》を渡り、二本木《にほんぎ》、布引に入って伊勢地より名張に宿る。足の運びにつれて道筋の光景や事象を、いかにもすらすらと口に上せて作歌し、旅の印象や気づきを短く書き留めている。いわば歌による旅の備忘録とでも言おうか。彼の生涯四十六編にも及ぶ紀行文の先駆けとなるものだ。

六十七　吉野の桜

すでに冒頭に出て来る地名から推察できるように、小津久足十九歳の吉野への最初の歌紀行『よしのの山裹』（一八二二）の旅程は、あたかもその五十年前の『菅笠日記』（一七七二）に記された本居宣長のそれにほぼ重なる。もちろん当時松阪から吉野へ行く道筋は、たいていその道筋だったには違いないが、久足の浄書本の末尾に彼の師である本居春庭の歌、

みよしのの花のほかにもここかしこ　あまたさくらの春のやまづと（前掲書、二一一頁）

（吉野の桜のほか、いたるところにたくさん春のさくらの歌が山の土産としてある）

を載せていることからして（『小津久足紀行集』（一）、二一一頁）、自分の師匠の父である宣長の『菅笠日記』を意識し

た道程になるのは当然のことだろう。久足が題名に用いた耳慣れない「山裏」の語は、『万葉集』巻二十の冒頭にある元正天皇の歌（四二九三番）、

あしひきの山行きしかば山人の　我れに得しめし山づとぞこれ

に由来し、久足の歌稿に添えた春庭の歌も、宣長が元正天皇の歌について「山づと」の義を『万葉集問聞抄《もんぶんしょう》』下巻（田中道麻呂《みちまろ》との共著。（一七九八、「全集」第六巻所収）で説くのに倣う形で、吉野山からの土産として久足の歌文集を賞している。自著の末尾に師の一首を請うほど、本居春庭の教えに忠実だった若い久足が、その書を『よしのの山裏』としたのも、恐らくそこから来ているに違いない。

しかし彼の初めての吉野紀行は、旅程こそ同じであるものの、文章が主で歌が従である『菅笠日記』とは異なり、歌が主で、それに続く旅の記述の文章をすべて字下げで示して、いわば歌の詞書《ことばがき》の態をなすように工夫しているところなど、ある意味きわめて意識的であるように思われる。あるいは盲目の身で吉野の花見など、夢のまた夢となった師春庭への配慮が、師の推奨する歌道を主とする紀行文となったものか。

『菅笠日記』の中で、吉野のいわゆる「ひと目千本」の呼称に宣長が腹を立てた、その茶店に辿り着いた久足の記述を見てみよう。

坂路をのぼりはてたるところに茶屋ありて、休む。ここよりみおろす《見下》を一目《ひとめ》千本とかいひ《言》て、大《おお》かたよしの《吉野》のうちにも、桜のおほき限《かぎり》とぞ。まことにさもありぬべく（なるほどそう言うのももっともだ）、今をさかりと咲ならびたる花の木末《こぬれ》ども、め《目》もおどろくばかりになむ。おもしろしとも、めでたしともいわむは、なかなかおろか《愚》になりぬべし（言葉にするのは愚かしい）。をり《折》よくかかるさかりにあひ《会》ぬるは、遠き国よりみにきつるかひ《甲斐》ありて、いといとうれし。（『小津久足紀行集』（一）、八頁）

本書第二十三節に引いた四十三歳宣長の吉野の桜を見る文章と、十九歳と若い小津久足の文章とを較べると、一

方はやや年相応に理屈っぽく、もう一方は青年の無邪気さで見事な花を喜んでいる。久足の一文をよく読むと、宣長の当該個所を十分に意識して筆を執っている感がある。宣長が「一目千本」に異を唱えたのは、その大げさな呼称ばかりでなく、せっかく開花の日取りをあれこれ考えてやってきたのに、雲がかかって、しかも盛りをすぎた桜しか見えなかったことにもよるだろう。宣長とは逆に「一目千本」の語を「まことにさもありぬべく」と素直に受け取りつつも、この絶景を形容する言葉を探すのは「愚かになりぬべし」（馬鹿げたことになるだろう）と、「一目千本」の誇称をさりげなく批評もする。旅の本来の目的が達せられたことを「見に来つる甲斐あり」と結論づける所に、久足の大人びた智恵が見え、その簡潔明快な叙述は、後の紀行作家への未来を示して遺憾が無い。

六十八　旅の「大発見」

二〇二二年十二月中旬、妻が『ボヴァリー夫人』（一八五六）の著者ギュスターヴ・フロベール生誕二百年を記念してのシンポジウムで発表するのに一緒に付いて行って、一週間ほどパリに滞在した。

シンポジウム会場は地下鉄トロカデロ駅近くのシンガー＝ポリニャック財団の建物の二階。そこは二十世紀初頭ミシンメーカー創業者ユダヤ系アメリカ人アイザック・シンガーの十八番目の娘ウィナレッタが、フランスの名門ポリニャック公爵と結婚、その財力と家柄をかけてサロンを開いた大邸宅で、作家のプルーストや作曲家ストラヴィンスキーなども常連の客だったという。エッフェル塔を間近に見上げるマンデル大通りに面した屋敷の外観は、パリでよくある十九世紀風のアパルトマンだが、中に入るとアッと驚く豪華絢爛、王宮のようなしつらえが目を驚かせる。

その帰国の前日、私より四つ年上で松阪市の実家に住まう三番目の姉が急逝した、と市の郊外に住む次姉からメールが入って茫然自失した。『夕刊三重』での連載を楽しみにしていた三姉だが、そういえば十年ほど前に同じ

『夕刊三重』に『心の中の松阪』を六十数回連載していた際に、二つ上の次兄が亡くなっている。二〇二一年の秋に亡くなった長兄も、今回の連載が始まって数カ月しての死だった。もちろん、いずれの死も、たまたまのめぐり合わせではあろうが、何となく弟の不肖を背負っていったような気がしてパリの客心を冷やした。

幸い、というか、シンポジウムも無事終わってすぐのことだったので、葬儀に間に合うように急いで帰国したが、その帰路の飛行機で思いがけない経験をした。いつもは暗い機内で席の前にしつらえられた小さい画面で映画などを見て時間をやり過ごすのだが、ロシア領内の上空を飛んで関西空港に戻るこれまでのコースが、ロシアによるウクライナ侵攻によって、その航路が中央アジア経由となり、しかも定刻よりずいぶん遅れて現地パリを午後三時に離陸したため、窓外の明るい陽射しの下に、高度一万メートルの狭い視界から、アルプスの雪を頂いた山々、ゴビ砂漠、中国山地、韓国の山肌が、眼下に蛇行する川や森、建物、荒涼たる砂地、峩々《がが》たる岩肌を見せて展開するのを、初めて実見したのだった。そして山の形、川のありよう、畑や小さな建物、何もない山中に無数に並ぶ風力発電の白い風車まで、目に映り行く風景は、国々でそれぞれ明らかに相違があり、同じ茫漠とした山岳地帯でも、色や険しさにおいて特徴があることを、今さらながら「発見」したのだった。

森鷗外は『大発見』（一九一〇）という短編で、発見は discover すなわち覆いを剝ぐ、「今まで有りながら、目に見えなかつたものを見えるようにする」ことだと定義しているが、まさしく、それぞれに風土の特異を眼下に示して、かつ連続している地上の光景は、私にとって「大発見」だった。

地域独特の風景を見続けながら、私はもし小津久足がこのパノラマを見たとしたら、どんな感慨を抱き、またどんな紀行文を書くだろうかと、ふと思った。

確かに国が違えば、その風土も文化も異なる。和辻哲郎の『風土』（一九三五）でのモンスーン地帯論は、いまや修正を必要としようが、アジアからヨーロッパに初めて向かう若者が目にし、耳にする光景や人々は、意識的な人間であればあるほど、いっそうその知的好奇心をそそり、またそうした他者に対しての自分とは何か、自分を育ててきた故郷の風土とはいかなるものかを自省するに違いない。

小津久足十九歳の吉野への最初の歌紀行『よしのの山裹』は、久足が吉野の桜を愛《め》で、多くの歌を詠みながら、三輪、初瀬の道をたどり、布引山を再び越えて松阪に戻った八日間の歌紀行である。以後彼は年々の旅を記録して五十三歳の『梅の下風』（一八五六）まで四十六編を残した。たとえ同じ道を何度も行き来して見たものであっても、彼には常に「大発見」だったのだろう。

六十九　久足二十八歳の『花染日記』

前に述べたとおり、久足が生涯に記した旅の記録は十九歳の歌紀行『よしのの山裹』（一八二二）から始まって、五十三歳になって松阪近郊を散策した『梅の下風』（一八五六）まで、全四十六編が残されている。あたかも彼の詠草が十四歳の『丁丑《ていちゅう》詠稿』（一八一七）から五十四歳の『丁巳《ていし》詠稿』（一八五七）まで全四十一編が残されているのと軌を一にして、詠歌と紀行執筆に勤《いそ》しんだ久足の「風流」をつぶさに伝えて遺憾が無い。『江戸の紀行文』の著者板坂耀子氏が、教え子の菱岡憲司氏に、久足を「江戸紀行文界の馬琴だよ」と説かれたのもうなずかれる（菱岡憲司『小津久足の文事』、二八三頁）。

久足の旅は吉野に始まって、商用も含めて、年々に近江、京、大阪、奈良、明石、和歌山など近畿一円、そして本店のある江戸、時には木曽路、水戸から仙台、松島まで足を伸ばしている。全紀行のうちほぼ二十編が菱岡憲司氏を中心として翻刻されている（菱岡憲司『大才子　小津久足―伊勢商人の蔵書・国学・紀行文』中公選書、二〇二三、所載の参考文献参照）。「和本リテラシー」に欠ける私は、それら翻刻された活字本をたよりに、小津久足の紀行のいくばくかを覗うにすぎないが、詠歌を主とする最初の紀行とほぼ同じ道を辿った十年後の『花染日記』上下二冊

（一八三一）を読んで、彼の文事の進展を見ることにしたい。

「芳野の花の白雲をわけ見しは、はやくも十年ばかり隔たりぬれど、あかざりし（いつまでも飽きることがない）その花のこと、もののをりごとには（何かにつけて）思ひいでられて」（菱岡他編『小津久紀行集』（一）、二五頁。以下『花染日記』の引用は同書による）と筆を起こす久足は当年二十八歳。最初の『よしのの山裹』の末尾に歌を寄せた師本居春庭は、その三年前に没しており、今久足は春庭の長男有郷の後見人となっている。春庭没して後の一周忌、三回忌と回忌ごとの後鈴屋社での歌会には、律義に必ず出席して「実に二九年にわたって一回の休みなく、出《しゅっ》詠《えい》しつづけた」（足立巻一『やちまた』下、四二九頁）。

吉野への旅は、あるいは吉野の花への尽きせぬ思いばかりでなく、師の死後三年を迎えた感慨がその底にあったのではなかろうか。先には供一人だったのが、今回は久世《くぜ》久庭《きゅうてい》、坂田《さかた》茂稲《しるいね》二人を同行として、三渡橋で見送りの友人たちと別れ、宮古村の忘れ井にいたって、その由来を説くのは、亡き師の父である宣長の『菅笠日記』の記述に倣うが、宣長が「立ち寄りてたずね見るに、まことに古き井あり」と実見するのに対して（本書、二十一参照）、久足は川の向こうにその井戸があるというが、「わがすむ《(住)》あたりにほどちかき名所などは又いつにてもと、よそに見なしつつ、立ちより《(寄)》ても見ず」（小津久足『花染日記』、二六頁）と、宣長の文章を意識しながら、それをわざとのように無視する形で先へ進む。宣長が「先の急がるれば」と書けば、久足も「行く先急ぐが旅の習い」と同じ表現を用いて、旧の旅人の記述を想起させつつ、しかもいわば肩すかしを食わせるように、叙述を省いて、

故郷のわかれをおもふ旅路かは　むすばですぎむ（手に汲むこともなく通り過ぎる）忘《(わすれ)》井の水

の一首を示して、鮮やかに宣長の宮古村の段を切り取る手腕は、学者宣長と「風流」の人小津久足の相違を、旅の冒頭から浮き彫りにする。師春庭の面影を、おそらくは旅の空に浮かべつつ、同時にその父の紀行文を久足は常に復唱していたに違いない。

七十　『菅笠日記』と『花染日記』

『花染日記』上冊（一八三一）に見る久足の吉野の旅が、宣長の『菅笠日記』に倣うのは、もとより居宅のある松阪から奈良吉野への道程が自ずから定まることにもよろうが、やはり年少の頃から春庭の門に連なり、その父でも師でもある宣長の著作が尊ばれたこともあるだろう。たとえば、宣長が後醍醐天皇ゆかりの吉水院《よしみずいん》での記述、

さてざわうだう（蔵王堂）にまうづ（詣）。御《ミ》とばりかかげ（掲）させて見奉《みたてまつ》れば。いともいとも大きなる御像《ミカタチ》の。いかれる（怒）御《ミ》かおして。かた御足《ミアシ》ささげて、いみしう恐ろしき様して立給へる。三《ミ》はしら（柱）おはする。（『菅笠日記』「全集」三四六頁）

とあるところ、久足は

開帳させて拝みたてまつるに、いと大きなる御像三体おはしますが、（略）そのさま（様）いとおそろしき御かほして、かた御足ささげ給へる御像なり。（『花染日記』上、四五頁）

のように、宣長の文章をほぼそのままなぞっている。近くに宣長の父が一子を求めて願をかけたという子守神社があり、『菅笠日記』では宣長が父を偲ぶ感動的な文章を書いているが（本書二十二、二十四）、久足も「すこしゆきて子守の御社に詣づ」と触れはするものの、

御社《みやしろ》は東向きにて三社たたせ給へるが、向ひに拝殿ありていと大社《おおやしろ》なり。この御社の御事は本居翁の言はれたるごとく、式（『延喜式《えんぎしき》』のこと）に見えたる吉野郡吉野水分神社なり。（『花染日記』上、四七頁）

とあっさりと済ませている。感傷におぼれず、淡々と旅の記録を綴っていく久足の覚悟の文章でもあるが、その数葉前の彼の文章に注意する必要がある。その前夜、宿とした蔵王門前の福知屋の娘が、ことし初めての節句だと「雛《ひな》をいとうるはしく飾りたるは、山中に似つかはしからずいとおかし」として、

みよし野はさすがに花の都にて　ひな（飾りの雛といなかの鄙《ひな》を掛ける）とも見えぬすさび（興にまかせることと

遊び事とを掛ける）なりけり

と歌を添え、ありきたりのひな人形なのに、自分の目が留まったのは、

おのが娘もことしはじめての節句なれば、けふは家にてもかくのごとく雛祭りをなすらんと、いとなつかしくおぼゆるままの、心まどひ（ちょっと心が動いた）なるべくや。

と、旅先で松阪のわが娘の初節句に思いをはせる父親の思いを記す文章は、あたかも宣長の父を憶う筆に相呼応していることが分かる（同、四四頁）。すなわち『菅笠日記』で宣長の冷静な学者ぶりに似あわぬ心のたけをそぞろに述べる文章と較べて、むしろ久足はそのことを極力避け、旅の記録に徹する。しかも前夜松阪のわが家にある娘に思いを馳せて、思わずも漏らした父親としての感情の吐露を、宣長の感極まった文章で記された水分神社にいたって、久足は前夜の娘への情のほとばしりを取りつくろうかのような素っ気ない文章を綴ったのではなかろうか。

宣長の『菅笠日記』の記述と重なる部分は、そればかりではない。例の吉野の宮滝（口絵⑥）で土地の者が高さ十メートルもある岩から深い淵に飛び込んで旅人から見料を取る「岩飛び」は、宣長の心胆を寒からしめたが、久足もまた次のように書いている。

すでに飛びいらんとする折は、先見《まず》る人の肝ぞきえいりぬる。［か］を《さる》（そんな具合であるのに）やがて底よりうかみ《浮》出でて、苦しげもなく体おしのごひて《拭》（強く拭って）、のどかに衣取り来る様など、世に珍しきわざにて、あやしき見ものなり。（同、五一頁）

宣長の文章と較べると、簡潔ながら描写のポイントを心得た筆法が鮮やかで、彼の紀行の手本が、必ずしも宣長だけでないことをうかがわせて興味深い。それは『花染日記』の下冊に至っていっそう顕著になる。

七十一　『花染日記』下冊の文章の変化

『菅笠日記』に見る宣長の旅は、吉野の花を見た後、吉野川に添うて西の道をたどり、畝傍、香具山を見て、三輪へと進む。それから初瀬、萩原までは往路と同じ、そこから多気《たき》の方角に折れ、北畠神社を経て伊勢寺、松阪へと至った。

『花染日記』上冊における久足の吉野以後の足跡は、宣長の往路であった上市《かみいち》から多武峰《とうのみね》を訪ね、飛鳥、西の京へと進んで唐招提寺を見、興福寺、東大寺に詣で、さらに佐保川をわたって奈良坂を経、木津川を船で渡って山城の国に入る。天保二年（一八三一）二月二十八日未明に松阪を出て三月七日夜までの、ほぼ八日間の記述となる。

『花染日記』の下冊は、まず三月八日木津川を小舟で伏見に渡り、稲荷神社から清水寺、知恩院、祇園の花を見て、三条大橋に宿る。翌朝は広隆寺、さらに嵐山、仁和寺と、およそ京都観光の今に変わらぬ桜見物を堪能。京都滞在十日ほどで大阪に至るが、この間の記述は上冊の吉野紀行より簡略で、地名と詣でる寺社の記事で埋まっている文字通り「日記」の体裁となる。

時には大阪に到着の三月十八日、道頓堀の芝居を見て、

> 切り（最後の演目）には四ツ谷怪談とて、こは（これは）実録なる由にて、江戸の四谷にいとしう《マ》、ねき《マ》（たいへん嫉妬深い）おんなのありしことを作りたる狂言なり。役者は江戸の尾上菊五郎といふ役者一人にて、ほかにはさしたる役者見えねど、見る人いと多く小屋のうちゆ《（揺）》する（大きく揺るがせる）ばかりなり。（『花染日記』下、八〇頁）

と珍重に値する記録もある（口絵⑱）。久足の見た菊五郎は三代目（一七八四－一八四九）だろう。この三年前の文政十二年（一八二九）、江戸の三大芝居小屋が火事で焼けたために巡業に出て、ちょうどこの時期、娘婿の尾上菊《きく》枝《し》と道頓堀で興行している。「ほかにはさしたる役者」はいない、と書かれるのは、後に四代目菊五郎となる菊枝の名がまだ売れていなかったのだろう。文政八年に江戸中村座で初演された四世鶴屋南北の「四谷怪談」のお岩は、

三代目菊五郎の当たり役だから、大勢の観客が湧いたのも無理はない。「実録」という触れ込みは、昔も今も客を呼ぶ常套手段だ。翌日には中村歌右衛門（おそらくは三代目。一七八八―一八三八）の「娘道成寺」を見て感心してもいる。

三月二十日から天王寺、住吉大社、さらに河内に点在する御陵《みささぎ》を二十ばかりも巡り、楠正成の赤坂の故地を歩き、河内長野の観心寺を経て紀州街道に入る。それこそ「ちまた（分かれ道）ある所を踏み迷ひて、あらぬ峰をよぢのぼりなどしつつ、（略）谷底にまろびや（転げでもして）おちん《（落）》とて、はかばかしくは足も進まず」（同、九四頁）といった苦労を重ねて、二十四日高野山に到着。墓所や滝口入道の庵室などを見て橋本に宿を取る。翌日金剛山の麓に至り、葛城《かつらぎ》を経て再び大和に戻り、当麻寺《たいまでら》から法隆寺を見て柏原《かしわら》、そして平野《ひらの》から再び天王寺に戻ってまでの記事は、淡々と経巡《へめぐ》った寺社の点描を連ねるのみで、上冊で宣長の『菅笠日記』をなぞっていた筆致とずいぶん違って、いわば一種の旅案内を読む感さえある。

たとえば河内の柏原のあたり、

跡部村には式（『延喜式』のこと）に見えたる跡部神社おはします。亀井村、鞍作村などいふを過ぎ、柏原より百町（十キロほど）といふに平野にいたる。いと良き里なり。大念仏寺といふ寺もあり。河内の国はこの所を限りにて、この里を離るれば摂津国也。（同、一〇二頁）

といった類の記述が『花染日記』下冊にはしばしば見られる。この変化はどこから来るのだろうか。それには手本とする別の紀行著作があるに違いない。

七十二　貝原益軒の紀行文

菱岡憲司氏によれば、小津久足の紀行文に大きな影響を与えたものは、宣長の『菅笠日記』のほかに、福岡黒田藩の儒者貝原益軒（一六三〇―一七一四）の紀行文があるという（『大才子　小津久足』、一二三頁）。

名高い『養生訓』（一七一二）や『女大学』（一七三三、ただしこの書は益軒に仮託した書で、彼の著書ではないが、一般にその名で流布した）で知られる益軒は、壮年まで「損軒」で通し、晩年は「益軒」と号して、儒学のみならず博物学や福岡藩史の編纂など数多くの書を著述した。

芥川龍之介の遺作『侏儒の言葉』（親友菊池寛の発刊した『文藝春秋』に一九二三年から一九二七年死の直前まで連載した箴言集）で、旅の船中で若い書生と出会った貝原益軒のエピソードを紹介している。旅の船中で一人の青年が意気揚々と天下国家を論じているのを大人しく聴いていた老人が、じつは天下の大儒、貝原益軒であったことを、当時のしきたりとして下船の際に姓名を名乗り合う時に知って青年が大いに恥じた、という話で、芥川は従来の益軒の謙遜の美徳を称する立場を取らず、益軒の無言が如何に傲慢であったか、青年客気の議論の中に、いかに未来が輝いていたかと、いかにも芥川らしい切り取りをしているが、原念斎『先哲叢談』（一八一六）にもある貝原益軒の逸話は、益軒がどれほど諸国を歴巡し、その記録の紀行がどれほど流布していたかを示す格好の例でもある。じっさい彼はそれらの諸国の旅について詳細な記録を残した。

その一つである元禄五年（一六九二）刊の『己巳《きし》紀行』は、己巳、すなわち「つちのとみ」の元禄二年に、貝原益軒が丹波、丹後、若狭、さらに奈良、和歌山を巡った際の紀行だ。若い時から奈良や和歌山へと足を伸ばして、文雅の道に関心深い久足のことだから、益軒の紀行は当然愛読したに違いない。じっさい益軒のその書を収載している岩波書店刊『新古典文学大系』第九十八巻（一九九一）の底本とされた京都大学工学部建築科蔵の写本には「西荘文庫」の蔵書印が押されているというから（板坂耀子氏による解題。同書、一〇四頁）、「西荘文庫」の元来の所有者である小津久足が、その書に目を通したことは疑いない。

元禄二年、益軒は還暦を迎えて六十歳。『己巳紀行』の中に収められた河内、和泉、紀伊を巡る『南遊紀事』は、往路と帰路とが逆ながら、小津久足の『花染日記』下冊の旅程と重なっているが、その文体も相似ることの多いのに気づかされる。

たとえば、楠正成の故地赤坂村あたりを、益軒は、

上赤坂と下赤坂の間、十町ばかりあり。其間に山《やま》の井《ゐ》村あり。此処《このところに》に楠木正成の住せし宅のあとあり。今は田地となり、楠屋敷《くすのきやしき》と号す。黒塚小き塚有。山の井の北にあり。国見《くにみ》の西《にし》に東坂《（アヅマ）》とて、金剛山へのぼる道あり。民家あり。これ又、高き所也。（貝原益軒『南遊紀事』、『新古典文学大系』第九十八巻、一五五頁）

と記す。一方久足はどう書いているか。

山の井村といふにいたりて楠公《なんこう》の屋敷跡といふを見る。大将軍の御社《みやしろ》おはしまして、老木一本立てる二間《けん》四方の地也。（略）また同君（正成のこと）の陣鐘《じんがね》をかけたる堂も北にあり。この御社のかたはらより金剛山にのぼる道ありて、これ本堂也。一町ごとに石標あり。やや登れば上赤坂の城跡ここよりはいと近く見ゆ。（『花染日記』下、八九頁）

『花染日記』上冊の吉野紀行の文章とは違って、益軒の文章に倣うように、必要な地誌事項を、よりきっちりと、より簡潔に記されていることが分かる。板坂耀子氏が益軒の『南遊紀事』の文章を、「感傷に流れず、正確に観察し、写実する」（『江戸の紀行文』、一〇二頁）と評する言葉は、そのまま久足の文体にも当てはまるだろう。

じっさい、本居の大人《うし》宣長の『菅笠日記』の記述に寄り添うかに見える『花染日記』上冊の中にも、何度か「貝原のおぢ（老人への敬称）」が言及される。とりわけ興味深いのは、満開の吉野の桜を見て、十九歳の紀行『よしのの山裏』での幼い体験をほろ苦くも思い出しながら、新たに五首を示した後に記す文章だ。

この山の花のことは、むかしよりいみじく言い来たる中にも、貝原のおぢが、見ぬもろこしにもあらじを（まだ見たこともない唐の国にもないだろう）と言ひたるこそ、さるかたに心にくけれ（なるほどそれはじつに上手く

言ったものだ）。（『花染日記』上、四四頁）
久足が引く「貝原のおぢ」の言葉は、元禄九年に刊行された貝原益軒の『和州巡覧記』の一節にある。

七十三　益軒『和州巡覧記』と『楽訓』の影

日本における民俗学の祖とされる柳田国男は、元禄の頃まで「都登りと江戸見物」だった紀行が、貝原益軒になって道中の田園の事物にも向けられるようになり、『和州巡覧記』（一六九六）は、元禄五年益軒六十三歳での「ほとんど最終の漫遊と言ってよい」が、「これが一種の清新味を供して」、以後世の好みがこうした紀行に向かったと述べている（柳田国男『紀行文集』解題、帝国文庫第二十二編、博文館、一九三〇、二頁―三頁）。

じっさい帝国文庫版の『和州巡覧記』を見ると、

○春日野　広し。林多く、鹿多し。八景の一《ひとつ》也。

○野守の鏡　春日へ行《く》道の南、鷺原《さぎはら》と云所《いう》に有。（『和州巡覧記』、一九〇頁）

のように、地名、名所が要領よく羅列され、折々に益軒の補足の文章が入る。写本でなく出版されたことも書の流布を促しただろう。本居宣長がこの版本に書き入れしたものが松阪の本居宣長記念館に残されている。宣長も旅の道しるべとして重宝していたことがわかる。

久足もまた『花染日記』に見聞、思索、作歌を記す旅において、益軒の書を携帯していたに違いない。吉野の桜の美しさをまのあたりにした久足は、益軒の

此あたりより左の谷の内、（略）ただ一目に見えて皆花の林なり。おもしろき事、たとへていはんかたなし。（略）此所《このところ》花のところどころにさきほこらおびたるよそほひ、うき世の外の物にやと、あやしまる。（略）かうようのめでたき見ものは、やまとには云におよばず、おそらくは、見ぬもろこし（まだ行って見たことの

ない中国）にもあらじとぞ思ふ（前掲書、二〇五頁－二〇六頁）

とある『和州巡覧記』の益軒の語の一部を引いて、

貝原のおぢが、見ぬもろこしにもあらじを、と言ひたるこそ、さるかたに心にくけれ（なるほどそれは上手に言ったものだ）。

と感心する文章は、比類ない吉野の桜を讃えて、紀行文の大先輩の文章を引く当たり前の表現に見える。しかし、なぜここで益軒の名が出るのか。なぜ「見ぬもろこし」が出てくるのだろう。

『菅笠日記』で宣長たちが吉野の満開の桜を遠望する茶屋で、尾張からの花見客と出会う場面を思い起こそう。尾張からの旅人は、宣長と同行している紀州藩お目見え医師の第四代小泉見庵《けんあん》（一七三六―一七八三）と漢詩を「作り交わしなどしつつ」、うるさく一行のことを問うたりして、漢文嫌いの宣長が閉口しながらも歌を一首渡して別れたところ、夜になって宿の方に和歌を二首届けて寄こす。「から（唐）歌この（好）む人にて。名もから（唐）めきたる」男が、宣長らに漢詩を得意げに示した『菅笠日記』の一節（「全集」第十八巻、三四八頁－三八九頁）が、ゆくりなくも久足の脳裏に浮かび、そこから益軒の『和州巡覧記』にある「見ぬもろこし」の文章が連想されたのではあるまいか。さらに読書人たちに良く読まれた益軒の『楽訓《らくくん》』（一七一〇）の中にある、

其折節《そのおりふし》にかなひたる（その時々に合った）唐の大和の古き歌を誦して（口に歌って）、心に楽しまんこそ、みづから作る労なく、たはやすく（容易）して、いと面白きわざなるべけれ。（略）我が輩（日本人が）つたなき詞《ことば》を以て、なまじいにふよう（不要）なること言ひ出すは、みずからはいみじく（自分では優れている）と思へど、詩歌を知れる人の見る目も恥かしく、顔之推《がんしすい》（六世紀中国の学者）が言へる詅痴符《れいちふ》（馬鹿であることを人に示す札）のそしり（誹）免れざるべし。（貝原益軒『楽訓』、『大日本思想全集』第五巻、先進社、一九三一、一七九頁）

と下手な漢詩を作る愚かさを諭す一節を、益軒の「見ぬもろこし」の語から連想し、かつ宣長のやや敏感に過ぎる「から心」排斥への多少の揶揄を込めたのではなかろうか。

益軒の語は、明治十五年（一八八二）、新しく知った西洋の詩を日本の詩形に移そうと試みて、日本の近代詩成立にきわめて大きな役割を果たした『新体詩抄』において、編訳を担当した井上哲次郎・矢田部《やたべ》良吉《りょうきち》・外山正一《とやましょういち》の三名が、それぞれ漢文、江戸儒者流、戯作者風の三様の序文を掲げた中で、井上哲次郎（当時二十二歳）が、

貝原益軒有謂曰。我邦只可以和歌言其志述其情。不要作拙詩以招詅癡符之誚。余又曰。誠如益軒氏所言也。

（『明治大正翻訳詩集』、『日本近代文学大系』第五十二巻、角川書店、一九七一、六〇頁）

（貝原益軒謂《い》いて曰《いわ》く、我邦はただ和歌をもってその志を言い、その情を述べるべし。拙詩を作って詅癡符の誚《そし》りを要せず、と。余また曰く誠に益軒氏の言《げん》の如しなり）

と書いている。益軒の『楽訓』中の一文が明治の青年にも良く浸透していることが良くわかるが、明治の青年井上哲次郎よりも、江戸の青年小津久足にはいっそう同感するところが多かったに違いない。ちなみに『新体詩抄』の編者の一人で編訳中『グレー氏墳上感懐の詩』と題してトマス・グレィの名詩『墓畔の哀歌』を訳している矢田部良吉は、尚今《しょうこん》と号し、アメリカ帰りの植物学者。まさか彼がＮＨＫの朝ドラ『らんまん』で登場するとは思いもよらなかった。そういえば彼が身辺にシェークスピアの原書を備えて頁を繰る場面もあった。

久足は、益軒の語を引くことによって、未踏の国を、あたかも見たかのように日本と較べる紋切り型の表現を揶揄しつつ、宣長の漢学嫌いを示す『菅笠日記』の逸話を想起させながら、そこで漢詩ならぬ桜の和歌を五首並べて「風流人」としての自負を示して見せたのではなかろうか。

七十四　本居学への疑問

小津久足の『花染日記』は上冊と下冊でその文体に相違があると述べたが、上冊にはさらに特徴的なことがある。それは訪《おとな》う神社、仏閣に関しての簡潔ながら漏れの少ない記述だ。

たとえば、開巻冒頭、三渡橋を過ぎて、「小川村にいたる。式に見えたる壱志《いちし》郡小川神社は村の中におはします」とあり、伊勢路村に入ると、「大森明神《おおもりみようじん》とまうす神のみやしろ、道の左に立たせ給へり。こは式に大村神社と見えたる御社《みやしろ》の御事を、かく言ひたがへ《違》たるものなるべし」（『花染日記』上、二五頁）といった記述が目に付く。

「式」とあるのは延喜五年（九〇五）醍醐天皇が藤原忠平《ただひら》（その兄時平《ときひら》とともに菅原道真のライヴァル）に編纂させた『延喜式』（全五十巻）で、この律令《りつりよう》施行細則の集大成は、幸いなことにほぼ完全に残っているため、平安以降の行事、神社の縁起を知る拠り所となった。江戸時代には版本も出て、注釈や研究も行われ、中でも神祇《じんぎ》に関わる巻一－巻十に神道家や国学者の関心が集まり、賀茂真淵「祝詞考」などの著作も生まれている。

菱岡憲司『大才子　小津久足』によれば、久足も「延喜式」人名帳の注釈を志して、文政十一年二月から四月にかけて、京、大阪、河内、和泉を巡る旅に出て、『柳桜日記』を著している（八七頁）。

菱岡氏が引く二十四代仁賢《にんけん》天皇陵とされる藤井寺のボケ山古墳を訪れた際の記述に、

　このぼけ山といふはすなはち「式」に「埴生坂本陵（略）と見えたる陵にて、ぼけ山といふは、この天皇の大御名の「億計《おけ》」をよこなまれる（変に訛ったもの）といふは、よくかなへりとおぼゆ（よく合っていると思う）」。

（八七頁）

とあるように、『延喜式』を参照しつつ古跡を辿り、宣長の著す『古事記伝』の記載を確認しながら、その当否をわが目で検証しているのがよく了解される。菱岡氏はこの頃から久足が宣長の学問、「実地調査をせずに書物のみによって考察する姿勢」に疑いの目を向け始めたとする（同、八九頁）。

『柳桜日記』に見る『延喜式』の記述と宣長説との比較検討は、まだいささか遠慮がちなもの言いだが、三年後の『花染日記』では語調が変化して、断固として自信ある文体に変わっている。たとえば畝傍村以下の神社についての記述、

　この村に産神御社《うぶがみのみやしろ》おはしますは、式に見えたる畝傍山口坐《うねびやまぐちにます》神社にはあらじか。（略）むかし牟佐《むさ》といひしはこの所にて、式に見えたる高市《たけち》郡《ぐん》牟佐坐《むさにます》神社は、この二社のうちに疑ひなし。（菱岡他編『小津久足紀行文集』（二）、三四頁）

また八木近くにある塚穴について、

　この塚穴を式に見えたる身狭桃花鳥阪上陵《むさのつきさかのえのみささぎ》ならむと、本居翁の言はれるはさもあるべし（なるほどそのとおりだ）。（同、三五頁）

と、『花染日記』では宣長の説もうべなう余裕も見せながら、『延喜式』研究の成果を矢継ぎ早に示していく。上冊において詣でる社寺について『延喜式』を細かに検証しつつ、宣長の『菅笠日記』を想起させる抒情的な筆致、下冊では一転して貝原益軒の地誌に重きを置く筆法を踏むところに、宣長の人と文への哀惜と、同時に宣長学への訣別の挨拶をしているかのように思われる。

七十五　『花鳥日記』の暢達な文

『花染日記』に続く小津久足三十一歳の紀行文『花鳥日記』（一八三四）は、一八三四年三月八日から三月二十七日までの松阪から近江を経て、京都の社寺、大阪での芝居見物や社寺、そして京に戻って鈴鹿峠を越えて帰宅する旅を記すが、その書き出し、

旅をうき《憂》ものと言ひたるは、さりがたきことにて（そんなことはあり得なくて）、心ゆかぬをりの（思い通りに行かない）旅のことにこそあらめ。野山の眺め、花鳥のあはれをむね《旨》と志す旅ばかり、心ゆくものは又世にたぐい《類》あらじを、と心さだめ《定》たるえせもの（取るに足らぬ奴）あり。（菱岡憲司「小津久足「花鳥日記」について・付翻刻」、『文献探求』四七、二〇〇九、文献探求の会、一〇頁。九州大学学術情報リポジトリ収載）

とあって、それまでの彼の紀行日記とは見違えるような伸びやかさを示す。冒頭から「旅を憂きもの」とする中世以来の由緒ある文学的伝統を、そんなことはあり得ない、旅の楽しみは山の眺め、花鳥に心を寄せることにこそある、と断じて、過去の文学の約束ごとから一気に自由になり、わが身をその例に倣わぬ「えせもの」と卑しんで見せながら、その実、自らの姿勢への自負を見せている。

菱岡氏が久足紀行文の画期と指摘するように（同論文、八頁）、重しの取れた軽やかな文体で、先の貝原益軒の紀行に倣うような道案内や地誌の記述を打ち捨てて、旅する喜びを率直に記す。たとえば三月十二日の嵐山の記事。

きのふ《昨日》の雨にていささかさかり《盛》すぎたれど、名だかき瀧桜などはさかりにて、いとおもしろし。（略）中には酔なき《泣》しつゝ大声あげてうたひ《歌》ののしる《罵》さまなど、ことにかたはらいたく（愚かで苦々しく）、こぶしふりあげてうた《打》まほしきまで（殴ってやろうかと）おもはる。中にもしづか《静》なる茶屋もとめて尻うちかけつつ花を見る。

（同、一四頁）

と、花に興じ、酔客の狼藉に腹を立てる様など、不義、不正に対する潔癖な彼の性格をも素直に表して屈託がない。これこそ彼がたどり着いた紀行文の本領だろう。この文章に続いて、

たぐひなき（類のない）花も嵐（花を落とす嵐と地名の嵐山とを懸ける）の名ぞ辛き　浮き世のさが（習わしの意と地名の嵯峨をかける）はかくこそありなむ（つまりはこのようなものだなぁ）

以下四首添えられる歌も、記述を説明的につなぐ彼の従来の日記に見られた挿入歌と違って、行文の伸びやかさに

みごとに調和する。まさしく三十にして立つ、という『論語』の章句のように、彼が人格的にも学問的にも、一家《いっか》の見識を備えた自覚を得た徴《しるし》と言えようか。『源氏物語』の紫式部にゆかりの深い石山寺、芭蕉の住した名残の残る幻住庵《げんじゅうあん》を訪うあたり、たとえば、

この庵《いおり》の跡を見るに、おもひしにはやう変わりて（思っていたよりは様変わりしていて）、湖《みずうみ》（琵琶湖のこと）などはいささかも見えず。何の見るめなき（見どころのない）山なり。されど、かく里ちかき山には似げなく、いとよはなれたる閑情の（俗世間とはうんと離れて、もの静かな）地にして、おの（己）がごときひがもの（心のひねくれた人間）は、すずろに（なんということもなく）すま（住）ゝほしく覚ゆる所になん。（同、一二一頁）

など、すでに優れた文人の風格さえ見えるのは、先に引いた『花染日記』などの紀行文と較べれば、たちまち了解されるだろう。天保五年三月二十一日には、大阪道頓堀の藤屋に泊まり、翌日角座《かどざ》で石川五右衛門が南禅寺山門から都を「絶景かな、絶景かな！」と睥睨する『金門五三桐』の「山門」の場を見る（口絵⑲）。珍しくもない芝居ながら、「役者はいとよきかぎりにて、さるかたなる（しっかりとした）見もの也」（同、一二〇頁）と満足の態を示している。

七十六　『斑鳩《いかるが》日記』における反本居学の表明

小津久足三十一歳の紀行文『花鳥日記』が、彼の従前の紀行文とは異なる印象を持つのは、どこから来ているのだろう。一つには菱岡憲司氏が「小津久足「花鳥日記」について・付翻刻」で指摘するように、本居学からの解放があるのかも知れない。

確かに、『花鳥日記』、天保五年三月十日、近江の石山寺参詣のくだりで、

まづ（石山寺の）本堂ををがみ（拝）奉《たてまつ》るに、おのれ常に観世音ぼさち（菩薩）をふかくねんじ（念）奉れば、いとたふと（尊）くなむ

（じつに尊いものだ）。さるは（そうであるのは）、おのれ（私が）やまとたましゐ《魂》とかいふ無益《むやく》のかたくな心（意固地な気持ち）は、さすがにはなれ《離》たれば也。（同、一一頁）

とある文章は、その前段、水口《みなくち》宿にある八幡宮の庭に彼岸桜ばかり五十本も植えてあるのが「今をさかりなれば、ことのほかなる見ものなり」と記している数行と相呼応していて、本居宣長が自画像に添えてもいる有名な自讃の歌、

敷島《しきしま》のやまと心をひと問はば　朝日に匂ふ山桜花

を自ずから想起させつつ、あたかも宣長の意を込めた「朝日に匂ふ山桜」に逆らうかのように、久足がおそらくはその日の午後遅くに見た「彼岸桜」を、「ことのほかなる見もの」と褒めて、本居学徒の拠り所とする「敷島のやまと心」を、「無益のかたくな心」ときっぱりと断罪し、その呪縛から離れたこと、それを「さすがに」という言葉で感慨深げに自ら納得するのだ。

「さすがに」の用法は、その事実を確認して、改めて感心したり、容認はするものの、多少の相反する感情を抱く時に使う。ここではおそらくは前者の意だろうが、本居学へのこだわりもまた、かえってそこに窺われる。

しかし二年後に記された『班鳩日記』（一八三六）（口絵⑳）には、本居学へのもっと激越な言葉が吐かれている。『班鳩日記』は、天保七年二月二十五日から四月二十五日まで、奈良の法隆寺が「古くより伝わり来る霊宝あまたあるを、（略）ひろく人に見する」（高倉一紀・菱岡憲司・龍泉寺由佳他編『小津久足紀行集』（二）、三頁）と人から聞いた久足は、先ず近江路から大阪難波の芝居を見て京に上り、名所を巡って再び大阪に戻り、河内から吉野の花の後、眼目である法隆寺の宝物を見るところでクライマックスとなる。

紀行を綴る文章はますます伸びやかに、しかも簡潔明快。久足の個性の表れる記述も多く、リズミカルに展開していく中、唐《から》風を嫌う本居学の影響で、かつてはなおざりにしか見なかった宇治の黄檗山万福寺《おうばくさんまんぷくじ》を詣で、

今はそれにひきかへておもしろく《面白》おぼゆ《覚》。倭魂《やまとだましい》をみがきしは早くも一《ひと》昔にて、今の見識はかたくな《頑》ならねば、これらもかくは（これほども）心にかなう也。（小津久足『班鳩日記』、二五頁）

と、自身の本居学一辺倒から脱して、唐様《からよう》の美も認めるようになったと書く。極め付きは吉野の水分神社で桜を見ての文章だ。

詞のやちまたといふ書ありて、歌よむ人のためにはいともさまたげおほきものなるを（歌詠みにはたいへんな妨げになることが多いことが書いてあるが）、常にうれひおもふことをふとおもひ寄せたる也（日頃困ったことだと思っていた心を自分の歌の趣旨に入れてみたのだ）。もとよりこのやちまたてふ（という）書は、わが師なる人のあらは《著》されたるなれど、おのれはかりにも（決して）信じることなく、常にいみ《忌》きらふことはなはだ《甚》しく、ちかきころ本居風（本居宣長流の学問）をたふと《尊》みおも《思》はざるは（尊敬しないのは）、これらより（この著書などから）きざ《萌》したるなり。（同、四七頁）

こうはっきりと宣長の思想および春庭の語法についての著書をあからさまに批判して見せた後、続けて「さりとて師の恩を忘れたるにはあらねど」と弁解しているが、十四歳の時から本居宣長の長子春庭の弟子となって鈴屋学の学統を忠実に守ってきた久足が、師とその学問を尊ばなくなったと公言しているのははなぜか（もっとも、彼の紀行文はすべて刊行されてはおらず公の目には触れていない。いわば内なる自分への確認のごとくではあるが）。本書第四十五節で述べた問いに、遅まきながらようやく到達することになる。

七十七　本居春庭の死と久足の離反

小津久足が十四歳で五十一歳の父徒好、十八歳の叔父理修（のち守良と改名）とともに、本居宣長の長男春庭の門に入った時、当時五十四歳の師春庭はすでに失明して二十年以上、『詞八衢』刊行後十年余、古学や歌道を教える傍ら『詞通路』の著述に没頭していていた。

小津家をあげての本居学への親炙は、本居宣長への尊敬が松阪商人たちに共通していたからだろう。その長男春庭への小津久足の師事が篤かったことは、歌稿の添削や最初の歌紀行『よしのの山裹』を、最後の締めくくりに春庭の歌を置いたことにも表れている。

本居春庭が六十五歳で亡くなった文政十一年（一八二八）には久足二十五歳。十九歳で湯浅屋の家督を継いだ翌年の文政六年十一月には、はるかに宣長を慕っていた平田篤胤《あつたね》（一七七六－一八四三）が四十四歳で初めて松阪を訪れた際、彼を後鈴屋社の先輩たちと応接するほどに春庭門下で重きをなすに至った彼は、春庭没後その遺児有郷の後見人となっている。そして後鈴屋社での春庭追慕の歌会に毎年出席、それは死に至るまで欠かすことがなかった。久足は「最後の歌会の十日足らずの後に五五歳で死んだ」と足立巻一は『やちまた』に記している。（『やちまた』下、四二七頁）。

春庭追悼歌会への律儀さは師への個人的な想いもあろうが、なによりも歌を詠むことが彼の大きな愉悦であったからに違いない。また有郷の後見人として、そして有郷が彼に先立つこと八年（嘉永五年一八五二）、四十八歳で亡くなった後も、後鈴屋門のパトロンであり続ける自恃《じじ》が、門弟筆頭としての立場を維持させたこともあるだろう。しかし春庭の死の半年前に記した『柳桜日記』（一八二八）に、実地を見ず「書物のみによって考察する」宣長の姿勢に向け始めた疑いの目（菱岡憲司『大才子　小津久足』、八九頁）は、やがて本居学そのものへの離反へとつながっていく。一つにはこれも菱岡氏が指摘するように（同書、八六頁）、宣長の正統を継ぐとする和歌山本居家の総帥本居大平の実力、とりわけ久足が力を入れる歌道において、大平の才能の卓越を認めなかったことにも起因するかもしれない。

本居春庭の死を告げる平田篤胤への私信に「大平翁とかはればよい事をと無益之事迄存出申候（言って甲斐ない

ことまで思ったことです）。無益之人は跡へ残、有益之先生死去之事殊更残念之至被存候《（いたりにぞんぜられそうろう）》も御察可給候《（おさつしたまうべくそうろう）》（無駄な人が後に残って有用な春庭先生が亡くなるのは、とりわけ残念で、この思いご推察下さい）」（菱岡憲司『小津久足の文事』四七頁からの孫引き。ルビ、現代語訳は柏木）。

本居本家の大平と松阪の春庭とが入れ替わっていればいい、などの不穏、激越な文言を書くところに、大平への低評価、それが大平一門の奉じる国学から離反するきっかけとなった可能性は大いにある。

さらに『柳桜日記』から三年後の『花染日記』に至って、『延喜式』に記載される近畿各地に祭られる神社などの名称、由来、その位置について、久足自身が綿密に精査した結果を踏まえての宣長古学への再検討と、それによる宣長の誤謬の発見を経て、はっきりと宣長学徒が強調する「大和魂」への反感を自己確認する。そして宣長の長男である師春庭の主著『詞八衢』に対して、自分は決して「信じることなく、常に忌み嫌うこと甚だしい」と言い放つ『班鳩日記』における痛烈な批判の言葉へとつながっていく。

本居学への激しい嫌悪はどこから来るのか。そこに和歌を作ることを生涯の楽しみとし、「風流人」として文雅のたしなみを誇りとする潔癖な小津久足と、ことに厳格で規範を求めることに熱心な学者春庭との相違が横たわっているように思われる。春庭の『詞八衢』、『詞通路』二著ともに古語での動詞活用と、それに付随する助動詞、助詞に係わる規則性を追求するものだ。それはその規範性によって、生きた言葉をあまりに機械的に規則に絡めることにもなる。自由な作歌を重んじる風流人久足は、それを嫌ったのではないか。

七十八　春庭国語学への批判

春庭は『詞八衢』序文で、言葉の働きは実に不可思議で、使い方によって意味も違ってくると言い、そこで言葉全体を統一する語の「活《はたらき》」を強調して、その「活」の根本となる動詞の活用を、国語学史上初めて四つに大別して表で示した。

春庭の積年の資料収集の努力が傾注された『詞通路』上中下三巻（一八二九）は、上巻で動詞の自他の用法を説いて精密な活用表を提示し、中巻は掛詞や枕詞、縁語の使い様について詳説、下巻では「てにをは」の助辞の掛かり方を、さまざまな記号を用いて具体的に例示する。

したがって『詞通路』は、文法論であり、何よりも歌論書でもある。死後の刊行にはなっているが、おそらく春庭は、生前歌会の際にも、この著作で説いた自説を弟子たちに細かく説明し、語の使いざまの誤りを指摘したに違いない。

「詞《ことば》の意を知らんよりはその使いざまをよくわきまえる」（『詞通路』序）に如実に示されるように、両著において、語格に厳格で、文法の規範を重視する春庭の姿勢に対して、「詞の意」や「詞の情」の方に重きを置く「風流」を事とする小津久足には、その歌境が進展すればするほど、厳密に過ぎる語法にこだわったあげつらいを、こうるさく思ったのではなかろうか。詩は規範では作られず、心のままに生まれ出るものだ、とは気を負う詩人のようそぶくことである。

谷崎潤一郎が『文章読本』（一九三四）で指摘するように、森鷗外は「感心せない」、「記憶せない」など、深い学識から導いたサ行変格の動詞活用を依怙地なほどに厳守した（谷崎潤一郎『文章読本』中公文庫版、二〇一七、一七五頁—一七六頁、参照）。鷗外は活用だけでなく、漢字の使い方も徹底した語源尊重の原則を貴ぶ姿勢を貫いて、小品『鸚鵡石《おうむいし》』（一九〇九）においては、一般に通用する表記を守りたい出版者の非を、揶揄しつつも厳しく批判している。しかし谷崎も言う通り、鷗外の厳格な規範を用いても、なお完全に日本語表記の問題が解決したわけではない。彼の原則主義過剰の表現に閉口する読者もいるに違いない。

古今の詳細な用例を挙げ、さらに細かい語法を議論する春庭の学問を、久足もまた疎ましく思ったのではあるまいか。ましてその書が作歌を志す人を読者として想定したものであれば、かえって余計なお世話と思うようになったかも知れない。加えて宣長学への実証的検討の結果から起こる疑問も湧いてきている。

「罪を憎んで人を憎まず」というが、春庭に対する久足の敬慕は、もちろん疑いないものだったに違いない。さもなければ、死の直前まで追悼歌会に出席しはすまい。しかしその人を敬慕すればするほど、かえってその「罪」に対して憤激を抱くことは、ままある。

『班鳩日記』よりさらに後の天保十二年（一八四一）三月十三日、近隣の風雅の友として古書談議を交わすなど親しく交際した津の豪商川喜多遠里《とおさと》（十三代久太夫、名は政安。一七九六―一八五一）に宛てた手紙で、宣長の高弟服部中庸《なかつね》（一七五七―一八二四）の天地開闢後の天・地・泉（黄泉の国）の三つの世界を考察した『三大考』（一七九六）などを話題にして、

　鈴屋学ハ此説よりして衰微之基をひらき、鈴屋風之歌ハ『やちまた』よりしておとろへ候事《（そうろうこと）》と、常々嘆息仕《（つかまつりおり）》　居候事ニ御座候（菱岡憲司・髙倉一紀・浦野綾子編『石水博物館所蔵　小津桂窓書簡集』和泉書院、二〇一一、八七頁）

と書いている。

この『書簡集』に収められた川喜田遠里宛ての久足の手紙は、ほとんど本の貸し借り、内容、出版の評判等々、お互いともに商賈《しょうこ》の業にありながら、それだけに本来の武士、学者とは異なる硬軟とりまぜての本談義が交わされ、時には『四庫全書《しこぜんしょ》』にまで及んで、誠に驚き入った内容だが、その中に「本居信仰」への揶揄や批判が年代を追って、率直に言明されるのも注目に値する。同じ伊勢商人の雄たる川喜田遠里との打ち解けた関係が、愈々構築されていくにつれて、心置きなくものが言えるようになっているのがよくわかる。こうした『詞八衢』批判が出て来るのは、厳格な語法に基づく春庭の志向と、歌の世界に遊んで、自由な古語の表現を楽しむ久足の嗜好の齟齬が根底

にあったからではないか。そのことは久足が個人的なものとしてひそかに記した『桂窓一家言《けいそういっかげん》』を見ればわかる。

七十九 『桂窓一家言』

小津久足はその呼称に、苗字は小津、屋号を湯浅屋、実名は久足、通称を与右衛門、号に桂窓、あるいは雑学庵を用い、桂窓以前には石竹園《せきちくえん》、蔦軒《ちょうけん》、さらにすず室《むろ》としたこともあるが、主として桂窓、時に雑学庵と文事に署した。

文人、画家の号はその居宅や書斎、あるいは性癖を誇ったり、自嘲したりするが（たとえば「漱石」は、こっけいな痩せ我慢、負けず嫌いの『晋書』中の故事「漱石枕流《そうせきちんりゅう》」から取る）、桂窓の号は、文政十一年（一八二八）旧暦八月十五日、松阪居宅の書斎の窓から見る名月に興を覚えての由来という（口絵⑰）。（菱岡憲司『大才子 小津久足』、四〇四頁）。桂は月に大木が生えているとの伝説から、月の異称ともなる。月に桂は同時に酒の異称ともなるから、あるいは久足は酒好きでもあったのかも知れない。伏見の銘酒に「月の桂」や「月桂冠」が今にある。明治の名文家大町桂月は、高知の出で、号は桂浜の名月から取ったというが、稀代の愛酒家だった。

久足は「風雅」を意識した際に「桂窓」の号を主として用いたようだが、短歌や紀行文には「久足」と署している。そのことは、つまり、それらの著作は、もともと公刊を意図せずに、あくまで自分自身の個人的な心覚えとして書かれたことを意味しよう。さればこそ『花鳥日記』、『班鳩日記』に若い時に従った本居学、春庭学への批判があからさまに記されるのだ。

久足の歌論『桂窓一家言』（口絵㉑）は、元来小津家の筺底深く蔵されて、公刊されたものではない。現小津家当主小津陽一氏が菱岡憲司氏に示されたものの翻刻とそれについての菱岡氏の考察が「翻刻・小津久足「桂窓一家言」」上・下として平成二十七、二十八年の『雅俗』第十四、十五号に掲載され、現在九州大学学術情報リポジトりで見ることができる。

菱岡氏によれば、この書の執筆は「本文中の宣長批判の記述から、天保期以後（一八三〇〜）であることは間違いない」とし、「筆跡からも、不惑をすぎた弘化年間以降（一八四四〜）に成ったかと思われる」という（「翻刻・小津久足「桂窓一家言」」下、五三頁）。つまり、まさしく久足壮年の思考の発露となる。生涯七万首を詠んで「風流」人を自負した彼は、和歌についてどう書いているか。まず最初の一条（口絵㉑）、

歌は自然を第一とす。その訳は、元祖と尊奉（以下破損して数文字読めず）結句その「八重垣を」の「を」文字に意味ふかくこもれり。（『桂窓一家言』上、五七頁）

と始めている。日本最古の歌とされる『古事記』の中の須佐之男命《すさのおのみこと》が歌ったとされる「八雲立つ出雲八重垣妻ごみに　八重垣造るその八重垣を」の歌の結語「を」の助詞に注目して、その意義にまず注意を促す。

雲湧き出る中に（雲は祝意の象徴）、新婚の妻と籠る八重垣の（いく重《え》にも囲んだ）新居を寿ぐこの歌は、夫婦の寝屋を囲む「八重垣」の語を音綴《おんてつ》ある詩句に三度も繰り返して、結句をも「その八重垣を」と止めて、次の言葉を継がず、新婚の感動の深さそのまま膨らませる。

たしかに、「その八重垣を」の「を」を、「に」とか、「は」とか、「や」とか、他の助辞に置き換えても、歌として成立し得るだろう。しかし久足は、「を」で止めることで、自然にほとばしり出た感動の表現こそが尊いとする。

この御歌《みうた》などは、たくみにせんとて（上手に作ろうとして）神のよみ給へるにはあらず。ただありのままによみ給ふ中、わずか一字に意味いひ知らず深きを勘《かんが》みるべし（を、の一字の意味が訳がわからないほど意味が深いことを考える必要がある）。（同、五七頁）

つまりここには、技巧を重んじる一般の歌道としては避けるべき同語の反復をいとわず、ひたすら思いのまま口に出る語を「自然に」、率直に歌い切っている。それが助辞「を」一字の使い方にも表れているのだ、と説く久足

がある。文法の細かいあげつらいや詠法の詮議は大事ではない。自分の思いを「ありのままに」、「自然に」吐き出すことこそ第一、と断言するこの第一条から始めて、『桂窓一家言』は全一冊、全二二七条からなる。

八十　「歌は自然を第一とす」

久足の歌論『桂窓一家言』全二二七条の第一条でいう「歌は自然を第一とす」の「自然」は、もちろん現代で「しぜん」と読む山川草木《さんせんそうもく》の現象を言うのでなく、文字通り「おのずから然《しか》る」の意で、巧みを弄せず、心の赴くままに発せられる言葉を尊重することを言うだろう。久足はあるいは「じねん」と発音したかも知れない。

第四条に「ただわが性を性として、他にかかはらずによむがよし」と記すのも、「自然」の意を明らかにする。そして「此うまれくて《ママ》もちたる性は、どふもなをりがたし」（第七条）と書くように、個性は他人が矯正することはできない、と久足は悟っていたようだ。第十一条「活花もなげいれは自然にてよし」にもその主張が示されている。

それは当然語法に及んで、第二十条

てにはは音曲《おんぎょく》の調子のごとく自然のものにして、あふが定理《じょうり》（当然の事）、違《たが》ふが理外也（理屈に合わぬ）。それをさまざまの書（一字虫食い）こしらへて、てにはを論ずること愚《ぐ》のいたり也

と、規則に厳格な文法学を否定、ないしいは軽んじる言葉が出て、「てにはは規矩《きく》（規則）にかかはらぬものとしるべし」（第二十七条）と断じる。『詞八衢』に対する批判がはっきりとそこにある。

さらに第三十二条、

今のよ《世》に第一の様に和学者達がさわぐはいかが《如何》。むかしも大学寮に和学者あるをきかず。今も聖堂に和の道をとかかるるをきかず。

から、和学の大家である先師たちへの批判が矢継ぎ早に放たれ、「和学者が、から《（唐）》をそしるもおかしく」（第三十三条）と宣長以下の「から《（唐）》嫌い」をからかい、「『詞の玉の緒』はいふにおよばず、『あゆひ抄』『かざし抄』（いずれも一七七八年、一八六七年の富士谷成章《ふじたになりあきら》の著書）、『詞のやちまた』必見るべき書にあらず」（第三十七条）と先師や先導者たちの国語研究を批判し、「活語《（はたらき）》といふは、即死語也」と本居春庭の主張の根本である「活」を死語扱いする。

さらに第五十九条には古学や大和魂、直日霊《なおびのみたま》などを「こしらへて、上古にかへさんとするはわらふべし」と『班鳩日記』での国学批判を繰り返し、第六十二条では『詞の玉の緒』で、「変格と、てにはちがい《（違）》とをたて《（立）》たるは、これわたくし也」と宣長が勝手に文法を定めたと批判して、

　詩人も平仄《（ひょうそく）》をたが《（違）》へるが故人の詩にいとおほし。これ詩の幽玄にいたりてふと吾をわすれたるおもしろみ意外[に]あり。歌のてにはちがひもその類也。

とするのは、これこそ詩心を重んじて規矩を煩わし、とする久足の本音が出ている。

以下、第九十五条「本居風の道はかり《（仮）》にも尊ぶべからず。つくりものにて、よにいふ山師に似たり」と厳しい言が続く（以上の引用は菱岡憲司「翻刻・小津久足「桂窓一家言」」上、五七頁－六七頁による）。

そして第一〇八条「本居風の追々におとろふるは、このをしへ《（教）》あまりせんさく《（詮索）》にすぎ、きく《（規矩）》にすぎ、他のをしへ《（教）》をまじへず、その学、人々の性をたむる《（矯）》にあり」と断じて、きわめて辛辣。先に見たように、様々な意味で作歌を拘束する本居派の規範や語法の厳格な作法に対する久足の反発が、鈴屋流の歌学から彼を遠ざけたことを覗わせる。

そのもっとも典型的な攻撃の語が第一一一条にある。

　『詞のやちまた』などなべて（総じて）歌を難ずるともがらおほし《（多）》。はたらきは、てにはとはちがひて、あとよりのつくりものにて、もとより具したる（元来備わった）ものならねば、たが《（違）》ふが定理也。そのことはり《（理屈）》を

しらずして、歌を難ずるその人のうたは、難ずる歌の半分にも出来ぬことわらふべし。（笑）（以上の引用は同論考下、五四頁による）。

創作と批評との深い溝。「そんな変な批評で理屈を言う前に、立派な作品を作って見せて見ろ！」とうそぶく作家と、「気楽で主観的な創作と違って、理論は客観的真実を知性で裏付けるものだ！」と反論する批評家の間に、それは常に横たわっている。「真淵、本居ともに学問の山師」（第一二〇条）と断じる小津久足は、この彼流の歌道秘儀の書を覚書として秘し、公刊することはなかった。そのことも一考に値しよう。

八十一　読本《よみほん》への親近

小津久足の文雅の業を追って、彼が年少より師事した鈴屋学から、年齢《とし》三十歳に及んでその紀行日記に、本居流の国学や、師春庭が心血を注いだ語学書への辛辣な批判に至るのを見た。それはなぜか。

久足の和歌や紀行の著作、さらに『家の昔がたり』、『桂窓一家言』などを見ていく過程で、不正を許さぬ彼の潔癖な姿勢（ここには商人ブルジョワとしてのモラルの醸成がある）、広範な読書範囲、和歌への傾倒（いずれも縉紳《しんしん》豪商としての教養）、先学貝原益軒の紀行文の愛読、細密な読書と実地踏査による宣長国学への疑義、江戸と松阪の両拠点を持つ商人として細かな制約を好まぬ独立不羈《ふき》とも言える気性が、久足三十一歳の紀行文『花鳥日記』以降の闊《かつ》達《たつ》な文体を生み出したと思われるが、それに加えて、家業湯浅屋の江戸店が順調に発展していることも、彼の学問への自信を裏付け、余裕ある精神活動を支えたことは疑いない。

しかしそれらの事由以上に久足を鼓舞したのが、当時「読本《よみほん》」というジャンルで巨匠として知られた曲亭馬琴の知遇を得たことが大きいのではないか。好学の文人馬琴と親しく書簡をやり取りする中で、自らの知識を忌憚《きたん》なく披瀝《ひれき》できるのは、久足にとってその自信を深めるのに大きく作用したはずだ。

曲亭馬琴は本姓滝沢、名は興邦《おきくに》、後に解《とく》と称した。馬琴のほか著作堂主人、玄同《げんどう》などの別号もある。明和四年（一七六七）江戸に生まれ、嘉永元年（一八四八）に数え年八十二歳で没した。文化元年（一八〇四）生まれの久足とは三十七歳の年長となる。

知恵伊豆として知られる松平信綱《のぶつな》の四男が分家する際、その郎党として付けられた曾祖父の後を、祖父、父に継いで家督を受けた馬琴の長兄が、主家への不満から退転、次兄も他家に養子に入って、幼い馬琴が十歳で一家を背負う形になる。ところが小姓として侍した主人の息子に腹立てて浪人。以後他家を転々とした。

馬琴二十三歳の寛政二年（一七九〇）、当時の戯作者の筆頭、山東京伝（一七六一－一八一六）宅に寄食し、翌年戯作者としてデビュー。三年後商家の入り婿となって独立、一時は商売や大家《おおや》業で生計を立てていたが、のち滝沢姓に戻って著作に没頭した。ちょうど久足の生まれた文化元年、馬琴は読本での処女作『月氷奇縁《げっぴょうきえん》』を出版し、本格的な読本作者の道を踏み出す。

読本とは、『水滸伝』、『西遊記』などの中国小説の趣向を借りて、日本在来の題材を勧善懲悪、因果応報の理念で統括し、それを和漢混交文で綴っていく著作の類をいう。その最初に成功したものは建部綾足《たけべあやたり》（一七一九－一七七四）の『本朝水滸伝』前後全二十五巻（前編のみ一七七二年に出版、後編は写本で伝わるが未完）で、綾足の書は『水滸伝』の名を借りながら、必ずしもそれに従わず、奈良朝、孝謙天皇に侍した道鏡《どうきょう》や和気清麻呂《わけのきよまろ》などが活躍する虚実混交の物語で、以後山東京伝の『忠臣水滸伝』（一七九九）が読本後期の画期となり、馬琴は文化四年から刊行を始める『椿説弓張月《ちんせつゆみはりづき》』、さらに翌年の『三七全伝南柯夢《さんしちぜんでんなんかのゆめ》』を次々と発表、読本作者として確固たる地位を占めることになる。

そのもっとも評判になったものは、文化十一年からその第一輯《しゅう》を刊行以来、延々二十八年の歳月を費やして、ようやく第九輯上、中、下とある中、その下を四十五冊も費やして、天保十三年（一八四二）三月、最後の五冊をもって完結した全九輯一〇六冊におよぶ文字通り畢生《ひっせい》の大作『南総里見八犬伝』である。

八十二　曲亭馬琴を訪問

小津久足が江戸の人気戯作者曲亭馬琴の知遇を得ることになったのは、松阪の豪商殿村佐五平（後に安守）、号篠斎《じょうさい》（一七七九－一八四七）の紹介による。小泉祐次「小津久足（桂窓）略年譜稿」の文政十一年（一八二八）の項に「十二月四日　久足、殿村佐五平の紹介にて、初めて馬琴の宅を尋ねる」とある（『鈴屋学会報』第五号、一九八八、九七頁）。

じっさい当年六十一歳の馬琴が残した克明な日記にも、同日、

いせ松坂市人大津《おおづ》（馬琴の聞き間違いか、書き間違いか？小津は松阪弁でおーづ、と発音されることがあり、小津安二郎も代用教員の時オーズ先生と呼ばれた）といふ者、殿村佐五平紹介のよしニて来る。依《これによつて》之対面。雑談数刻、此節多務中、迷惑《めいわく》、ようやく帰去。（洞富雄・暉峻康隆・木村三四吾・柴田光彦編『馬琴日記』第一巻、中央公論社、一九七三。以下引用は同書）

この時久足は二十四歳。松阪本居門の大先輩の篠斎から馬琴の愛読者として紹介され、今の言葉で言えば「舞い上がって」長口舌を振るったのだろうか。翌文政十二年正月三度訪れたものの、馬琴は対面せず、二月十日、四度目の足を運んだ久足を「呼入《よびいれ》、対面。雑談数刻」とある。つまり正月には居留守あるいは多忙を理由に会わなかった馬琴だが、さすがに訪問四回目となって、「呼び入れ」て、長話を交わしたというわけだ。それから五年を経た天保三年（一八三二）二月にも、四日、七日、十三日、十八日、二十一日と馬琴宅を訪れ、ようやく三月四日松阪に帰ると告げ来たのを含めれば、都合六回となり、相手の馬琴が久足の相変わらずの長っ尻に閉口している様子が、彼の日記に見える。

例えば十三日の項には、

昼後九半前《ここのつはんまえ》、小津新蔵来ル。国産坂手島わかめ、幷《ならび》ニ、青のり一包持参。長談、夕七時《ななつどき》過まで。則《すなわち》、帰去。多用中めいわく限りなし。

とある。九半前は、今の午後一時頃。夕七時過は午後五時頃だから、ほぼ四時間の滞在で、十八日にも「例のごとく長談、夕七半時帰去」、また二十一日には昼ご飯を供の者にも振る舞われ、やはり同時刻に帰っているから、毎回四、五時間の長っ尻になる。

久足への馬琴のあしらいは、多くの著作を同時進行で執筆し、また家計のやりくりにも奔走していた馬琴として無理もない。それでも一応の誠意を尽くしてもてなすのは、日記にも記すように、旧知の松阪商人殿村篠斎の紹介が大きく彼に作用したからだろう。

殿村篠斎については『松阪学ことはじめ』に吉田悦之氏の小伝がある。それによれば、宝暦五年（一七五五）に組織された松阪御為替組《おかわせ》五家の一つで、正米問屋《しょうまいどんや》取り締まりなども命じられた木綿問屋の豪商殿村家の分家長男として安永八年（一七七九）松阪中町《なか》に生まれ、通称佐五平。名は周表《かねあきら》、三枝園《さんしえん》、又は篠斎と号した。十六歳で本家を継いで安守と改名、本居宣長の門に入ったのもその頃になる。晩年の宣長（六十五歳）からその才知を認められ、大いに重宝されたという。

安守は「政治力を持つ敏腕家で、紀州藩の金融の中心ともなって働いた。性格も豪放だったらしく、その思想は因習にとらわれずにきわめて自由であり、（略）宣長の文芸批評を継承した人物と言っても」良く、宣長著作の出版などにも骨をおり、宣長没後は「春庭を物心両面で援助した」と足立巻一は評している（『やちまた』下、四二六頁）。二十五歳年下の久足が春庭門の大先輩として、また商業の先達として安守を尊んだのも当然だろう。

八十三　馬琴、篠斎、琴魚そして久足

父や叔父と共に本居春庭に入門した小津久足と同様に、久足を曲亭馬琴に紹介した殿村篠斎も、父祖の代から本居門に入って、宣長没後はその長男春庭を後見、師の遺著『古事記伝』の出版に心を砕いた。和歌をたしなみ、国学も覗きながら、当時人気の洒落本、読本にも眼を通す。彼もまた久足と興を同じくする風流人で、往時の松阪の豪商は、京、大阪、あるいは江戸に店を構えて、当主は松阪の本家に住まい、財力、知力に応じて余裕ある時間を趣味に没頭して店主の威を示した。

その篠斎が日頃愛読している曲亭馬琴を江戸に訪問したのは、文化四年（一八〇七）四月一日という（『松阪市史七（史料篇　文学）』岡本勝『犬夷評判記』作品解題、六〇七頁）。篠斎二十八歳、馬琴は四十歳。

その三年前に『月氷奇縁』を出して読本作者として確固たる地位を得た馬琴は、この年正月鎮西《ちんぜい》八郎為朝《ためとも》を主人公にした『椿説弓張月』前編全六巻を出版、いよいよその本領を発揮していた。面会を許された篠斎は、刊行されて間もない馬琴の力作について熱く語ったに違いない。馬琴は自分よりちょうどひと回り下の篠斎に心を許すところがあったのか、以後篠斎六十八歳の死に至るまで、江戸と松阪、さらに天保六年（一八三五）篠斎が和歌山に退隠して後も、そして五年後再び松阪に帰還してからも、二人の交友はほぼ四十年にわたった。

二人の交わりの深さは、江戸、松阪を多数往還した書簡によって確認できる。柴田光彦・神田正行編『馬琴書翰集成』全六巻別巻一（八木書店、二〇〇二－二〇〇四。以下馬琴書簡の引用はこの版により、月日と巻数を記す）は、現在集め得る限りの馬琴書簡を収めるが、巻中もっとも多いのが殿村篠斎宛てで、約百七十通と最も多く、小津久足宛て百三十通がそれに次ぐ。全六巻の大部分が篠斎と久足宛ての手紙であることを思えば、馬琴がいかに長文を松阪の友人たちに多数書き送っていたかが分かる。

もちろん『馬琴書翰集成』と題されていても、そこに収載されたものが馬琴の書いた手紙の全部ではもちろんない。あるいは散逸したり、紙が貴重な時代にあって、反故《ほご》となって襖《ふすま》や屏風などの下張りになってしまったり、また貴重な馬琴の筆跡として大切に保管されながら、江戸名物の火事や大正十二年（一九二三）の関東大震災などで焼失したものも数多い。その中で、松阪の殿村篠斎、小津久足二人宛てのものが奇蹟的に残されていたのだ。篠斎や久足そしてその子孫が、どれほど馬琴の書簡を大切に扱ったかが、そのことでも知れよう。

篠斎の妻の弟とされる殿村守親（一七八八－一八二一）が、篠斎が江戸の馬琴を訪問した翌年、その馬琴の門を叩いたのも、篠斎の紹介に違いない。守親は自家の京の店や松阪の本家に病弱の体を養いながら、櫟亭琴魚《れきていきんぎょ》と名乗って、馬琴の指導のもと、読本『小桜姫風月後記』（一八二〇）などを著している。その号に馬琴の「琴」を貰っているのは、弟子を取らぬと公言していた馬琴にして破格の厚遇と言えよう。『松阪市史　七（史料篇　文学）』にその翻刻があるので、琴魚について「その文章の華麗なることは当時の第一級である」の浜田啓介氏の評を確かめることができる（『日本古典文学大辞典』簡約版、岩波書店、一九八六、一九四五頁）。

小津久足が松阪市日野町の加藤弥右衛門の娘るいと結婚するのは、文政十年（一八二七）の正月。久足二十四歳の時だが、その結婚の仲人が、ほかならぬ殿村守親、すなわち篠斎の義弟で読本作者櫟亭琴魚である（小泉祐次「小津久足（桂窓）略年譜稿」参照）。殿村安守、守親兄弟と小津久足との深い親交を証して余りある。

八十四　読本作者櫟亭琴魚

殿村篠斎の義弟で、小津久足の婚姻の際仲人を務めたという殿村守親が、櫟亭琴魚の筆名で著した読本『小桜姫風月後記』（一八二〇）はどんな作品か。

この作品は、当時の戯作界の第一人者山東京伝の弟、山東京山（一七六九－一八五八）の『小桜姫風月奇観』（一八〇九）の続編で、京山の原作は兄京伝の『桜姫曙草紙《さくらひめあけぼのそうし》』（一八〇五）の趣向に、明代の小説『龍図公案』にある金鯉の怪談を合わせ、いわゆる「清玄《せいげん》桜姫」説話、清水寺の僧清玄が桜姫の容色に迷い堕落、死後も亡霊となって桜姫に付きまとう話の変種と言える。

時代は鎌倉初期、近江の武士鈎為兼《まがりためかね》の娘小桜姫が十六歳で清水寺を詣でた際、美少年志賀之介に出会って恋をするが、美少年は実は鈎家に恨みを抱く金鯉の変化《へんげ》だった。これを本物の志賀之介が登場して退治。恋が成就するかに見えるが、彼は小桜姫の兄と知れ、姫は悲嘆の余り世を捨てる。ここから清玄《きよはる》（本作では僧ではなく武士）が絡んで、小桜姫を救う際に斬られた男の怨霊が姫を苛《さいな》むという話になる。

山口剛が怪異小説の解説に続いて、読本を論じた時、「読本の作者は奇異小説を珠とし、そのいくつかを或は因果の糸に繋ぎ、勧懲の緒に貫いて驚くべき大作巨篇を残す」（山口剛「読本について」、『山口剛著作集』第二巻、中央公論社、一九七〇、一五四頁。彼はこの解説の中で京伝の『桜姫曙草紙』についても明快に説明している）と述べているが、琴魚もまたその道を践んでいるわけだ。

全三巻六冊の京山作は第十二回で中絶。八年後の文化十四年（一八一七）、京に上った京山に三条京極の宿で面会した琴魚は、京山の中絶した小説の続きはこうではないか?と予想して見せると、京山の腹案もほぼ同じだった。琴魚が試みに自分の案で後編六巻を書いてみると、そのことを聞き知った本屋が、是非自分の所で刊行したいと懇望、断り切れずに原稿を本屋に授けた、と琴魚はその例言に記している。

琴魚の「文章の華麗なることは当時の第一級」の評（浜田啓介執筆『日本古典文学大辞典』簡約版、一九四五頁）に誘われて、第一巻、第十二回の冒頭数行を『松阪市史　七（史料篇　文学）』から引く。

胡蝶《こてふ》の夢中《ゆめのうち》に、百年《ひやくねん》の楽《たのしみ》を貪《むさぼ》り、蝸牛《くわぎう》の角上《つの、うえ》に、蛮触《はんしょく》（蝸牛の角の上にある蛮と触の二つの小さい国のこと）国《くに》を闘《あらそ》ふ。禍福盛衰《くわふくせいすい》、また糾《あざな》へる縄《なわ》のごとし。孰《いず》れをか夢《ゆめ》、何《いずれ》をか幻《まぼろし》とせん、去程《さるほど》に、篠邑次郎公光《しのむらじろうきんみつ》は、信田左《しのだのさ》工門《えもん》が、三上《みかみ》の山館《やまやかた》にて、危《あやふ》き謀計《はかりこと》もて、小桜姫《こざくらひめ》を救《すくひ》つゝ、苛《からく》も山路《やまぢ》を落伸《おちのび》て、館《やかた》をさして引返《ひきかへ》す道《みち》（以下略）。

胡蝶の夢、と荘子《そうし》の説話から説き、同じく「蝸牛角上《かくじょう》の争い」、「禍福はあざなえる縄」などの故事を用いて漢学の素養を示し、本文に入るや『平家物語』や『太平記』に見る和漢混交の文体を駆使するのは、いかにも当時の読本の典型的なスタイルで、作者がその世界に深く入り込んだ読書人とわかる。

先に紹介した「例言」の末尾に、琴魚は師馬琴の名を出して、

東都《とうど》（江戸のこと）著作堂《ちょさくだう》の翁《おきな》（馬琴のこと）は、僕《わが》かかる学問《ものまなび》の大人《うし》なれば、稿《かう》を呈《てい》じて雌黄《しわう》（詩文の添削のこと）を乞《こい》ばやと思へど、さあらば千《ち》しほ百《もも》しほに（千回、百回と）染尽《そめつく》したる秋《あき》の野山《のやま》ごとけん（のようになる）と、自笑《じせう》しつつやみぬ。

と書く文章には、振り仮名に本居国学の名残もあり、馬琴に訂正を乞えば、秋の野山同然、原稿が赤くなるとの謙遜に、馬琴への櫟亭琴魚の敬愛が窺われる。

八十五　馬琴の櫟亭琴魚への思い入れ

芥川龍之介（一八九二―一九二七）の『戯作三昧《げさくざんまい》』（一九一七）に、馬琴が午前十一時頃朝湯に出かけた「松の湯」で、相客から執筆中の『南総里見八犬伝』をべたぼめされ、嬉しいような、苦いような複雑な思いをする所がある。その時、他の客が式亭三馬や十辺舎一九の戯作を持ちあげて、あからさまに彼を貶めるのを無視して湯から上がり、帰宅後言い返すこともせずに終わった自分を責める。

作家馬琴の矜持と自省、さらに創作に没頭する高揚感が、そのまま芥川龍之介自身を写すのは、友人への手紙などで知られるが、馬琴の日常は、饗庭篁村《あえばこうそん》（一八五五―一九二〇）編『馬琴日記鈔』に拠ったという。

一九二三年の関東大震災で東京帝国大学図書館が焼け、馬琴日記の大部分が焼失した。一九七三年中央公論社刊行の『馬琴日記』全四巻は、篁村編『日記鈔』のほか、他の所に残っていたり、新たに発見された日記を集めたものだ。

大震災の六年前に書かれた芥川龍之介の『戯作三昧』は、天保二年（一八三一）、いかにも著述一筋で、気難しい、そして孤独な六十四歳の老作家馬琴を活写するが、殿村篠斎とその義弟である櫟亭琴魚が、それぞれ江戸の馬琴宅を訪れた時、馬琴は四十歳前後。作家としての名声が確立する途上で、対する二人の客は二十代後半、財もあり、深い文学教養も備えており、自作に対する彼らの好意は、馬琴にとって有難かったに違いない。また遠来の伊勢松阪からのファンというのも、馬琴が心を許す要素だったかも知れない。しかも彼らは江戸の店へ日を置いて定期的にやってくる。

戯作者仲間との親近、交際を好まぬ、気位の高い馬琴には、江戸からはるかに遠くに住む知己は、ある意味まことに心強い味方となったに違いない。まして戯作者としての馬琴の名声を慕って、あるいは利用しようとして、彼に弟子入りを志願する者も多かったようだが、彼はそれらを厳しく退けた。

ところが篠斎の義弟琴魚については、琴魚の死に至るまで弟子として認め、評価を惜しまないでいたことは、『南総里見八犬伝』最終巻の彼自身の言から推察できる。

『南総里見八犬伝』完結にあたって、馬琴は「あとがき」に代えて、「回外剰筆《かいがいじょうひつ》（本編以外の余分な文の意）」を添えた。文化十一年（一八一四）起稿する直前の馬琴を訪れた架空の諸国修行の僧が、馬琴が筆を終えた天保十二年、先の約束通り再訪して、小説の作意、構想を問う形を取る。

『南総里見八犬伝』執筆の後半に明を失った馬琴に代わって、長男の未亡人路《みち》に筆を取らせたことについて、代筆してくれる弟子はいなかったのかとの僧の問いに、自分は昔から門人はない、と明言して、文化、文政の頃（一八二〇年代、馬琴まさしく四十代の壮年）は、文才があると自負する青年たちが、紹介者を介して弟子志願する者など八、九人はいたが、「吾一人も是《（これ）》を許さず」と書く。

それでも是非に、となお馬琴の話を聞きに来る中で、行いの正しい者には、まぁ「琴」の字を勝手に使うのは許そうと言うと、五、六名はそうした者がいた。ただ彼らが今はどうなったか、生きているかどうかも分からない、と記した後で、

是等《これら》の内中《うち》に櫟亭琴魚《れきていきんぎょ》は同《おな》じからず。他《かれ》は吾知音《わがちいん》の友《とも》、伊勢人篠斎《いせひとでうさい》の弟《いろと》にて、窓蛍余談《そうけいよだん》・青砥石文《あをとのいしぶみ》などいふ、物《もの》の本《ほん》の作者《さくしや》なりしに、惜《をし》むべし、四十余歳《よさい》にて、身故《みまか》りにきに（後略）。（小池藤五郎校訂『南総里見八犬伝（十）』、岩波文庫、一九四一、二三一頁。馬琴の漢字と振り仮名の特異な形を知ってもらうために、表記はそのままにした）

馬琴七十五歳にして早世の琴魚を思う。いかに琴魚が親愛されたかがわかる。

八十六　『犬夷《けんゐ》評判記』

松阪の居宅や京の店で病弱の身を養いつつ、読本作者を志した松阪商人櫟亭琴魚（殿村守親）が、弟子を厳しく拒んだ馬琴の例外的な厚遇を得たのは、もちろん彼の才能や知識、人柄もあろうが、何よりも義兄殿村安守（号篠斎）との縁が大きかったこともあろう。

安永八年（一七七九）生まれの殿村篠斎は、義弟の琴魚とは九歳年長で、馬琴宅の訪問は琴魚のそれに先立つ一年前の文化四年（一八〇七）。以後頻繁に書簡をやり取りする中で、愛読する馬琴の著作についての細かな感想や質問を書き送ったことが、自作の批評や批判にきわめて敏感な馬琴の彼への関心と興味をそそり、そこから確固とした友情を得て、彼の義弟守親が馬琴に親近し、読本作家への手ほどきまで得られるようになったのだろう。

現存する馬琴書簡の篠斎関係のもので最も古い文化十四年三月十四日付け櫟亭琴魚あての書簡は、その一つの表

れだ。

ご令兄ご批評お見せ下され、第一のご忠告、近来稀ナル珍書に候えば、開封（して）そのまま再三熟読、誠にもって甘心（なるほどと納得）、大悦ただこの事に御座候。年ごろ小説を好ませ給うご眼力、きっとしたる（確実な）こと也。おそらく当今の小説を、かくまでに見る人稀なるべし。わがための知音（自分の心をよく知った友人）、この上やあると、じつにかたち（その人に対する姿勢や態度）を改めるまでに甘服（感心）仕り候（『馬琴書翰集成』第一巻、一九頁。表記は読みよいように改めた）

篠斎の自作への批評を読んでの馬琴の感想は、それを仲介した琴魚への言葉であるだけに、社交上の誇張は多少あるにせよ、自己の制作意図を知ってもらえた著者としての喜びが素直に出ていて、文字通り知己を得た喜びに溢れている。そして自分が腹案として持っている全編の趣向を見てもらわないとわからないだろうから、そのあたりについて説明しよう、と馬琴が書くのは、批評を書いている篠斎へというよりは、戯作者を志す琴魚への好意だろう。「こハ（これは）小説の作なされんに、第一の秘書足るべし、稽古この上にあらじ」と琴魚の修業の足しにとして、篠斎への返事を約束するところに、作者としての自負と弟子への思いやりが示されている。

手紙の末尾に、篠斎の批評文は返さなくてもよいとしながら、「あまりの面白さ、興に乗じて蛇足の弁」を添えたとして、この手紙文とは別に長い自作の説明文を書いて、これを「三枝園（篠斎の別号）ご主人見そなハするとも、必ず笑ハせ給ハんのミ（見れば、きっと大笑いするだろう）」と書きながら、彼の批評への自己の弁明を琴魚が写し終わったら、また返してほしい、そして琴魚の清書がうまく出来上がれば、草紙（本）にしてもらいたいと望む。この馬琴の意向が翌年の『犬夷評判記』の刊行につながることになった。

篠斎の馬琴著作への批評や疑問は、単に文化十一年から始まった『南総里見八犬伝』ばかりでなく、その翌年に初編が刊行された木曾義仲の遺児阿三丸《あざまる》が源範頼の遺児義邦との友情と二人の活躍を描いた『朝夷巡島記《あさひなしまめぐりのき》』にも及ぶ。小説刊行の度に篠斎が送った質問に馬琴が答えた書簡を琴魚が編集、首尾を調えて刊行したのが『犬夷評判記』である。

八十七　馬琴・篠斎の応酬を琴魚がまとめる

殿村篠斎の義弟、櫟亭琴魚が編集した『犬夷評判記』（一八一八）は、琴魚の序文に『南総里見八犬伝』、『朝夷巡島記』は、いずれも立派な作品ながら、第二編が出て以降未刊のままだ。作者馬琴は病気と言うが、「待《まち》わびしきをいかがはせむ。いでやこの書《しょ》をあらはさば。作者《さくしゃ》を励《はげま》す為にもならん。（略）入らざるせわも数寄《すき》の道」（『松阪市史　七（史料篇　文学）』、四三〇頁）とあるように、好評の『南総里見八犬伝』が休載されている間に、兄篠斎が馬琴の『南総里見八犬伝』、『朝夷巡島記』両作品に対する疑問を著者に問うた書簡と、それに対する作者の返答とを、篠斎の義弟の琴魚が取りまとめて編集した形になっている。それで両題から文字をとって、『犬夷評判記』と題してある（口絵㉒）。

まず『南総里見八犬伝』、『朝夷巡島記』両作品の目次を各回ごとに並べて、それに「上」「上上」「大上上吉」などと評点を付ける。これは当時の役者評判記に倣《なら》うもので、評答文の冒頭に置かれた「ひいき《（贔屓）》」や「よみ《（読）》本好キ」、「三四（三枝《さんし》園と称した篠斎）」、「金魚（琴魚自身）」、「ひいき連の女中」といった人々の会話文は、当時流行した評判記そのままで、例えば、

[ひいき]　当所三四庵のあるじは。かの作者と旧識（昔からの知り合い）なるよし。（あまりに本が出ないので）江戸の便りを聞かまほしさに。わざわざ出かけて参ったが。貴公は外《ほか》に。ご要あってか。[読本好キ]　イヤ拙者とてもご同前。よみ本を見かかっては。飯時をも忘れるそれがし。（略）幸いなるかな。彼《か》の作者に由縁《ゆかり》ある都の金魚子も参宮がてら四五日前から当所に逗留。（『松阪市史　七（史料篇　文学）』、四三二頁）

など、楽屋落ちの紹介に笑わされるが、「ひいき」や「よみ本好キ」たちの勝手な放言を、「頭取」が訳知り顔にまとめる当時の役者や遊女、戯作者などの「評判記」の形式は、その後も長く続いて、百年近く後の明治三十年代にあっても、たとえば森鷗外、幸田露伴、斎藤緑雨が、鷗外が主宰する雑誌『めざまし草』誌上で展開した『三人冗語《じょうご》（むだな言葉の意と酒飲みの上戸《じょうご》を懸ける）』や、それを引き継ぐ『雲中語《うんちゅうご》』、その他多くの雑誌の評論にも、この形式が採用されている。江戸戯作の趣味やその読者が明治期にも多く残っていた好例だが、では篠斎と馬琴の応答がどんなものだったか、少しだけ例を引いておこう。

評　金椀《かなまり》八郎（主君の息女伏姫《ふせ》をその父の愛犬八房《やつふさ》ともども鉄砲で撃った若侍）。里見義実《さとみよしざね》に邂逅《かいこう》して。本名を告《の》る段に。金椀《かなまり》は。神餘《しんよ》の一族《いちぞく》なるよし《(由)》い《(言)》へれど。その事定《さだ》かならず。（略）その家系《かけい》などをも。くはしくい《(言)》はせたきもの也。

と篠斎が歴史的、名家の系譜的知識をもとに、登場人物の命名の不備を問うのに対して、

答　神餘《しんよ》金椀《かなまり》の二氏《ふたうじ》。異《こと》なることなし。むかし安西麻呂等《あんさいまろら》と鼎足《ていそく》（金属の器の足）のごとく。安房国《あはのくに》を領《れう》せし神餘氏《しんようじ》は。かなまりと唱えたり。（略）金椀《かなまり》は神餘《かなまり》の假字《かじ》也、和名鈔《わめうせう》。（同書、四三五頁）

と、馬琴が待ってましたとばかりに、その知識を披瀝する。

篠斎は歴史的、書誌的事実に照らして、時に馬琴の思い違いを指摘するが、馬琴はなかなか容易に屈せず、博引傍証、理が彼にあることを立て板に水のように書き記す。

物語展開の際の不都合など、篠斎の指摘を受けて、再考はしながらも、それを粉砕していく馬琴は、自分の作意を知り、それに応え得る読者を得て、商人ながら殿村篠斎を得難い知己と思ったに違いない。

八十八　久足の馬琴初見参

『犬夷評判記』は文政元年（一八一八）の刊行で、二十四歳の青年小津久足が、初めて江戸の馬琴宅を訪ねたのは、その十年後の文政十一年の末。おそらく本居門の親しい先輩殿村兄弟による馬琴作品をめぐる評答本の刊行は、篠斎から詳しく聞かされ、また熱心にその本を読みもしただろう。数度の無駄足の末、やっと馬琴との面会を許された久足は、殿村兄弟の消息や『南総里見八犬伝』の感想、質問など一気にまくし立てたに違いない。それでも足らず、青年久足は以後江戸に出張の折には必ず馬琴を訪い、長い時間を過ごしたことは、馬琴のその時日を克明に記した日記で知ることができる。

この間、馬琴と松阪在住の篠斎との手紙も重ねられていて、久足が面会を許されたのも、篠斎の介在無くしてはあり得なかった。じっさい現存する馬琴の篠斎に宛てた書簡に窺われる親密な感情溢れる筆は、他の人々とは一線を画するものがある。この親密さがあればこそ、一代の巨匠馬琴も、篠斎の義弟守親を筆名の一時を取って琴魚と名乗らせて戯作の手ほどきをし、さらに篠斎の異母弟で、師本居春庭の『詞八衢』を始めとする語学理論の紹介や古典の考証で知られる殿村常久《つねひさ》（一七七九－一八三〇）とも、馬琴はわが愛読者として親しく付き合い、常久没後一年の天保二年（一八三一）、『南総里見八犬伝』第八輯上帙《しゅうじょうちつ》に、その殿村常久が作中の八犬士の名前を読み込んだ和歌八首を巻頭に掲げるとともに、彼への追悼文まで載せる心入れを示したのだろう。

まことにヨーロッパではフランス革命が勃発した一七八九年から始まる寛政の世から、ナポレオンの帝政が始まる一八〇四年を緒とする文化文政にわたる十九世紀前半における文学芸術の盛況の中にあって、小津、本居、殿村等の各家に代表される松阪商人の知的レベルの高さと文化的意義の重要さは、後世の私たちの想像以上のものがある。このことは必ずしもふるさと自慢で言うわけではない。

それはともかくも、話を小津久足に戻せば、篠斎への行き届いた書簡の文章に較べると、訪問して日を置かぬ久足に宛てた馬琴の手紙は、やや事務的にすぎる。それは当時の彼の日記における青年久足の長っ尻への不平の余韻があるのかも知れない。現在読むことのできる馬琴の久足宛ての第一通は、文政十二年二月十日付けの覚え書き一通で、その時刊行されたばかりの馬琴著『近世美少年録』の代金「金一分《いちぶ》ト銀二匁《もんめ》」を、久足が立て替えたという証《あかし》として、帰郷を告げに馬琴宅を訪れた日に馬琴が書き付けた僅か一行の証文だ。

その翌日の二月十一日に、早速馬琴は久足の紹介者である松阪の篠斎に宛てて、以下のように報告している。

小津新蔵ぬし、早春度々ご来訪の処《ところ》、前便得貴意候《そうろう》如く（前便であなたの許しを得たように）、早春多務ニ付。不得拝面候《はいめんをえずにそうろう》処（対面できずにおりましたが）、此節《このせつ》ハ少々俗用も片付候折から、昨十日ご来訪、近々御帰郷のよしニ付、則《すなわち》対面、雑談及数刻《すうこくおよび》ニ候。（『馬琴書翰集成』第一巻）

と説明し、刷り上がったばかりの彼の別の書冊を、「外へハ見せがたく候へども、貴兄ご懇友と申事故《もうすことゆえ》、昨今の面謁ニは候へ共、これ又貸進《かしすす》めいたし候」と格別の配慮をしたと言う。その他は「あらまし小津氏より御聞可被下候《おききくださるべくそうろう》（お聞きください）」と書いた後、久足が書物の代金を立て替える経緯の説明が面白い。久足は先輩の同郷篠斎から依頼されていると言いつつも、

かようの慰みものハ、店中へも遠慮のすぢもあるものニ候へバト被申《もうされ》候　その義も可有之事《あるべきのこと》ニ候へバ、則《すなわち》小津ぬしより代銀請取之《これをうけとり》、為念《ねんのため》書付わたしおき候。（同）

と、読本などといった「慰みもの」の代金を、使用人の前で云々《うんぬん》するのは、憚られるから今ここで立て替えておく、とその読本の著者本人の前で言うのは、いかにも大店《おおだな》の世慣れぬ若い主人《あるじ》の言葉で、自分は「金は自由になる身ですから」とやや反り身になって立て替えを申し出る久足青年の姿と、おそらくはそれに対して苦笑いするしかない老巧馬琴のその場の様子が浮かび上がってくる。

八十九　馬琴とバルザック

曲亭馬琴の書簡を年代順に読んでいくと、彼が折々に何に関心を持ち、どんなことを話題にしたか、どんな人間と付き合い、同居の家族とどのように接しているかまで、細かに知ることができる。もちろん彼が生涯に書いたとおぼしき膨大な書簡のうち、これまた膨大な量が火事で焼けたり、その手紙を受け取った者やその家族・子孫が、紙が貴重だった時代ゆえ表具の裏紙に使ったり、紛失などして、今に残らなかったものも沢山あろうが、有難いことに殿村篠斎宛てと小津久足宛ての手紙は、柴田光彦・神田正行両氏の編になる『馬琴書翰集成』全七巻中の大半を占めて、私たちはそれをつぶさに読むことができる。

目を通してみると、毎々の手紙に費やす語の膨大さに驚くほかない。馬琴は小説執筆のために参考にする書物に目を通し、時にはその文章を自ら写し、また日記も几帳面に記している。そして肝心の著作、それも一度に何編かを並行して書いていくのだから、その筆力、精力に驚嘆するほかない。現在今なお馬琴の全著作が翻刻刊行されていないのも、あまりにその量が多いからだろう。

今から二十年以上前、日仏の研究者が集まるシンポジウムで、十九世紀フランスの大作家バルザック（一七九九―一八五〇）と馬琴（一七六七―一八四八）を比較して話したことがある。その時は両者の小説構造の面からの相似性のみ説くにとどまって、生活人としての二人の類似にまで説き及ぶ余裕がなかった。

じつはバルザックも百編に近い作品を夜を徹して執筆し、かつポーランド貴族で自分とほぼ同年の三十代の人妻ハンスカ夫人に、交際十五年もの間、細かい活字で大冊の四巻本となるほどの恋文をひっきりなしに送り、それとはまた別に出版社や別の愛人や男友達、家族たちに書き送った書簡がさらに五巻も出版されているから、まさしく馬琴とバルザックとは、東西の文筆の豪と称して間違いなかろう。

バルザックも年下の友人に口述筆記させたこともあり、馬琴も、長男そして彼の死後はその嫁に原稿の筆記をさせたりはしたが、大体において彼らは人の手を借りずに、ひたすらペンを、あるいは筆をふるった。

馬琴が書き送った篠斎、久足宛ての書簡を年次に従って読んでいくと、馬琴自身の二人に対する姿勢や評価が、自ずから濃淡を見せて変化していくのがわかる。中でも久足宛ての馬琴書簡は、彼に対する馬琴の親愛の度が追々に深まっていくのがよく読み取れ、篠斎宛ての手紙で久足に言及する際の、両者を慮った馬琴の含蓄ある言葉遣いも興味深い。

現存の篠斎宛ての手紙は、もっとも古い日付のものでも、すでにお互いを知り尽くした感じで、馬琴も気安く意見を述べているが、知り合って間もない久足に対しては、あくまで篠斎を介しての縁という態度が最初は見え隠れする。久足の最初の訪問から一年半後の天保二年（一八三一）四月十四日の篠斎宛ての手紙には、ひたすら自分の著作の動向を詳しく述べたあと、久足については、『南総里見八犬伝』第八編が近々出版されるにつき、「小津氏へも、お噂可被下候《（うわさくださるべくそうろう）》」とだけ記されるにすぎない。

正直に言えば、馬琴が友人たちへと手紙を往復する真の意味合いは、次作への評判を聞くことにある。この点ではファンレターを待つ一般の流行作家と異ならないが、しかしそれ以上に馬琴の書簡を特徴づけるのは、著作における学問的裏付けへの執念と精査で、篠斎、久足との長きにわたって変わらぬ交際が続くのも、この二点が大きな要因に違いない。知り合った当初の久足については、馬琴は単なる自著の購読者として扱っていることが、彼の手紙の書きぶりでわかる。それがやがて変化を見せてくる。

九十　久足と馬琴の応接

平成、令和の世で、手紙を書くのに巻紙を使う人は稀少だろうが、右手に筆を執ってさらさらと、長さに応じて巻紙をくるくると左手で伸ばしながら書き、筆を置くところで紙を断つ。これなら長短自在、巻紙が尽きれば、次の紙を張り継いで、何の問題も無く、さらにさらさらと書き続けられる。

明治大正の小説家、童話作家の鈴木三重吉（一八八二－一九三六）が、夏目漱石の講義に出て心酔するものの、在学中にノイローゼにかかり、故郷広島に帰省して静養中の時、その漱石から励ましの手紙を貰って大いに発奮、意気揚々と上京する。彼が漱石に送った返事はそれこそ恋文そのままで、じつに長かった。それを卓上に置き放しにしていたのを、たまたま漱石の家に入った泥棒が尻ふき紙に使って、なんと漱石邸の庭に三重吉の心情吐露した手紙が延々と伸びていたという。巻紙なればこその話で、馬琴も何度も張り継いで書き続けた書簡が沢山あり、その精力と徹底的な生真面目さ、誠実さに驚嘆してしまう。

殿村篠斎に宛てた手紙で、小津久足について馬琴が三度目に言及するのは（その間失われた手紙がないとして）、天保三年（一八三二）二月十九日。馬琴が出版ずみの自著の書目や出版予定の本を、篠斎に一々題名をあげて説明する中に、同年に出た『開巻驚奇俠客《きょうかく》伝』（南朝の遺臣に義俠の男たちが絡んで、楠正成のひ孫姑摩《こま》姫を援助する読本の傑作。岩波書店刊『新日本古典文学大系』第八十七巻で読める）に及んで、その刊本を手にしたばかりの小津久足が、印刷された本文に余計な一文字が誤植されていると「はや《（早）》小津氏披見出候《（みいだされそうろう）》」と、馬琴は早速篠斎に報告している。

久足の書籍に対する鋭い眼力を、馬琴がたちまち認めたことが、書簡のわずか一行で知られるが、この年の馬琴の日記には、二月の欄に小津久足の訪問がかなり詳しく書き込まれている。たとえば、

二月四日　昼後、伊勢松坂小津新蔵来ル。予、対面。昨日到着の由也。（略）其後雑談数刻、帰去。

七日　今朝四時比《（よつどきころ）》（午前十一時頃）、いせ松坂旅人小津新蔵来ル。（略）於客坐敷《（きゃくざしきにおいて）》、予幷ニ《（ならび）》宗伯《（そうはく）》（馬琴の長男）も対面。長談数刻、蒲焼とりよせ、昼飯振舞之《（これにふるまう）》。供の小ものニも同断。（略）この外は雑談、夕七時比《（ななつどきごろ）》（午後四時頃）帰去。

十三日　昼後九半前《（ここのつはん）》（午後一時）、小津新蔵来ル。（略）長談、夕七時過《（ななつどき）》まで。則《（すなわち）》、帰去。多用中めいわく限りなし。

十八日　同刻、小津新蔵来ル。例の如く長談、夕七半時《ななつはんどき》帰去。
二一日　いせ人小津新蔵来ル。かけ合いの昼飯、供の小ものへも振舞、昼後、そば切りふる舞、煎茶・菓子等少々出之《これにだす》。（略）夕七半時比帰去。是迄しばしば終日長坐ニて、殆及難儀《ほとんどなんぎにおよぶ》。今日切《きり》ニ付（今日が最後だということで）、相応にもてなし、ひまあけたり（やっといとまを告げた）。（『馬琴日記』第三巻）

いかに馬琴が久足の矢継ぎ早の、時刻をわきまえぬ訪問と長話に閉口しているかがわかって、老年にして多忙の馬琴に同情したくもなるが、しかし、おそらく久足の博覧や読書力を訪問の際に目の当たりにして、彼に対するまなざしが段々に変わっていったのではあるまいか。

篠斎に久足の書物における眼力を報告した手紙の日付が天保三年二月十九日で、日記では相変わらずの久足訪問にうんざりしている記事が二月二十一日にある。翻刻に間違いがなければ、つまり紹介者篠斎には、久足に見るところあることを報告し、すぐその二日後の日記には「終日長坐ニて、殆及難儀」と書いて、やっと帰ってくれたことを喜ぶ。この間の馬琴の久足の印象にかかわる変化は、なかなか興味深いものがある。

九十一　馬琴の久足への評価

馬琴が小津久足と初めて面談したのは文政十二年（一八二九）二月。馬琴は自分の日記にそれを記し、松阪の殿村篠斎にもすぐに報告しているが、次の年の十二月は文政から天保に元号が変わり、翌天保二年までのおよそ二年間は、馬琴の日記に久足について言及がない。日記ばかりか手紙を出した形跡も、現在残っている書簡の中では見当たらない。そして天保三年二月の始めになってから、前回引用して示したように、久足訪問に関する記事が多くなることからすると、その間の二年は、まだ久足に対して馬琴は篠斎の知人以上の関心を持たず、ある程度警戒していたのだろうか。

ところが馬琴訪問を終えた久足から無事松阪に帰着したとの報告に加えて『南総里見八犬伝』など馬琴著作の購読を希望する手紙を送ったのに対して、馬琴は久足訪問から二カ月後の四月二十六日にその返事を出して以降、段々に殿村篠斎への手紙の中でも久足についての言及が増え、久足本人へも自著出版の詳しい情報を届けるようになる。

久足はその年七月二日付けの馬琴宛ての書簡で、『南総里見八犬伝』、『俠客伝』等についての読後感や不審な個所を問うたことが、七月二十日の馬琴の返書でわかる。篠斎の方は、それ以前にいっそう詳しい批評や質問を馬琴に書き送っており、松阪在住の愛読者二人からの真摯《しんし》な批評は、馬琴にとって得難い刺激となったに違いない。天下の巨匠である馬琴が、著作の秘事を、教訓も交えながら懇切に説き明かしてくれることは、「風流人」を自負する久足青年の自信を大いに高めたことだろう。

ここで久足の紀行文の執筆が、文政五年の『よしのの山裹』から始まって、文政十一年『柳桜日記』を経て、天保二年の『花染日記』に至って、「語調が変化して、断固として自信ある文体に変わっている」（本書七十四）と述べたことを思い出していただきたい。文体の変化は、貝原益軒の紀行文の影響ももちろんあろうが、曲亭馬琴の知遇を得たこと、そして大作家から認められたと自信したことも大きいのではないか。

馬琴との初めての面談から二年後の天保二年二月二十八日未明に松阪を出て、同年四月六日松阪に帰るまでの吉野、京、大阪、高野山を巡る紀行『花染日記』は、久足が馬琴に傾倒し、『南総里見八犬伝』を始めとする漢土の書籍に詳しい馬琴著作に親しむ体験から、漢学をあしざまに扱うがごとき本居国学と訣別する決意を、自ずから示すことになったのではなかろうか。

天保五年の『花鳥日記』で、「やまと魂とかいふ無益のかたくな心」は、この自分から「さすがに離れたれば也」と言い、天保七年の『班鳩日記』において、わが師本居春庭の主著『詞八衢』を、「おのれは仮にも信じることなく、常に忌み嫌うこと甚だしく」とこき下ろすことができるようになるのは、天保三年二度目の馬琴訪問以来、当代屈指の漢文学通で、「唐《から》ごと」を根幹にした読本作家馬琴との長文の書簡のやり取りがあってこそのことだったように思われる。

天保三年十一月二十六日、馬琴が久足に宛てて、

金瓶梅《きんぺいばい》と水滸伝が、すらすらと読め候へバ、俗語（中国文の口語）に読めぬものハ無之《これなく》候。（略）御業用のいとまいとま、小説を御よみ披成《なされ》候へかし。歌と小説にて、相応ニ口が利《きか》れ候へバ、和漢の学者ニ御座候。（『馬琴書翰集成』第二巻）

と中国小説の読書を勧める言葉は、とうてい久足の旧師本居春庭の口からは出なかったろう。

九十二　馬琴の宣長評価

小津久足が当時の本居学徒たちから離れていく機縁として、国学の徒が批判する「漢心《からごころ》」を育む中国の書籍に徹底して沈潜し、儒教の規範にもうるさかった読本作家曲亭馬琴との親交の深まりをその一つに挙げた（本書九十一）。ところがその馬琴は、久足と手紙を交わし始めた頃に、かえって宣長に対する評価を殿村篠斎に語る手紙を残している。

久足の宣長離れは天保二年（一八三一）前後から明確になってくるが、同じその頃、馬琴は宣長の肖像画を手に入れたいと篠斎に依頼し、宣長の晩年の側近だった篠斎もいろいろ奔走して、ようやく一幅を手に入れたと馬琴に報じることになる。同年十月二十六日の篠斎への返事で、馬琴は宣長について「壮年過ぎる頃まで、深く信じ」なかったが、近来だんだん心を惹かれるようになった、と打ち明け、

みくにの為ニハ、大忠信の大家なれば、左袒（味方）すべき事多かり。（略）生前に面会致さずとも、同じ世に

生まれ合わせたるかひに《甲斐》（せっかく同じ時代に生まれ合わせたのだから）、画像なりともほしく思い付き候。（『馬琴書翰集成』第二巻）

と、国学の大人《うし》としての宣長の成果を評価し、儒学者は新井白石、和学者は宣長、この他に心惹かれる人はない、とまで断言している。

その手紙の四カ月後の天保三年二月、久足の名が馬琴の日記に出て来る。初の訪問から三年越しだが、その間まったく音信も訪問もなかったとは考えづらいが、少なくとも現在読み得るかぎりでは二度目の馬琴宅訪問の記録となる。まさしくこれとほぼ同じ時期にあたる『花染日記』の中で、久足は宣長の方法について疑念を洩らしていた。その時の馬琴との座談の際に、馬琴は篠斎が取得に奔走してくれたという宣長像をきっと話題にしたことだろう。松阪からの訪問客、しかも篠斎からの紹介ということで、おそらくは篠斎に漏らしていた宣長への敬意を、馬琴は篠斎同門の後輩久足にお愛想にでも示したと思われるからだ。馬琴に隔たること三十七歳年下の青年久足は、それに応じて、あるいは本居学への不満を漏らしたか。あるいは馬琴の言を宜《うべな》ったか。推測の域を出ないが、おそらく二十六歳の青年の客気から、公然と本居学の非を鳴らしたかもしれない。ただ少なくとも宣長、春庭も愛した歌道を学んで大いに自信がある、というようなことは述べたに違いない。

そのことは、二カ月後篠斎に宛てた四月二十八日付け馬琴の手紙で（つまり帰郷した久足から手紙を受け取った馬琴がその返事を送って二日後）、『南総里見八犬伝』の第八輯を版本にするにあたって、久足が自分の跋文《ばつぶん》（書物の「あとがき」にあたる文章）か、または長歌を献じると言っている、と馬琴が知らせていることからもわかる。

桂窓子《けいそうし》（久足の号。子は敬称）の御歌、定《さだめ》て御上手に可有之候《これあるべく》へども（上手に違いなかろうが）、いまだ一歌も見不申候《みもうさず》（まだ見ないでいる）。御同人の口ぶりにては、尤《もっとも》御得意のご様子に付き、不斗《ふと》（思わず知らず）右之ものがたりにも及び候事に御座候。乍失礼《しつれいながら》、君と同様に存候て（思って）、此談に及び候には無之《これなく》、桂窓

子の長うたは入レ不申候《もうさずそうろう》とても申わけは可有之候《これあるべくそうろう》。（同書）

知り合って三年とはいえ、馬琴の著作の巻頭を飾るのに、久足が『南総里見八犬伝』を讃える長歌を捧げたい、と言い出したのに、馬琴はいささか辟易《へきえき》したのが窺い知れる。馬琴が久足の後見役とみなしている篠斎に、久足の歌は、「きっとお上手だろうと思うけれど、まだその歌を一首も見ていず、自身の口ぶりでは得意のものらしいが、これはちょっと断ろうと思う」と率直に述べている彼の手紙は、篠斎、馬琴、そして久足三人それぞれのありようをつぶさに見せてまことに興味深い。

九十三　『南総里見八犬伝』を讃える久足の長歌

小津久足の歌の実力は、読んでいないので分からぬ、とした馬琴の気持ちを察したか、あるいは殿村篠斎の助言があったか、久足は自作の和歌を馬琴に送ったらしい。天保三年（一八三二）八月十一日の篠斎宛ての手紙で、馬琴は、

桂窓子《けいそうし》より八犬伝八輯のほめ詞を歌によみ、見せられ候。同人自慰に、稗史《はいし》（小説のこと）の評を歌にていたし候事、新しからんと言はれ候歟《そうろうか》、実に新奇に御座候。その内、よき御歌三四首見え候。詩ならば、なほ行届可申候得《ゆきとどくべくもうしそうらえ》ども、惜しいかな、三十一《みそひと》文字ゆゑ、なほこと足らぬ心地せられ、いかが被成御覧候哉《ごらんなされそうろうや》。（同上）

と書いている。

年来の親友の年若い知人が、小説の巻頭に自作の和歌を掲げる新機軸を誇らしげに提案してきた。その対応に馬琴がいささか困惑している様子がよくわかる。送られてきた歌の中に三、四首は良い歌があるように思う、と言うのは、篠斎への心配りだろうか。

久足の心を私なりに忖度すれば、日本の伝統として、和歌こそが王道で、江戸時代に中国の稗史から生まれた読本の類は、あくまで戯作に過ぎない。その和歌を王朝の物語のごとくに、読本の巻頭に置くことは、伝統には外れるが、刊行される小説にとって名誉なことではないか。まして自分が評価する『南総里見八犬伝』を賞する和歌なのだから、小説の格も一段上がる、とでも思ったか。

一方馬琴からすれば、漢文化から生まれた読本には、和歌よりも漢詩こそがふさわしいし、当時の知識人、とりわけ侍の身分にこだわる馬琴には、漢詩文の地位はきわめて重く、表意文字の漢語を用いての漢詩は、自作の読みどころを説き尽くせるだろうが、表音文字の和歌は三十一文字で、さらに掛詞や枕詞が入って、いささかまどろっこしい。それでは十分に小説の含意を解き明かせまい。

といって、久足の申し出をきっぱりと拒否するのは、殿村篠斎との関係もあり、また自我意識は強くとも、他人の評価には敏感な馬琴にはできぬ相談で、自作を高く評価してくれて、毎々丁寧な感想を送ってくれている篠斎や久足、さらに香川高松藩の家老職にある木村黙老《もくろう》（一七七四－一八五七）も加えた三人に対しては、手紙のやり取りなど実に丁寧懇切な態度で接している。

自作を評価し、それに賞賛を惜しまぬ友人の言葉は、著作に自信がある馬琴には、いっそう誇らしいもので、知識人が知人の著作に序文や跋文を書き添えるのは、当時普通のことながら、篠斎の義弟櫟亭琴魚がまとめた『犬夷評判記』の出版を見ても、馬琴は他人の批評に敏感で、尊重もしていた。

長歌か短歌を序跋の代わりに呈するという久足の提案が実現するのは、その七年後の天保十年刊『南総里見八犬伝』巻之二十四、第九輯下套《げのとう》下の冊で、馬琴の漢文の序、著作を讃える木村黙老の漢詩、久足の長歌と反歌、さらに篠斎の長歌と反歌が併せて掲載されている（口絵㉓）。

久足の「里見八犬伝をほむる長歌」は、

筆の海　机のしま《（島）》に、いさり《（漁）》する　人はおほ《（多）》けど　海幸《うみさち》は　得がてにすとふ（なかなか手に入らぬ）文の苑《（その）》
詞《（ことば）》のはやし　かり（狩り、と借りとを掛ける）くらす（暮らしと暗しとを掛ける）ひとはあれども　山幸《（やまさち）》は
いとりかぬとふ（取りかねるという）しかれども　わがせの君（馬琴のこと）は　朝よひ《（宵）》に（宵と酔いに掛ける）蓑笠《みのかさ》きつゝ（馬琴の号、蓑笠漁隠《さりつぎょいん》を踏まえる）海さちも

と始まる五、七句を連ねて全七百十五文字（小池藤五郎校注、岩波文庫版『南総里見八犬伝』（八）、一九四〇、一二頁）。
久足は本望だったろう。

九十四　久足、篠斎それぞれの長歌

小津久足の「里見八犬伝をほむる長歌」は、五、七の語をそれぞれ五十九句と六十句、「いやとほき世に　残らざらめや（この作品がうんと遠い先の世までも残らないことがあろうか）」の結句まで、全七百十五文字を連ねた後に、返し歌として以下の二首を添える。

唐《（からにしき）》　錦大和にしきを織り交ぜて　あやにおもしろく綴る書《（ふみ）》はも
骨をかへかたちうばひてから《（唐）》鳥を　くひ《（食）》ふせ《（伏）》し犬はゆゆしきろかも

第一首は、衣装の縁語で、『南総里見八犬伝』の挿絵の錦絵ともからめ、「あやに」に「綾《あや》」と「彩《あや》」、さらに「妙に、奇《あや》しくも」の意味をかけて、作者馬琴の和漢の文章における造詣の深さを称え、第二首は彼の作が『水滸伝』の換骨奪胎を巧みにしおおせていることを褒め称えるもので、「くひふせる」の語に、物語の発端において象徴的な役割を果たす里見義実《よしざね》の飼い犬八房《やつふさ》と義英の娘伏姫《ふせひめ》（伏の字は人と犬の合字）を暗示する。

ここで犬に縁のない「から鳥」が出てくるのは、正月の七草を用意する時に歌う「七草なづな　唐土《とうど》の鳥が　日本の国に　渡らぬ先に　ストトントン」というわらべ唄を踏まえたものではないか。この長歌が掲載されるのが天

保十年の正月だから、それを踏まえての久足の才気とユーモアを汲み取ることができる。

とはいえ、七百文字以上を費やす長歌の内容は、必ずしも格別に優れた歌とは思われない。当時の和歌の常識からすれば、穏当な言葉運びに違いなかろうが、そのため随分ありきたりで、使い古された表現が連ねられ過ぎている気がする。たとえば、その長歌の中で、

新《あらた》しき　年の初めに　鶯の　初音はあれば　梓弓《あずさゆみ》　春にしなれば　咲きいづる　花はあれども　つか《栂》の木の
いやつきつきに　このふみの　出るを待ちぬ

といった個所など、『万葉集』や『古今集』の有名な歌の一節が、すぐ思い浮かぶ（それこそが久足が自慢に違いなかろうが）歌道での常句が並んでいる。他の個所も含めて、馬琴の刊本が待ち遠しかったことを言うなら、もっと簡潔で直截な表現を用い、きちんと作品の評価につながる言葉を盛るべきだと、正岡子規以来の短歌の変革を経た現代的な歌の感覚として思ってしまう。

では同じく、久足の長歌に続いて掲載されている殿村篠斎の「八犬伝跋文に代えて詠める」と題した長歌はどうだろう。年の若い久足が以前から冀《こいねが》っていた長歌が、この巻之二十四において採用されることで、篠斎は本来なら跋文がふさわしいところを、久足が呈するのと同じ長歌を献じているところに、彼の大人としての、また馬琴を思いやっての思慮が窺えるように思われる。

事繁き　塵《ちり》の世よそに（世事は構わず）　かろらかに（軽いと狩るを掛ける）　かくれ蓑笠（久足の句と同じく馬琴の号に掛ける）　かくろひて（隠れると書くを掛ける）　から《漢》の　やまと《倭》の　ふみの海　あさり《漁》おきな《翁》と　あけくれ《旦暮》に　机の子船　うけ《浮》すゑて（浮くと受けるとを掛ける）　筆の釣竿　手にまかせ　うまぬ（倦む、と産むを掛ける）すさび《遊び》の　年月《としつき》に（同書、一三頁―一四頁）

以下五、七字それぞれ四十七句、四十八句、合計五百七十一文字。返し歌一首を添えて、久足よりも少なく収め

ている。詳しく説かないが、冒頭「か」の音を並べる技巧を始め、篠斎の歌の方が、より良く馬琴の面目をとらえ、語句も近代的で、古びた感がない。ぜひ読み較べて、異見あれば筆者の蒙を啓いていただきたい。

九十五　信多《しの だ》純一先生のこと

篠斎、久足と当代の大作家曲亭馬琴との風雅の（あるいは丁々発止の）交わりを説くのに字数をとって、『夕刊三重』に連載中、二〇二三年に生誕百二十年を迎える小津安二郎に早く移るのを待つ、という知己からのメールが届くにつけても、期待を裏切ること甚だしく、忸怩《じく じ》たらざるを得なかったが、馬琴の日記や書簡を読めば読むほど、三者の交わりは興味深々で、単に文学史的エピソードのみならず、人の友情、評価のありように様々な思いを抱かせるものが多い。それでもう少し読者には我慢していていただいて稿を続けたいと思う。

と言いながら、少しだけまた寄り道となる。夕刊三重新聞社の連載時に付された図版については、本居宣長記念館を始め、多くの公共機関や個人の方々からご提供いただいたが、馬琴の『南総里見八犬伝』の表紙絵、挿絵については、神戸女子大学古典芸能研究センターの志水文庫のものをお借りした（口絵㉓）。志水文庫は大阪大学を定年退官されたあと同大学に勤務された故信多純一先生の号から取ったもので、先生は古浄瑠璃、近松、馬琴、そして西鶴の研究のかたわら、貴重な書物を集められ「志水文庫」と称して架蔵しておられたのを、最後に教鞭を執られた神戸女子大学に寄贈された。

信多先生は京都大学で国文学を専攻されて、以来近世演劇の源となる古浄瑠璃の研究を始めとして、近世の三大作家の研究に打ち込み、それぞれについての大著を完成されている。『近松の世界』（平凡社、一九九一）、『馬琴の大夢　里見八犬伝の世界』（岩波書店、二〇〇四）、『好色一代男の研究』（岩波書店、二〇一〇）。いずれの作家についても、その研究は版本の校訂から始まって、解決の難しい問題が数知れずある難物ばかりで、しかもその量が半端でない。それらについて、きわめて実証的な態度を堅持しつつ、独自な新しい解釈を挑戦的に問う信多先生の著作は、まことにスリリングな興趣に富む。

大阪大学文学研究科は、修士論文、博士論文ともに、その審査には副査として必ず専門分野の異なる他講座の教員を配する。信多先生には私の修士論文副査として初めてお会いした。先生は奈良女子大学から移られたばかりで、当年四十歳。私の論はフランスの作家プロスペル・メリメ（一八〇三－一八七〇）と夏目漱石、泉鏡花、芥川龍之介との影響関係を論じるもので、その時阪大国文学助教授であられた信多先生は、主査の仏文学教授にまさって文字通りの拙論を犀利に検討、滔々《とうとう》と批評された（この修士論文は四十年近く経って『交差するまなざし』（朝日出版社、二〇〇八）の第三章に再録。書中、評価が高かった章の一つで、もっと早く本にしておけばよかったと後悔した）。

その十二年後に仏文学専攻講座助教授として大阪大学に戻ったので、信多先生とは同僚の栄を担うことになったが、通勤の電車が同じこともあり、お酒の趣味も同じくして日々親しくして頂いた。先生が神戸女子大学に移られて後も、いっそう頻繁にお会いしておしゃべりするのを楽しみにした。先生が国文学の研究会に講演を依頼された折など、私にも話をさせたらどうか、と主催者に言われて、先生の驥尾《きび》に付して、馬琴と坪内逍遥の話をさせてもらったこともある。

先生のご自宅や仕事場にも何度も招かれたが、志水文庫の全貌を覗う機会がなかった。その頃の私は、馬琴についてせいぜいその小説のいくつかを読むばかりで無知に等しい。いま馬琴について筆を弄《ろう》するにつけても、先生に意見を徴したい思いに駆られる。先生の霊は天上からどのようにご覧になっていることか。

九十六　江戸時代の手紙の貴重さ

曲亭馬琴が十二歳年下の殿村篠斎、三十七歳年若の久足と交した数十年にわたる手紙の往来は、読むほどに巻措《かんお》く能《あた》わざるものがある（口絵㉔）。

久足は文政十二年（一八二九）初めて馬琴と面談、三年後の天保三年（一八三二）二月、記録の上では二回目の訪問後に、はや『南総里見八犬伝』の巻頭に、自作の長歌を掲げるという自負に満ちた著者への提案は、物語が大団円に向かう天保十年の第二十四巻に至って実現する。その十年の間、「いせ松坂人《ひと》小津久足」への馬琴の評価は段々に変化し、手紙の内容も、古書の話から、中国書の解説、自著の腹案など、久足の質問に応じる形でどんどんとかさが増して書き連ねられることになった。

今は便箋など百円で買えるが、十九世紀の時代、ヨーロッパでも江戸でも紙は高価を極めた。大部約百編の『人間喜劇』を書いたバルザックが、当時のジャーナリズムのあざとい現実を描いた小説『幻滅』（一八三七－一八四三）では、その第三部、主人公リュシアンの親友ダヴィッド・セシャールが、新しい安価な紙の発明に奮闘するところが出て来る。

当時ヨーロッパでの紙の原料は、古着などから出るぼろ布だったが、日本は楮《こうぞ》、三椏《みつまた》の植物。バルザックの小説でも発明家のダヴィッドは、安い原料を求めて、中国の例に倣って身近な植物を材料とする画期的な方法を見出すに至る。その作業の手順の詳しい工程は書かれていないが、日本における和紙製造が大変手間のかかるものだったことは、和紙作りの現場を見せてもらった体験や今やその作り手が職人さんというよりむしろ芸術家に近い人々の手によって作られていることからもわかる。知の交流の根本となる紙は、馬琴、久足の時代においてきわめて高価なものだった。

したがって貴重な手紙の再利用が図られて、襖《ふすま》や屏風《びょうぶ》の裏紙であったり、障子の破れの繕いにも使われた。またそれらの手簡が名家の筆だと、それがそのまま何枚かに切り取られて軸に仕立て上げられて茶室を飾る。足立巻一が、宣長の弟の家の隣家を訪ねた際、たまたまその家の屏風の裏紙に、宣長宛ての春庭の手紙などがあり、松阪の元教員の家の古い屛風の裏から本居春庭の妹美濃の手跡での『詞八衢』の下書きを発見したなど、感動的で、奇蹟的な情景が描かれている（『やちまた』下、三〇一頁、三八九頁）。

馬琴の書簡が大量に現代にまで残されたのも、名家の筆ということもあるが、それだけ受け取った側が、その内容の豊富さ、貴重さに気づいて大事に仕舞っておいたからだろう。じっさい篠斎、久足への馬琴の書簡は、愛書家、考証家、作家、出版企画者としての多面を映して遺憾がない。

書簡、日記から映し出される馬琴の当初の無愛想から、次第に久足への親近を強めていく変化は、天保三年二月の訪問後に、久足が馬琴の新刊書の彫りの誤植を指摘したことから発するものだろうが、さらにその八カ月後の天保三年十月十八日の書簡で

古書の事、言へばさら也。古人も具眼の人ハ珍重いたし候へども、世ニ稀ナルもの御所蔵被成候事《なされそうろうこと》、尤《もっとも》本望ニ叶《かな》ひ、ご同慶奉存候《ぞんじたてまつりそうろう》。古書珍書御好キニ候ハバ、追々御めにかけ可申候《もうすべくそうろう》。（『馬琴書翰集成』第二巻）

と古書の趣味を同じくすることの喜びを率直に言い、自分の架蔵するものも見せよう、という親切を示す。大抵の本好きは、他に同好の士を見つけると、顔をほころばせ、相手の蔵書の中身を知りたがり、同時に自分の秘蔵のものを自慢したくなる。そしてお互い十年の知己のように感じてしまう。

久足の馬琴訪問の最初は文政十一年だが、その時馬琴はあえて面会せず、彼の日記に名が出るのは天保三年の二月の訪問と言うことは繰り返し述べたが、以後その年の暮れまでに小津久足の名は二十九回の言及がある。つまり月平均二・五回。翌天保四年は十九回、天保五年に十八回。ほぼ月平均一回少々と、久足の名が記されていることになる。天保五年以降の日記にも、おそらくは同じ程度か、あるいはさらに頻繁に言及されているかも知れないが、残念ながら、先にも言うように、馬琴日記の大半が保存されていた東京大学図書館が、一九二三年九月の関東大震

災で焼けてしまって、今やその消息を尋ねるには、彼の現在読み得る書簡しかない。主に残っている書簡に拠りながら馬琴の久足に対する評価の変遷をもう少し辿ってみよう。

九十七　篠斎への久足評

『夕刊三重』新聞での連載を愛読してくれているというわが家の隣家の若奥さんから「久足という人は、ずいぶん人間臭い人ですね。長男、次男が早く亡くなって、やっと生まれた男の子で大切にされたのと、お母さんが産後に亡くなっているのとで、彼にきちんと説教してあげる人がいなかったのか、と感じました。経済的にも知性的にも恵まれているけど、空気が読めないというか、読もうともしない、身近にいたらかなわん人やろな」との感想を頂いた。

たしかに馬琴の日記や書簡から窺える久足は、良く言えば伸び伸びと育った大店《おおだな》の若主人で、教養と研鑽、さらに多くの時間と財を擁して、馬琴から見ても羨ましい境遇だったろう。久足が祖母、伯父、伯母、父らから掌中の珠として尊重されたのは間違いない。作家の伝記的資料をあまりに重視してその作品を論ずべきではないが、先に数回を費やして説いたように、彼の生い立ちや境遇は、潔癖かつ繊細の中にも、自信に溢れる彼の人格形成や作歌に、大きな要素として働いたと思われる。

久足以上に馬琴が心友として接した篠斎は、もともと殿村家の分家から本家を継いだ人で、それなりの苦労も多くしたはずだ。天保元年（一八三〇）、紀州藩江戸屋敷の命じた非常手当金の殿村家分担額六百両が工面できず、長谷川、小津両家に支払い方を依頼するなど、やや経営が傾きかけて、久足と馬琴が初めて面談した天保三年（一八三二）には息子に家督を譲って隠居、翌年二月に紀州藩和歌山に居を移した（吉田悦之「殿村安守」、『松阪学ことはじめ』二六五頁）。あるいはあまりに木綿問屋の業とはかかわりのない文人まがいの所業で、商いに穴をあけて息子にも疎まれたのだろうか。江戸からの距離は違ってはいても、松阪、和歌山の遠近は、書簡のやり取りにそれほど関係しないだろうが、馬琴が小津久足への親近をさらに強めたことも、篠斎の隠居に多少影響したかも知れない。

例えば殿村篠斎が和歌山に隠居した天保三年十一月二十六日に、小津久足に宛てて馬琴は、

貴兄ハ御年若の御事故《おんことゆえ》、かようの義も申　試　候《ためしにもうしそうろう》。（略）あハれ、御業用のいとまいとま、小説を御よみ被成候《なされそうら》へかし。歌と小説にて、相応ニ口が利け候へバ、和漢の学者ニ御座候。

と励ましているが、その一カ月後の十二月七日に、篠斎に宛てて、

桂窓ぬしの評、至れり尽くせり。かいなでの看官《かんかん》（本の読者をいう）の及ぶべきにあらず。さりながら、只《ただ》その皮肉《ひにく》（上っ面）を見つるのミ、いまだ骨髄はさぐり得られず。

と久足の自作への評言を「至れり尽くせり」とまずほめながら、しかし結句に読み方の浅さを指摘して、篠斎の同意を得ようとしていることがわかる。ところが四日後の同月十一日には、

桂窓主《ぬし》、ちか比《ごろ》ハ小説物ニ身を入れられ候よし。大才子《だいさいし》ニ候へバ、吾党の人、末頼もしく奉　存　候《ぞんじたてまつりそうろう》。彼《かの》人《ひと》の評、先便見せニ参り候。適《あつぱれ》大出来《おおでき》、実ニ才子ニ御座候。（以上『馬琴書翰集成』第二巻）

と久足の有能を褒めたたえる。馬琴が久足を評して「大才子」と称するのは、彼の久足への評価の大なることを示すと考えられようが、しかしその四日前には久足の「上っ面だけを見て、本当の真髄を探り出すことができていない」とその未熟を指摘していたのだ。その馬琴が、「大才子」と持ち上げるのは、遠慮のない篠斎に宛てての言ということからも、前後の文脈を見ても、純然たる褒め言葉とは、必ずしも受け取れない。

「小説物ニ身を入れられ」とか「末頼もしい」、「適大出来」と書き連ねるのは、当時の戯作者によくある冷やかしの口調で、久足の大先輩にあたる殿村篠斎に宛てて、その若い知人を大褒めするのは、心を許した友人同士が交わす内輪でのみ通じる揶揄ではなかろうか。「大才子」の称について、もう少し考えてみる。

九十八 「大才子」の称

人を褒め過ぎるとかえって揶揄や嫌味になるのは、「いよ、大統領」とか、「大先生」など、式亭三馬（一七七五－一八二二）やその他の洒落本の世界で見られるし、人を冷やかす現代の落語紳士たちの言葉にもよく使われる。「大才子」、「適大出来」など、巨匠馬琴がわざわざ「大」の字を付けて久足を褒めあげるのにも、それが気の知れた長年の友人殿村篠斎への内輪の手紙にあるとなると、ついそんな気を回したくなる。「大」だけでなく、「才子」という語も気になる。私の個人的な語感では、「才子、才に溺《おぼ》る」の語があるように、この語もやや軽侮の意が込められているのではないか。

篠斎への手紙に馬琴が久足を「大才子」と書いた翌年、天保四年（一八三三）十月に、篠斎、久足に馬琴がいわゆる「三友」の一人に加えた高松藩家老木村黙老（一七七四－一八五七）から、当時の戯作者や戯作についての情報を問われた馬琴は、その年末に『近世物之本《もののほん》江戸作者部類』を稿して黙老に送り、同時に殿村篠斎、小津久足にもその写本を送った。同時代、同業の作者たちについて忌憚のない筆を揮う中で（馬琴自身についての稿が最も多いのも、いかにも恃むところの多い馬琴らしい）、芥川龍之介が『戯作三昧』でも示したように、式亭三馬には「学問はなけれども、才子なれば、自序などを綴るによく故事をとりまはして、漢学者のごとく思はれたり。只その文に憎みあり。（略）絶《たえ》て文人の気質に似ず」などときわめて辛辣な態度をあからさまにしている。

そこでも「才子」の語を使っているが、さらに馬琴は三馬を論じての末尾に、彼の狂歌の師鹿津部真顔《しかつべまがお》（一七五三－一八二九）が「三馬は才子也」と褒めてはいるが、良い狂歌は一つもない。「かかれば（したがって）純粋の戯作者也、明の謝肇淛《しゃちょうせい》が所云《いわゆる》、才子書《しょ》を読《よま》ざるの類《たぐい》なるべし」（岩波文庫、二〇一四、徳田武校注、その底本は久足の西荘文庫のもの。五五頁および五七頁）と重ねて「才子」たることを揶揄している。「才子は書を読まず」とする語のある謝肇淛の随筆『五雑組《ござつそ》』は、馬琴の愛読書の一つで、当時の知識人たちがよく繙いた書物だ。

たとえば同時代の著名な漢詩人菅茶山《かんちやざん》（一七四八－一八二七）も、彼が儒官として仕えた同じ福山藩の医官伊澤《いさわ》蘭軒《らんけん》（一七七七－一八二九）に寄せた文政五年（一八二二）三月九日の手紙に、蘭軒の長男榛軒《しんけん》の詠んだ詩を、弱冠十九歳ながら目を驚かすものがあると褒めたあと、「才子は浮躁《ふそう》（浮かれ騒ぐ）なりやすきものに候」と書いて真面目な読書を勧めている（森鷗外『伊澤蘭軒』その第百二十七回。『鷗外選集』第七巻、岩波書店、一九七九、二五五頁）。管茶山も馬琴と同様ここで謝肇淛の『五雑組』にある言葉を踏まえており、ここでも「才子」の語が、いささか浮薄に傾きがちな、いわゆる小賢しげな人士に呈する称とすることが、当時の知識人の間で共有されていたことがわかる。

つまり「才子」は、茶山の伊澤榛軒に対するように、あくまでも年長者が年少の才能ある人間について、第三者に向かって使う言葉で、その逆はあり得ない。馬琴が久足を「只その皮肉（上っ面）を見つるのミ、いまだ骨髄はさぐり得られず」と篠斎に書き送った四日後、同じ篠斎に宛てて久足を「大才子」と称するのは、馬琴の年少の知己で、久足の先輩篠斎への心安い冗談交じりの褒め言葉にほかなるまい。「大」の字を被せたのは、まさしく「適大出来」の意と取るべきだろう。

もちろん大の字を付けず、普通に「才子」とする時には文字通りの字義にもなる。たとえば久足、篠斎の長歌を載せた天保十年（一八三九）『南総里見八犬伝』巻之二十四の巻頭に、馬琴がその「引（はしがき）」に、自分の性癖から交際する人間は少ないが、和歌山の篠斎、高松の黙老、松阪の桂窓の三人を挙げ、

約《おおよそ》這個《しやこ》（これらの）三才子。余が戯墨の諸編を見る毎に、相喜び（一緒に喜んで）評定し、これを余に寄せて、以て当否を問うを娯楽となす。（原文は漢文）

と述べているのも、黙老は七歳、篠斎は十二歳、久足は三十七歳、いずれも当年七十二歳の馬琴より年下。「才

子」の称は至極《しごく》正しい。

九十九　商人《あきひと》小津久足

文政十二年（一八二九）二月、江戸馬琴宅での初めての久足面談の時から、馬琴の久足に対する評価は、その日記や書簡を読むと、それから数年の間はかなり揺れ動いていたように思われる。

天保三年（一八三二）十二月七日には篠斎に宛てて、久足の読書は「いまだ骨髄はさぐり得られず」とし、その四日後には、「実ニ才子ニ御座候」と褒める（『馬琴書翰集成』第二巻）。しかし馬琴の彼への評価はそれで確定したわけではない。さらに四カ月後の天保四年四月十一日の日記には、

予、白石《はくせき》手簡（新井白石の手紙）、四の巻迄校閲畢《おわる》。（略）。右ハいせ松坂小津新蔵（久足のこと）所書也《かくところなり》。写させ候に誤写多く、不宜《よろしからず》ニ付、不得已《やむをえず》、先《ま》ヅ原本を校訂。この類《たぐい》多し。（『馬琴日記』第三巻）

と久足に誤写の多いことに不満を漏らす。

かと思えば、その一年後の天保五年五月十一日の手紙（口絵㉔）には、久足が示した文政十二年の紀行文『月波《つきのなみ》日記』について、

あの記（『月波日記』）、御綴り被成候節《なされそうろうせつ》、貴兄御青年廿六ばかりの秋の比歟《ころか》と存候。乍失礼《しつれいながら》、後生怕《おそ》るべき御大才、只感心之外無之《のほかこれなく》候。月波日記よみ見候《みそうらひ》てハ、戯墨三昧《ぎぼくざんまい》はづかしく、いよいよ筆渋り候て、これが為に、著述の筆を擲《なげう》ちたく成候ここちせられ候。（『馬琴書翰集成』第三巻）

といささかオーバー過ぎる表現でべた褒めする。若い人から送られた著作にあまり感心しない時は、かえって具体的な評価は書かず、一般的な大げさな、あまり穿鑿《せんさく》のしようのない褒め言葉を連ねて、文字通り敬遠することがままあるように、負けん気の強い馬琴のこの言葉を検すれば、字義通りというより、後進の文章を送られた大家が、

「恐るべき大才」とか「感心のほかない」と、とにかく一般的で当たり障りない言葉を使っているように見える。

ところが、またその二カ月後の天保五年七月十三日の日記には、久足が写本の代金を馬琴に未だ送らぬことに不満を漏らし、

いせ松坂小津新蔵より差越之紙包一ッ、届来ル。（略）書状一通在中《なかにあり》、然《しか》ル処、今便《こんびん》も、五月中此方《このかた》写させ遣《やり》し候南朝《なんちょう》編年録の事、何とも不申来《もうしこさず》。且、右筆代、金三分壱朱余も不差越《さしこさず》候。失念ハあるまじく候得ども、一体吝《りん》（けち）の方歟《か》、勘定延引、尤《もっとも》こころ得がたし。

と怒ったりしている。馬琴が金銭のやり取りに細かく、うるさかったことは、江戸時代屎尿《しにょう》を汲み取らせていた農家から、その代価として受け取っていた大根の数が少ないと、以後出入りを禁じた逸話（小池藤五郎『南総里見八犬伝』（八）、岩波文庫、解説、三頁）にも表れているが、久足写本代金未払いの件は、すぐ殿村篠斎に訴えている。

桂窓子とハ、交わりもいまだ久しからず候故、御気質をよくも不存《ぞんぜず》候処、かれ是ニ手《て》推量いたし候へバ、じつにあき人（商人）気質の御仁と被存《ぞんぜられ》候。宜《むべ》（もっとも）也、渡世に賢にして、次第に屋を富し給ふ御噂も承り候。雅俗の才物たる事、申すもさらなる事ながら、方正を旨とするものの為にハ、いかぞや存候《ぞんじそうろう》事、なきにあらず。なれども、士風あるものとあき人とハ、心術（心がまえ）格別なれば、咎《とがむ》るに足らず、已後《いご》ハこの心得にて罷存候外無之候《まかりぞんじそうろうほかこれなく》。（『馬琴書翰集成』第三巻）

この件は、飛脚が遅れたための誤解ということで決着がつくが、武士の気概を誇る馬琴の商人久足に対する、一種の本音が窺い知れて興味深い。以後久足を商人と覚悟して付き合う、という言葉を、同じ商人である篠斎に言ってのけるところに、篠斎、久足への親近の差と、武士を誇る彼の本性が表れているというべきか。

百　馬琴、久足の辞去を惜しむ

久足の写本代金未払い事件について、殿村篠斎に不満を訴えていた馬琴は、同日天保五年（一八三四）七月二十一日に、あわてて篠斎に弁明して、久足が支払いの際には「いつも悠々ニ御座候。君（篠斎のこと）はかくまで万事行届《ゆきとどき》給へるに、いかなれば御身上向《しんじょうむき》、思召《おぼしめし》通りニならざるやらん」と、裕福なはずの若い久足がのんびり支払う気風に苦言を呈し、隠居の身の篠斎が金銭に行き届いているのに較べながら、そういう篠斎の暮らし向きが向上しないことに同情を寄せている。

恐らく篠斎が両者の間に入ったのだろうか、久足と馬琴は元通りの付き合いに戻ったと見えて、翌八月十六日の篠斎宛ての書簡で、

　ご同人（久足のこと）、御才子ニハ候得ども、尚《なお》御壮年故《ゆえ》、等閑なるべからざる事（放っておいてはいけないこと）も、等閑ニ被成候御癖《なされそうろうおんくせ》、有之《これあり》候と存候へバ、一向咎るに足らざる事ニ御座候間、不相替《あいかわらず》親しく交遊いたし、不及《およばず》ながら、万事実意を以《もって》、交り可申存《もうすべくぞんじ》候。（『馬琴書翰集成』第三巻）

と、久足の三十二歳という若さ（？）ゆえに、まぁ行き届かぬところがあるのは仕方がない。これからは変わらず付き合うと篠斎に馬琴は約束している。

以後、以前通りの綿密懇切な手紙の往来が続き、やがて久足、篠斎、そして高松藩家老の木村黙老が馬琴に送って来る『南総里見八犬伝』についての質問や批評に、作者馬琴自身が答えた文をまとめて、専門家の筆耕に写させ、出版こそされていないが、写本『評答集』として後世に残されることになる。

先述の『南総里見八犬伝』巻之二十四に久足、篠斎らの長歌を掲載した翌年、天保十一年四月十一日付けの篠斎宛ての手紙で、その前日の十日、午後二時ごろに久足が馬琴宅を来訪、空腹ということで食事を供したが、夕方四

時ごろには深川の老母が待ちかねている、とのことで早々に帰った、と篠斎に報告する文章に、

二月中両度、昨日共三度来訪候へども、深川よりハ遠方故、おそく来て早く被帰候《かえりなされそうろう》間、まことに愚衷《ぐちゅう》（私の思い）もつくしかね候内《そうろううち》、分袂《ぶんけつ》（別れること）に成り、尤《もつとも》遺憾之至ニ御座候。（『馬琴書翰集成』第五巻）

と、最初の頃の長居を嫌った馬琴とは大違いで、久足の来訪を待ち望み、早く帰ってしまうのを惜しむほどになっている。久足が二月二十七日から三月二十七日まで、江戸から筑波、水戸、仙台、松島、日光と旅し終わっての江戸馬琴宅への帰来であればこそ、つもる話を期待したこともあり、（久足は旅行前に二度馬琴を訪れている）、老境に至って人恋しくなったこともあろうが、何よりも彼が久足の人と知識を真に評価するに至ったことの証だろう。

久足が早く辞去する理由に「老母待ちかね」ているとした「老母」とは誰か。継母せいだろうか。あるいは妻の母を言うのか。もし継母せいのことなら、この時久足三十七歳、せいは四十八歳。はたして彼女が深川の江戸店にいたかのかどうか。この「老母」が誰か、多少気になる。

この時の久足の奥州旅行を綴った『陸奥日記』は、二〇一八年『東北文化資料叢書第十一集』（東北大学大学院東北文化研究室刊）に、菱岡憲司氏などを中心に翻刻されているが、本書は久足の数ある紀行文の中でも「旅した場所といい、文体の洗練といい、いずれをとっても久足紀行文の白眉」と菱岡氏は評し（同書、一頁）、板坂耀子氏は「江戸時代そのものが生んだ東北紀行の総決算」（同書、五頁）と絶賛している。

百一　『陸奥日記』

馬琴が久足の道中話を楽しみにした天保十一年（一八四〇）二月二十七日から三月二十七日まで、江戸から筑波、水戸、仙台、松島、日光への旅『陸奥日記』全三冊は、現存する彼の紀行文四十六編中第二十二作目で、久足歳三十七。景勝松島の宿を綴った中巻の一文を例に引けば、

よる《(夜)》のさまは、ことさらなれば、その堂の欄干にもより《(寄)》かかりて、(略)。しづかにながめ居たるほど、金波《きんぱ》いとしづかにて、いは《(言)》んかたなきけしき《(景色)》なれば、やど《(宿)》りにかへ《(帰)》り、船ととのへ《(調)》させて、御《オ》島によせさせ、そのしま《(島)》にあが《(上)》り、そこかしこみ《(見)》めぐるに、八房の梅という名ある木立、をりしもさかりにて、そこはかとなくにほ《(匂)》ひつゝ、甚《はなはだ》よし（趣き）あるよ《(夜)》のさま也。

まつしまやをしまの月をした《(慕)》ひきて　おもはずたを《(手折)》る梅の一枝《ひとえだ》（『陸奥日記』一一一頁－一一二頁）

久足のこの一節、さすがに「千里の道を行き、万巻の書を読む」境に至った風雅の筆で、ここでもたとえば「八房の梅」など、『南総里見八犬伝』の第二輯で犬塚信乃《しの》と犬川荘介《そうすけ》が同盟を誓う場面に出て来る「八房の梅」の奇《き》瑞《ずい》を想起して、その奇遇を馬琴に帰ってから語るのを忘れなかっただろう。全三冊、土地の来歴、人情、率直な旅の感慨を尽くして遺憾が無い。

この紀行文が菱岡氏の協力を得て東北大学東北文化研究室から刊行されたのは、二〇一一年三月十一日の東日本大震災を契機として、被災地の大半を踏破した小津久足の『陸奥日記』を解読する研究会が発足しての成果による。『陸奥日記』は、また意外な形で現代作家に取り上げられてもいる。月刊誌『新潮』二〇二一年十月号掲載の乗《の》代雄介《しろゆうすけ》著の『皆のあらばしり』という中編。栃木の旧家に残る蔵書目録に、小津久足の『陸奥日記』と並んで『皆のあらばしり』なる未知の書名があり、旧家を知る歴史好きの高校生と、久足の幻の書を手に入れようとする中年の古書コレクターの奇妙な交友を柱に、古書の虚実が語られる一種の歴史ファンタジーとでも言おうか。おそらく菱岡氏の著作や『陸奥日記』の翻刻版を基に書かれたとおぼしい。その中年男が無闇と下品な関西弁を喋るのが、関西弁を愛する私としては多少辟易するところがあるが、要領よく久足の紀行をまとめているところは、さすがにその年の三島由紀夫賞作家の手腕と言うべきか。

それにしても、テレビのサスペンスドラマでも、中途半端な悪漢は関西弁をしゃべり、途中で真犯人に殺されて終わり、というパターンが多いが、関西弁は吉本新喜劇の独占でない。それこそ桂米朝や桂文我師匠の噺を聞いてくれ、と言いたいところだが、それにしても作中の中年男にわざわざ関西弁を喋らせる小説的必要があるのかどうか、私には大いにいぶかしい。

馬琴日記はこの時期のものが欠けているので、円熟期の久足紀行文についの感想を知ることができない。初期の『花染日記』（一八三一）は、天保六年正月十一日「写し取り候て、直《ただち》に黙老（高松藩家老）へかし候ところ、かの方ニても写し度《たき》よしニて、今に返し不申候《もうさずそうろう》」と久足に書いて、珍重したことがわかる（『馬琴書翰集成』第四巻）。

ただ当時紀行文は、風雅の友としてよりも、貝原益軒の書にも見られるように、旅行する際の参考として書写することも多かったようだから、馬琴、木村黙老が手写したとしても、必ずしも高評価を保証しないかも知れない。たとえば森鷗外『伊澤蘭軒』を読むと、蘭軒の長崎への旅行記を菅茶山が借り受けているのも、文学的鑑賞よりは地理的興味に駆られての目的が主であったようだ。

百二　埋もれている自筆本

書店に華やかに並ぶ活字印刷の書籍が尊ばれる今日とは逆に、江戸時代では美しい料紙に名筆と知られる人に書かせた写本を最上位に、作者の原稿を筆工が写し、彫り師が版木に彫り、刷り師が大量に刷った版本は、最下位とされたという（中野三敏『和本のすすめ』岩波新書、二〇一一）。日本に現存する「和本」は、少なく見積もって百万点以上はあり、乗代雄介著『皆のあらばしり』ではないが、旧家の蔵に残っているかも知れぬ自筆本や写本を加えれば二百万点以上はあると中野は推察している。

文化十四年（一八一七）、小津久足十四歳の『丁丑詠稿』から、五十四歳となる安政四年（一八五七）『丁巳詠稿』まで四十一冊の自作和歌集は、すべて自筆稿として残り、あえて刊行されることはなかったし、文政五年（一八二二）、十九歳の吉野行の最初の紀行文から、安政三年、久足五十三歳での最終四十六冊目『梅の下風』まで、これも自筆稿あるいは写本のみで、久足の存命中には出版されていない。

　馬琴が久足の紀行や批評の稿を書き写させて友人に送ったりするのも、江戸の文化、和本のありようを知ってはじめて風雅の人々の濃密な交際と文化の緩やかながら深い滲透を思いやることができる。先にも引いた鷗外『伊澤蘭軒』に、蘭軒が文化三年に長崎に赴いた際の『長崎紀行』のほぼ全文が、『東京日日』、『大阪毎日』新聞に大正五年（一九一六）一月から大正六年九月初めまで三七一回の連載のうち第二十九回から第五十一回の長きにわたって紹介されているが、叙事簡潔な中に旅程の風物や知人との交際の有り様が情趣豊かに記されて、久足の紀行とはまた別種の趣きがある。

　蘭軒の紀行が、鷗外が紹介するまで家族や菅茶山など知人を除いてほとんど一般の読者を持たなかったのと同じように、小津久足の紀行文も、馬琴の書簡や日記、著書が手掛かりとなり、ようやく久足の文業が知られた。それが菱岡氏を中心とする研究者たちによって「発見」され、翻刻もされ、いわゆる「紀行文界の馬琴」（板坂耀子説）とまで称せられるようになったのは、久足にとって僥倖ともいうべき事象だったはずだ。その僥倖を得ず、どれほど膨大な量の日記、紀行文が筐底に収められたまま湮滅《いんめつ》してしまっていることか。

　もとより久足自身も紀行文をもって名声を得ようなどとは思ってもみなかったろう。少なくとも、あくまで自分の風流の趣味を実践し、自分の眼でその事実を楽しみとした紀行のありようを文章にまとめて残し（子孫への覚書と言う気持ちもあっただろう）、その筆記する過程で、一人愉悦していたのではなかろうか。

　彼の紀行文を年代順に読み進むと、豊富な歌稿を織っていく以上に、叙述の筆がゆったりと、自ら楽しむ風になっている。そしてその足の及ぶところ、京、大阪、奈良を中心に、遠くはみちのく、近くは松阪近郊への旅の叙事的な記録と、折に触れての個人的な感慨の吐露が、誰に聞かせるのではなく、あくまで自分自身のつぶやきとして書かれている。

その意味で死の二年前、最後の紀行文『梅の下風』が、住居ちかくの松阪近郊を叙したものであるのは興味深い。「ふるさとへ廻る六部《ろくぶ》（仏像を入れた函を背負って米銭を乞いつつ諸国を廻《めぐ》る巡礼）は気の弱り」という古川柳があるが、長年にわたる旅の記録の締めくくりを故郷松阪とするところに、久足の「旅」への感慨の帰結があるように思われる。

「人生は旅」。ある意味で「旅」こそが、風雅に生きた久足の五十五年の生涯を貫く意識だったのではないか。このことは、彼の異母弟の孫となる映画監督小津安二郎の作品にも通じるものがあるような気がする。

小津安二郎

チチェローネ　四　小津安二郎

日本の誇る映画監督。彼もまた松阪「小津党」の一枝で、久足は彼の大伯父となる。宣長、春庭、また久足についても、いずれもが一家の存続、継承に心胆を砕いた。家第一とする江戸時代の家族制度によるとはいえ、そこにはじつに想像を超える苦労があったのではないか。宣長は盲目の長男に代えて弟子大平を養子として家を継がせた。春庭は大平の子息を後継にしようとして苦心惨憺する。湯浅屋の番頭だった久足の父は、主人の息子が幼いため、主人の姪の婿になり繋ぎの家督を譲られる。ところが主人の息子は代を継いですぐ逝去、思いがけずその番頭の一人息子である久足が湯浅屋六代目となった。寡夫だった父は小津別家の寡婦と再婚し、その子供が幕末・明治と生き抜いて、小津安二郎の祖父となる。安二郎が映画の冒頭にも使った芥川龍之介のアフォリズム「人生の悲劇の一幕は、親子になったことから始まっている」は彼にとって実感だっただろう。旧制中学生の頃から活動映画にどっぷりつかり、卒業後叔父のつてで松竹に入って監督を始めると、水を得た魚のように、数年を経てベスト・テンの一位を連続して獲得するに至る。

最初アメリカ映画の影響の強い、そして庶民には縁のない「大学もの」だったが、「出来ごころ」などから彼の良く知る深川の庶民が登場する。やがて中国との戦争が始まり、それに出征して帰れば、また太平洋戦争が始まる。小津安二郎は戦争に翻弄される日常を送った。終戦前に出かけたシンガポールで捕虜になり、戦後大きな期待を担って帰還した彼は、映画「晩春」で彼の本来の世界を確立した。以後遺作となる「秋刀魚の味」までその評価は揺るぐことがなく、海外においても高く賞讃される。

サイレント時代の初期作品から彼自身が身近な問題とした「家族」の問題を、それとあからさまに言わずに浮き彫りにする彼の作品を具体的に細かく見て行くことにしよう。

百三　小津別家の系譜

小津久足は二十四歳で松阪日野町の加藤弥右衛門の娘るいを娶って、とら、ていの二女を得たが、男子に恵まれず、久足三十四歳の時、湯浅屋第五代守良（第三代理香の長男）の遺した長女ゐのを養女に迎えて、津出身の川井忠三郎と娶《めあ》わせ彼を第七代とした（口絵㉕）。時代とは言え血統に律儀な彼の性格が良く出ている。そして安政元年（一八五四）五十一歳で忠三郎に家督を譲り、以後隠居として歌稿や紀行文を筆にする楽しみに沈潜して安政五年に没した。

松阪の本家に対して、初代新兵衛の次女の夫小津新七が江戸店を取り仕切り、以後小津別家として初代養子の二代目新七、その長男新三郎が三代目新七を継ぐ。その彼が三十四歳で亡くなり、残された妻せいは久足の父徒好と再婚、二男二女を儲けたが、久足は二代新七の出身地である紀州和歌山湯浅の岩崎氏に養子を求め、せいと父の次女くすのと結婚させて彼を四代目新七とした。久足の父徒好もせいも、実の長男に継がせたかったろうが、本家当主の久足は、断固筋目を通したのだ。

先述第百回で、奥州仙台から帰った久足が、帰途江戸の馬琴宅を訪れ、長居を勧めて引き留める馬琴に対して「老母が待つ」と辞去の口実にした、その「老母」は継母せいかと疑ったが、そうではなく、本家三代目理香未亡人りせで当時七十二歳。実の大伯母とは言え、形の上で母として遇したのだろう。理香の伝記『花山道秀居士伝』は、小津別家二代目新七がりせの求めに応じて書き、それに触発されて久足が書き継いだ『家の昔がたり』は、記憶の確かな彼女の助言無くしては成らなかった。久足はその書の末尾に「老母ことし七十九に成たまひぬ。いまだ壮健なれど、ご老耄《ろうもう》、もの忘れのうれ《憂》へあるべくも、この後はかりがたければ、昔のことまのあたりに見聞きせられし老母に尋ねずしては、知れがたきこと多ければ」（菱岡憲司他編『小津久足資料集』六九頁。表記は少し変えた）

と書いて彼女への親近を示している。

小津別家五代目新七と妻やすとの次男が小津寅之助《とらのすけ》で第六代となり、その次男が後に映画監督になる小津安二郎ということになる。一昨年十二月に刊行された『小津安二郎松阪日記　大正七年・十年』（松阪市、二〇二一、口絵㉖）の冒頭に、父方家系図があって、五代目新七の幼名が猪蔵《いぞう》とある。久足の父徒好、継母せいの間にできた次男がその猪蔵で文政十年（一八二七）の生まれ。父徒好は翌年に亡くなっている。久足在世の折は、新七家を継がせずにいたが、四代目新七とくすのの間に男子がなかったのだろう、徒好とせいの間にできた男子の相続を頑なに拒んでいた久足も亡くなり、くすのの末弟猪蔵を養子として跡を継がせたと思われる。猪蔵を紀州湯浅村出身のまちと添わせたのは、やはり筋目を立ててのことだろうが、猪蔵はまちの没後やすと再婚して善右衛門、寅之助を儲けた。つまり小津安二郎は、久足の異母弟の孫ということになる（『小津安二郎松阪日記』四頁所載系図）。

『小津安二郎松阪日記』は、二〇二二年十二月に私が三姉の葬儀に帰省した際、たまたま空いた時間を利用して「小津安二郎記念館」を訪れると、記念館の岩岡太郎学芸員が、ちょうどこの本が出たところだ、と事務室の書棚から一冊取り出されたのを、文字通り「奇貨居《お》くべし」と、その場で購入させていただいた。

その時、来年二月あたりから小津安二郎に入る予定です、と話していたのが、馬琴と小津久足、篠斎の関係を説くのに手間取って、なかなか小津安二郎までたどり着けないでいて、ようやく次節から取りかかることになる。

百四　小津安二郎の出生

干鰯を主とする江戸の肥料商として財をなした湯浅屋六代目与右衛門小津久足の異母弟猪蔵（一八二七－一九〇六）は、縁故ある紀州湯浅出身のまちと結婚して五代目小津新七となり、国松を儲け、まちの没後やすと再婚、善右衛門と寅之助の二児を得る。長男国松がいることから、善右衛門を板倉家へ、寅之助も赤子のうちに松阪近郊の大地主田中家に養子に出し、猪蔵自身は長男を連れて維新初期の東京へ出た。

その国松が明治十二年（一八七九）に亡くなったため、田中家から十四歳の寅之助を取り戻した四年後、猪蔵は隠居、寅之助を戸主とした。寅之助は湯浅屋本家九代目に見込まれて本家八代目与右衛門の二女きぬと結婚するが、彼女は明治二十八年に亡くなり、一志郡竹原村の大庄屋萩野家に生まれたあさゑと再婚、新一、安二郎、登喜《とき》、登久《とく》、信三《しんぞう》の五児を得る。

都会の湯浅屋での忙しい勤めの中に、寅之助は幼年期を過ごした松阪が懐かしく、かつ幼い登久が虚弱なこともあって、大正二年（一九一三）一月、松阪在住の兄善右衛門に土地の購入を依頼、松阪市垣鼻の広い土地を購入して家族を移した。本人も帰住するつもりだったが、会社の仕事が忙しく実現しなかった。

明治三十六年、東京深川に生まれた安二郎が、十歳で家族とともに松阪に来たのは、その年三月。居宅近くの松阪市立第二尋常小学校四年に編入、以後大正十二年三月妹登貴の女学校卒業とともに、東京に帰るまでの十年間を松阪で住むことになる。

兄新一は旧制津中学校（現津高等学校）に学んだが、安二郎は大正五年に旧制宇治山田中学校（現宇治山田高等学校および現伊勢高等学校）に進んで寄宿舎生活を送る。小津安二郎松阪記念館編集の『小津安二郎松阪日記　大正七年・十年』は、その間の小津の旧制中学時代のまことに貴重な記録となっている。

巻頭に安二郎の父方・母方の系図が示されて複雑な姻戚関係が明確になる便宜もあり、続く頁の大正九年十月一日国勢調査に基づく「松阪市街略図」は、小津日記解読にきわめて重宝。各家々、商家の名前が書き記されていて、松阪にゆかりある人間にはじつに懐かしく、かつ示唆されるところも多い。試みに私が生まれた松阪城跡石垣前のわが家のあたりは「福吉干燥場《かんそう》」となっていて、私の父母が結婚して住んだ家やご近所の建物は、当時まだ無かったことが分かる。

小津の日記にも、山作《やまさく》、老伴《おいのとも》などの店名やお菓子の名、私の母校松阪工業高校（当時は五年制）も出てきて、その運動場で野球もしている。しかし何よりも驚いたのは日記でしばしば言及される槌賀《つちが》先生のことだ。博物学の教師で、厳格なことで知られる先生だったという槌賀安平《やすひら》（一八八六－一九七一）の名は、学生時代フランス哲学を教わった澤瀉久敬《おもだかひさゆき》（万葉学者の久孝《ひさたか》の弟）の晩年の随筆集『わが師わが友』に「槌賀安平先生」の一文があったことを思い出して、まさか小津の日記に！と偶然の発見に驚いた。その書き出しにこう書かれている。

大正時代から昭和の始めに宇治山田中学校で学んだ者たちには、（略）アンペイの名だけは鮮やかに浮かび出るだろう。実際あの怖ろしくも懐かしい安平先生の面影と思い出は、誰の脳裡にも今なお鮮明と思う。（澤瀉久敬「槌賀安平先生」、『わが師わが友』経済往来社、一九八四、五八頁）

中学生に鉛筆の削り方から靴磨きまで教えたという「アンペイ」が、彼に教わった小津安二郎には不倶戴天《ふぐたいてん》の教師だったとは！　日記の興味はますます深い。

百五　小津安二郎の『松阪日記』

小津安二郎松阪記念館編『小津安二郎松阪日記　大正七年・十年』は、古い松阪を知る者には、まことに興趣つきない。大正二年（一九一三）生まれの私の母がもし生きていれば（五十歳で亡くなっているから、もとより不可能だが）、大喜びで懐かしい地名や店、登場人物を説明してくれたに違いない。

しかし小津の映画を知る人にとっても『小津安二郎松阪日記』は示唆するものが多い。たとえば大正七年一月十二日の記述に、山田駅前「前田屋」で、第四中学（翌年宇治山田中学と改称。通称やまちゅう）の飯南郡出身者たちの「飯南会」に彼が出席しての記事に、「久留《くる》君の詩吟・演説に感心した」（一七頁）とあるのは、映画「彼岸花」（一九五八）で、主人公の旧制中学時代の友人が、蒲郡での同窓会の宴席で仲間から請われて、照れくさそうに楠木正成桜井の別れを詩吟で歌う場面を思い起こさせる。

旧友を演じた笠智衆の詩吟を小津は高く買っていたというから、そのシーンが入ったのかも知れないが、中学時代のこの時の感動も関係しているのではないか。『松阪日記』の懇切な注によれば、「久留君」は松阪病院長の長男威《たけし》で、のち同病院の院長、弟勝《まさる》は小津が癌を病んだ際の国立がんセンター長というから、出京後も交際は続いていただろう。

また同年九月三日、「帰舎弓場前の草取り二限の体操も少し草を抜いた」の記事に、寄宿舎の舎監「槌賀安平の指導は草取りにも及んだ」と注され、これも「父ありき」（一九三七）にある「草取りの際の生徒が言葉を交わすシーン」の「基となったのは小津の寄宿舎での体験だったかもしれない」（同書、二〇〇頁）とある。

『松阪日記』に現在欠けている大正九年の旧制中学五年生の夏休み前、寄宿舎での「稚児事件」に巻き込まれて小津は退寮処分となるが、その厳正な処分を課した舎監長の槌賀安平に、事件から三十年以上経っての同窓会に、槌賀が出席することを彼の欠席の理由にするほど、深い遺恨を抱くことになった。

しかし愛憎は裏返しの関係でもある。厳格な槌賀に、奔放ながら自分の筋を通す小津は、反発したには違いないが、槌賀の言動は、嫌でも彼の心の中の襞に入り込んでいたのではないか。「父ありき」の草取りの場面もその表れの一つだろうし、喧《やかま》しく言われたことは、後年思わずも出てくるものだ。

二〇二三年十月、松阪工業高校の友人たちと松阪市本町にある小西屋で一年ぶりに一泊して愉快な時間を過ごしたが、その時友人の一人が「化学の実習は掃除に始まって、掃除に終わる」と毎回授業の前に指導の先生に言われたことが、自分が入社して以来、退社して他の仕事をしていても、仕事を始める際に思い浮かぶ、としみじみ話した。

小津の一年下の澤瀉久敬の前出『わが師わが友』に収められた「槌賀安平先生」の中に、槌賀から叩き込まれた三カ条、1．つとめて自ら研究せよ。2．精密に観察実験せよ。3．正確に思考せよ、を折ある毎に暗唱させられて、一語でも間違うと立たされた、とある（同書、五九頁）。槌賀は後に勤めた淡路の三原高校では「ドウラン先生」（植物採集の際肩にかける蒐集箱）と言われたというから、実地にドウランを下げて生徒と出かける姿が、その特徴だったのだろう。

小津もこの三カ条をことある毎に暗唱させられていたに違いない。彼の地を這うようなローアングルや精密なカメラワークは、案外ここに淵源があるのかも知れない。

百六　最初の飲酒とキネマ通い

小津安二郎の大正十年（一九二一）の日記の冒頭、一月二日に「余りに屠蘇を祝いすぎた」とあって、「さしみ、正月の馳走で酒を飲んだ処、生まれて始めてだったので吐瀉した」（九八頁）とある。小津は後年脚本を書くのに、ベテラン脚本家で盟友、野田高梧《こうご》（一八九三－一九六八）の蓼科にある別荘で、地酒「ダイヤ菊」の一升瓶を毎日何本も空けてから執筆にかかったのは有名な話だが、この酒豪の飲み始めが安二郎十七歳の遅きに発するのは、意外だった。福沢諭吉など幼時から酒を喜んだと『福翁自伝』にある。

私自身は四つか五つの時、たぶん屠蘇でない酒を興味本位に飲んで酔っ払った記憶がある。やはり家格《かかく》正しい家は未成年に無闇に酒を飲ませはしなかったろうし、安二郎もそこは折り目正しい青年だったに違いない。この年三月旧制中学を卒業する身とて、飲酒も許されたのだろう。

同じ日付の記事に「夜は乾（安二郎の友人）を誘い神楽座にウィリアム・ダンガン、カロル・ホエルノ共演銘打って戦闘の跡を見に行く」とある。

蓮實重彦『監督小津安二郎』（ちくま学芸文庫、一九九二）に添えられた関口良一作成の「年譜」に大正六年小津十四歳の時に見たアメリカ映画「シヴィリゼーション」（トマス・H・インス監督）を見て、映画監督になろうと決心。既に、自宅近くの小屋（おそらく神楽座）で「松之助のカツドウ」を見て映画が病みつきになり、「クオヴァディス」、「ポンペイ最後の日」など「イタリア歴史映画」が名古屋に来た時には、学校を休んで見に行く。（同書、三六〇頁）

と書かれている。それは後の小津の記事や記憶や会話の記事に拠ったもので、小津自身によるその時期の記録は残っていない。その翌年の「大正七年」の日記には、一年を通して映画を見たことはまったく書かれていない。きっと見たに違いないのだろうが、おそらくは寄宿生活の窮屈さから映画館に出入りすることは、日記においても秘すべきこととしていたのだろうか。大正十年一月二日に最初の飲酒体験とともに、神楽座での映画鑑賞についても、あたかも禁を破ったかのように年頭に書き記されるのは、きわめて象徴的なことに思われる（口絵㉗）。

そして一月六日にも神楽座。その時見た映画の感想を書いたのか、彼が設立した「キネマ同好会」に同日発信している。さらに十二日、十五日、二十日、二十三日と、一月は記事だけでも六回は映画見物に出かけたことがわかる。二月以降はさらに増え、外国の俳優や映画会社に手紙を出したり、東京の浅草電気館やキネマ倶楽部、千代田館、帝国座などにプログラムを注文するなど、ますます映画にのめり込んでいく。

六月も終わりごろからは、日記はほとんど映画関係の記事のみで埋まり、どんな映画を見たか、どこでいつどんな映画が上映されているかの情報に溢れる。小津が始めた「キネマ倶楽部」への寄稿用でもあろうし、兄新一の通う神戸高等商業学校への入学試験に落ちての浪人生活の間に立ち上げた映画研究会「EGYPT CLUB」への執筆の材料ともなったのだろう。一年間の松阪郊外での代用教員を経て出京、映画界を志すのは「水至りて渠《きよ》なる」で、自然の運びというほかない。

百七　代用教員から松竹入社

大正十年（一九二一）三月旧制宇治山田中学を卒業した小津安二郎は、その年旧制神戸高等商業学校を受験して失敗、翌大正十一年三重県立師範学校の受験にも落ちて、三月三十一日三重県飯高《いいたか》町宮前《みやのまえ》の尋常高等小学校の代用教員となり、五年男子組を担任する。

一九九三年に発足した「飯高オーヅ会」は、彼の教員時代の教え子やゆかりの人たちで構成されて、教員小津（オーヅ）安二郎を顕彰する活動をしていることは良く知られている。私は小学校の頃、夏休みになると飯高町森にある亡父の実家である伯父の家に、二歳年上の次兄と一緒に何度か厄介になったりした（家計に余裕がなかったから、束《つか》の間の口減らしだったのだろう）。森までの三重交通バスは延々と櫛田《くしだ》川沿いに走り、途中宮前のバス停でバスはしばらく休んで、それからまたさらに何キロか先の父の在所に進んだ。まさかその宮前の地で小津安二郎が代用教員をしていたとは！

教室で小津は生徒たちに映画のあらすじを巧みに話して喜ばせ、週末には長い道を松阪まで帰って映画を見たという。松阪駅からのバスは、子供心にずいぶん長くかかったように思ったが、宮前から松阪平生町まで、当時として二時間近くはかかったのではないか。もって彼の映画熱を知ることができる。

翌大正十二年に上京、叔父のつてで、松竹キネマ蒲田撮影所の撮影部助手として入社。ともかくも初志貫徹で、新興の映画産業に身を置き、松阪で蓄えた映画知識を武器に意気揚々たるものがあったろう。当時の小津安二郎の風貌について、小津より二つ年長の脚本家北村小松《こまつ》が、

小津安二郎は最初キャメラの助手をしていた事がある。たくましいボクサーかレスラーの様な体格で、時々首に、手拭を巻いて、アンダーシャツに下駄などをはいていた事もある。

と昭和三十年（一九五五）に書いた文章を、田中眞澄氏が『小津安二郎周游』（上）で紹介している（岩波現代文庫、二〇一三、四頁）。松阪で柔道や相撲などの格闘技を好んだ名残が、そんな印象を与えたのかも知れないが、何よりも居場所を得た思いが強く出ていたのだろう。

以後一年間、東京青山近衛歩兵第四連隊に入営、伍長で除隊したあと、大正十五年二十三歳でサード助監督となり、希望していた監督への道が開ける。そして翌年九月念願の監督第一作の時代劇「懺悔の刃」を撮った。同月末に久居《ひさい》の連隊に予備役招集を受けたため、最初のシーンは先輩の斎藤寅次郎が撮ったという。

以後昭和三年、二十八歳の小津は「若人の夢」、「女房紛失」、「カボチャ」、「引っ越し夫婦」、「肉体美」と五作、翌年二月には「宝の山」さらに四月「学生ロマンス　若き日」を監督。現存している小津のフィルム中最古のもので、幸い市販のＤＶＤで見ることができる。一瞥して監督になったばかりの小津の映画を鑑賞することにしよう。

「若き日」は全編一時間四十三分のサイレント長編で、当時はやはり活弁、すなわち弁士がストーリーを解説して画面の字幕以上に言葉を連ね、音楽も伴奏された。時代劇はやたらと三味線や洋楽器を用いて、それこそチャン、チャン、バラバラと景気よく伴奏し、弁士も口角泡を吹き、修羅場を立て板に水のごとく喋って人気も出たが、さて現代劇はどんな感じで話したのか。チャンバラの活弁は今もやる人があってイメージできるが、小津の現代劇がどのように語られたかは想像もできない。

百八　「学生ロマンス　若き日」の喜劇性

小津安二郎の監督第一作、時代劇「懺悔の刃」（一九二七）から、翌年には「若人の夢」、「女房紛失」、「カボチャ」、「引っ越し夫婦」、「肉体美」と続けて五作撮り、昭和四年（一九二九）二月の「宝の山」まで、残念ながらいずれもフィルムも脚本も残っていない（松浦莞二・松本明子編『小津安二郎大全』朝日新聞出版、二〇一九参照）。その六作ともに一時間前後の長さだが、同年四月の「学生ロマンス　若き日」は、先述のとおり全編一時間四十三分の長尺サイレント映画で、小津作品で残る最古のフィルムとして今も見ることができる。

早稲田の学生とおぼしい主人公渡辺は、二階の下宿の障子に表から見えるように「貸間あり」と張り紙をして、男の客が来れば、もう自分が借りていると追い返し、妙齢の女学生が来ると、それじゃと自分が引っ越して、友人の山本の下宿に転がり込み、翌日忘れ物をしたと女学生の下宿に上がり込んで長居する要領の良い怠け者。一方の山本は真面目ではあるが、鈍臭く、二人とも大学の試験を心配しながら、下宿を譲った女学生にそれぞれちょっかいを出す。

その女学生が赤倉にスキーに行くと聞いて、二人は質屋から金を借り、質草だったスキーも受けだして、大学のスキー部の合宿に参加。スキー場での彼女を挟んでの恋の鞘当てのあと、実は娘はスキー部主将の見合い相手と知り、失意の彼らは試験にも受からず、戻った下宿でゴロゴロしつつ、また「貸間あり」の札を出すところで終わる。

アール・デコ調のタイトルを始め、全編モダンな意匠に溢れるが、中でも下宿の机の人形や洋書で埋まった本棚など小道具の使い方とか、カットの工夫。主人公の下宿から見える煙突や、赤倉のスキー宿へ駅から行く道に何本も立ち並ぶ電信柱、旅を強調するスピード感溢れる線路といった、戦後作品にも度々挿入される画面など、小津の映画を知る者には、おぉ、懐かしい！と声をあげる発見がたくさんある。

早大生渡辺を演じる結城一朗が慶応出身という楽屋落ちも笑えるが、山本役の斎藤達雄は、当時人気の喜劇俳優ハロルド・ロイドの風貌そっくりに、ロイド眼鏡にロイド流のパントマイムとギャグで、恐らく当時の観客は大笑いしたことだろう。「ペンキ塗り立て」の電信柱に手をつき、その手で顔を拭ったり、買ったばかりのスキーがデート中に勝手に山を滑って、それを拾おうと慌てて追っかけるシーンなど、ロイド映画の滑稽をそのまま見る思いだ。

私の次兄は中学生の頃、近所の小母さんに「若い時の斎藤達雄に似ている」と言われたことがある。その頃私たちが知る斎藤達雄は中年のおじさんで、彼と似ていると言われてもピンとこなかったが、なるほど、この映画の斎藤はその頃の次兄を思い出させて納得した。

それにしても、このあといわゆる「大学もの」が続くが、試験に落ちる学生の悲しくも滑稽な姿が多く映される。受験に失敗した小津の苦い思いとともに、当時同世代の一割強しか行けなかった大学を一つのユートピアとして描く意図があったのではないか。

渡辺に質屋へ行くアイデアを思いつかせる下宿の部屋に張られた米映画「第七天国」のポスターを始め、全編に漲るアメリカ趣味の小道具は、庶民には手の届かぬ「大学」とともに、遠い先進国アメリカへの観客の思いに合わせるものだが、監督小津安二郎自身の憧れを、それとなく演出するものだったのかも知れない。

百九　「大学は出たけれど」の時代性

昭和四年（一九二九）四月公開「学生ロマンス　若き日」には、前回述べた他にも小津安二郎後年の名作を思わせるカット、たとえば心を通わせる二人が並んで同じ方向を向いて話したり、物を食べたりする場面が、この初期の作品にも見られる。

特筆すべきは、小津の現代劇第一作「若人の夢」（一九二八）でほんの端役で出て以来、遺作「秋刀魚の味」まで、ほとんどの小津の映画に出演している笠智衆が、スキー部員として凛々しく登場していることだ。中年以降の役どころの多かった笠は、訥々《とつとつ》とした口調と渋い風貌の印象が強いが、ここでは若く、快活で精悍な姿を見せる。

笠自身の「今の僕からは想像もできんでしょうが、当時は、わりとりりしい顔立ちをしとったんです」という言葉（笠智衆『大船日記　小津安二郎先生の思い出』扶桑社、一九九一、二〇頁）は嘘でない。この真面目そうで磊落《らいらく》とさえ見える感じが小津に愛されたのだろう。

戦前の小津映画の常連飯田蝶子も、ちゃんとヒロインの女学生の叔母の役で出ている。「若き日」の四カ月前の作品「肉体美」は、夫をモデルに描く女流画家の絵よりも、夫が描いた絵の方が入賞して、今度は妻がヌードのモデルへと逆転する喜劇だが、三枚目の女優飯田蝶子を主役とするところに小津の才気が見える。撮影の際、床の電気コードが映らぬように、カメラをローアングルにしたのが、有名な小津のフレームワークの由来だともいう(「小津安二郎芸談」、田中眞澄編『小津安二郎戦後語録集成』フィルムアート社、一九八九、一六一頁)。

下宿に貼られたアメリカ映画のポスター、主人公のセーターにあるRのさかさまの文字は、ロシア語では「私」を意味する一語になるが、演じた結城一朗が、映画出演の前に雑誌「R」の編集に携わっていたことを知れば、これまた楽屋落ちのギャグとも思われる。その他小津がさりげなく見せるシャレたアイデアの数々は、自ら楽しみつつ、眼ある観客、もっと言えば外国での観客さえ考えていたような気さえする。

その意味でも、続く作品に「大学は出たけれど」や翌年の「落第はしたけれど」など、当時よく言われた「学士様なら嫁にやろ」の言葉に見る一般庶民にはあこがれの的でしかない大学を舞台に、そのユートピア性を、失敗しながらも屈託のないのらくら学生たちの生態によって喜劇調で皮肉に演出し、その底に一九三〇年代の昭和恐慌の不安に揺れる閉塞《へいそく》感を、就職試験に受かろうと苦心惨憺する大学生たちを通して浮かび上がらせている。「大学は出たけれど」のタイトルが、その亜流のタイトルも含めて時代の流行語になるのも、映画がマスコミュニケーションの大きな威力となることを如実に示すものだろう。

「大学は出たけれど」で高田稔、田中絹代のスター俳優が初めて登場するが、上映七十分の作品で、現存僅か十分のフィルムながら、それを見てみると映画全体がどんな風に展開するかが何となく推察できる。それだけ作法がしっかりしている、と言えよう。「落第はしたけれど」も、落第生を斎藤達雄、彼に好意を寄せる喫茶店の娘を田中絹代が演じて、その可憐さといささかボーっとした斎藤達雄のコントラストが面白い。
斎藤は「若き日」と同じように、試験場で背後の友人に見せるために、カンニングペーパー代わりのワイシャツの背中に試験に出そうな所を徹夜で墨書するが、クリーニング屋が間違って持って行き、試験当日の朝、真っ白で返って来る。カンニングの様々なテクニックも虚実を交えて面白く、休み時間に学生仲間が挨拶代わりに披露するラインダンスもモダンで、この頃の小津が楽しんで映画を作っていることがよく分かる。

百十　「その夜の妻」の斬新

「落第はしたけれど」（一九三〇）で学生が駆使するカンニングの四十八手から、フランス映画「カンニングIQ＝0」（一九八〇）を思い出す。大学入学資格試験（バカロレア）の受験生たちが、あの手この手でカンニングに精を出す傑作喜劇で、脚本・監督のクロード・ジディは、パリのシネマテークの小津の特集でこの映画を見ていたのではないかとさえ思えてくる。それほど欧米の映画人たちの小津評価は高い。ジディもカメラマンから監督になった人だ。アメリカ映画の影響濃い初期の小津映画が、フランスの作家に影響を与えたとすれば、まことに愉快な話だが。

よくそんな古い映画を見てるな、と言われる。実は十年ほど前、小津の初期からほぼ全作、NHKのBS放映を片っ端から録画した。その頃のNHKBS映画は素晴らしい編成で、山田洋次の選んだ「日本映画100選」など、映画史の本や、監督、俳優の書き物などでしか知らなかった日本の古い名作をずらりと放映、壮観だった。近頃は米映画が圧倒的で、邦画が少し。フランス映画と来たらほとんどないに等しい。そのうえ同じ作品が何度も何度も繰り返し放映される。他の民放BSの映画番組の方がよほど見ごたえがある。月の始めの一カ月のラインナップを見てがっかりすること毎度になった。

懐古趣味と笑う人もあろうが、小津作品一つ取ってもわかるように、映画は単に娯楽ばかりでなく、撮影当時の貴重な歴史資料としての価値を持つ。交通事情、家の造作、台所の小道具、台詞一つとっても、「時代」が色濃く出て、上映当時には何の変哲もない事件や恋愛模様にも、それが克明に映されて、思いがけないメッセージが込められていることに、後世の観客だからこそ気づく場合も多い。

初期の「大学もの」に並行して作られた「朗らかに歩め」（一九三〇）や蓮實重彦が『監督小津安二郎』で絶賛する「その夜の妻」（一九三〇）、そして「非常線の女」（一九三三）は、いずれも根は純真ながらまともな職を得られず、強盗を働くいわゆる「与太者」たちが登場して、恐慌期の暗い世相をあぶり出す。

たとえば「その夜の妻」は、岡田時彦演じる失業者が、幼い娘の治療費のために拳銃で銀行に押し入り、警官たちの追跡をまいて、折から止まっていたタクシーで八雲恵美子演じる妻のもとに逃げ帰る。そのタクシーの運転手が待ち伏せしていた刑事で、妻は逮捕に現れた彼の拳銃を夫の拳銃で脅して奪い、刑事を見張る間、ベッドの娘を夫に看護させて、不眠の一夜を刑事の前で過ごす。刑事は妻の健気で大胆な行動に驚きながら、夫婦の子供への必死の思いを察して、眠った振りで男を逃がすが、男は家に戻って自首、連行される。

探偵小説を紹介して当時人気の雑誌『新青年』に掲載されたオスカー・シスゴールの『九時から九時まで』の翻訳（筆者未読）を、ほとんどそのまま日本に置き換えた作品で、冒頭の強盗場面と警察との追っかけを除いて（笠智衆が数秒警官の役で出る）、夫婦の安アパートの部屋のみで展開、しかもその部屋にはやはりアメリカ趣味のポスターやペンキ缶などが溢れ、いったい男の職業は何なのかといぶかしいが、この無国籍的背景が、きわめて日本的なたたずまいの八雲恵美子が二丁拳銃を構えるという、アメリカのギャング映画もどきの場面を、つい異様と見せぬ所に小津の演出の妙がある。

病床の娘に添う夫、妻と刑事、その配置の緊張感が、静かな展開の中にみなぎり、それがヒューマニズムに溢れる結末の安堵感に導くことになる。同じ窃盗、逃亡などを扱った溝口健二の「折鶴お千」（一九三五）のスピーディな場面展開と較べれば、カメラワークの相違がよく分かるだろう。

それにしても刑事役の男が「鞍馬天狗横浜にあらわる」（一九四二）で嵐寛寿郎の鞍馬天狗と対決する悪漢中国人を演じていた俳優とは！

百十一　二枚目俳優の使い方

「その夜の妻」で娘の治療費のために拳銃強盗に走る男を演じた岡田時彦は、翌昭和六年（一九三一）の「淑女と髭《ひげ》」では、堂々たる髭を生やした剣道の猛者《もさ》で、その魁偉《かいい》な容貌と粗暴に見える風采のため、友人の妹やその仲間たちも敬遠し、就職も面接で撥《は》ねられる大学生を演じている。

かれが路上でたまたま暴漢から救った女性（川崎弘子）の忠告で髭をそり、首尾よくホテルに就職、女性とも結ばれるというハッピーエンドのこの喜劇、売り出しの二枚目岡田時彦が髭モジャの男になる意外性がポイントで、バンカラ丸出しの岡田が友人の妹の誕生会で、余興を乞われて、場にそぐわぬ剣舞を披露して淑女たちを呆《あき》れさせる。その時の岡田の所作は、不器用ながら真摯な人柄を滲み出させて、単なる白塗りの二枚目を超えた生彩を発揮、俳優としての非凡さを実感させる。もっとも小津が「俳優の手の上げ下げから、歩き方にまで細かい注文を付け」、妥協しないと言っているから（「小津安二郎座談会」（昭和十年『キネマ旬報』四月号）、田中眞澄編『小津安二郎全発言（1933－1945）』所収、泰流社、一九八七）、彼の手柄というべきか。

昭和八年の「出来ごころ」は、時代は既にトーキーへと移りつつあったのを、あえてサイレントに徹し、彼の特色と思われていた「大学もの」、「サラリーマンもの」とは別趣の、無学な下町の庶民を主人公とした。

下町のビール工場で働いている子持ちの中年男喜八（坂本武）は、相棒の若者（大日向伝）と寄席帰りに、工場を首になって行き先なく、しょぼんと立つ娘（伏見信子）を見つけ、一膳めし屋の女将（飯田蝶子）に託す。年甲斐もなく喜八は娘に惚れるが、娘の将来について相談に訪れた女将は、娘は喜八の相棒の若者に気があるから、二人との間を取り持ってくれと喜八に頼む。そんな折、喜八の子供が急病で入院の費用が工面できず、見かねた娘が身売りして金を作るという（世話になった喜八への同情もあるが、自分が恋する若者が喜八に気兼ねして自分の方を向いてくれないのに業を煮やしたのだろう）。娘を思いとどまらせて、若者は北海道の人夫に志願、その支度金で喜八の息子の入院費用を賄う。喜八は若者が北海道に行く前夜に彼を殴り倒して出発できなくし、代わりに自分が北海道行の船に乗るものの、途中わが子可愛さに海に飛び込んで泳ぎ帰ろうとする姿で幕。

喜八の無学で頓珍漢、しかし素朴な人情味あふれる周囲とのやり取りは、まさしく山田洋次「男はつらいよ」の原型で、「寅さん」の方はあまり売れすぎて、回を重ねるにつれ、本当らしさの欠けたあざとい滑稽な言動が連続するようになってしまったが、小津の住む、すなわち小津久足の湯浅屋のある深川の職人が喜八のモデルというとおり、柴又の寅さんよりもはるかに真実味に溢れ、伏見信子演じる娘の可憐さと大日方伝の男っぽさあふれる二枚目、飯田蝶子の優しくもとぼけた味がうまく溶け合った名作だ。

タイトルの「出来ごころ」とは何か。中年男喜八が恋に落ちる「出来心」を言うのだろうか。冒頭、喜八が若者と一緒に場末の寄席で浪曲を聞く場面で、前の客が落とした財布を拾う場面は意味深長だ。「落第はしたけれど」（一九三〇）で大学の校庭で見つけた財布をこっそり拾う小使い役の坂本武が、ここでも財布を取り込むのも面白いが、見つかれば「出来心」と弁解するだろう。出会った娘に声を掛けるのも「出来心」、泊めてやるというのも、親子喧嘩の仲直りに息子になけなしの五十銭もの大金をやり、子供が無茶食いして病気になる原因を作るのも「出来心」、人夫の肩代わりも、途中で逃げ帰るのも「出来心」。人生は「出来心」から成る。それが冒頭落語の寄席の場面から暗示されるのだ。

翌昭和九年の「浮草物語」。坂本武演じる喜八は旅一座の座頭で、八雲恵美子がその情婦で一座の看板女優。二代目中村鴈治郎と京マチ子が戦後に演じたリメーク版よりも、サイレント、黒白のこの映画の方が、はるかに芸術的密度が高く、旅役者の悲哀がリアルに演出されて、感動も深い。台詞が字幕で語られ、かえって余韻が観客に伝わり、台詞を言わぬ分、監督指示の演技が奥深く見える。戦後坂本武は冴えない脇役にまわったが、トーキーの時代になり、生《なま》の俳優の地が赤裸に出る影響をまともに受けたその一人かも知れない。

百十二　トーキー第一作の「一人息子」と応召、帰還後の「戸田家の兄妹」

不況期のサラリーマンの悲哀を描く「生まれてはみたけれど」（一九三二）から、「出来ごころ」（一九三三）「浮草物語」（一九三四）と、三年続けてキネマ旬報ベスト・ワンを得て、小津安二郎は三十二歳で日本を代表する監督になる。しかし一カ月間津の連隊で毒ガス兵器の特殊教育を受けたとされる昭和八年に続く四年後の陸軍召集が、順調に進んできた彼の人生に深い影を落とす。

その間、信州の紡績工場の女工（飯田蝶子）が期待して育てた一人息子（日守新一）を東京に訪ね、そのわびしげな生活を見て失望するが、息子の優しさを知り安堵して帰郷するトーキー映画第一作「一人息子」（一九三六）、中流夫人（栗島すみ子）の尻に敷かれている夫（斎藤達雄）を、大阪から来た妻の姪（桑野通子）が気の毒がるが、ついに夫が妻の小言に平手打ちを食らわして、それが夫婦仲直りのきっかけになる「淑女は何を忘れたか」（一九三七）を撮って、その年九月小津は東京近衛連隊に応召、上海に上陸する。中国戦線に投入され、帰国は二年後の七月。戦場での厳しい体験と二年の空白は、時節柄、表立っての発言はなかったが、深く彼の心にトラウマを残したことは、田中眞澄『小津安二郎周游』（岩波現代文庫、上下冊、二〇一三）や平山周吉『小津安二郎』（新潮社、二〇二三）に詳しく説かれている。

苛烈な戦場に出ての戦争体験が、彼の撮る映画にどのように反映されるか。現場の映画人やファン、観客たちも、田坂具隆監督の「五人の斥候兵《せつこう》」（一九三八）のような作品を期待したはずだ。帰還後、小津は「彼氏南京に行く」（のちの「お茶漬けの味」の原型）に取りかかる。しかしそれは検閲によって放棄を余儀なくされ、彼は「戸田家の兄妹」（一九四一）をもってそれに代えた。

子供たちと妻の還暦祝いを終えた夜に、実業界の大物である父親が急逝。資産家と誰しも思っていたところ、多額の負債があって、長男は屋敷や骨董を売却して清算、母親は未婚の三女（高峰三枝子）とともに、長男夫婦（斎藤達雄、三宅邦子）の家に引き取られるが、邪険に扱われて長女（吉川満子）の家に行く。しかし、そこも長女のきつい性格と折り合わず、思い余って訪ねた次女（坪内美子《よしこ》）宅も夫婦ともに自分たちを引き取る気配がない。二人は鵠沼の老朽した別荘で暮らし始める。一周忌に中国天津の勤務地から戻って事情を知った次男（佐分利信）は、兄たちを糾弾、一緒に天津に住もうと次男が言い、母と妹は同意し、妹は友人（桑野通子）を兄の伴侶として薦め、照れて海浜に出る次男の姿と砂に打ち寄せる波を映してエンドマークが出る。

映画の冒頭で一家の父親が狭心症で倒れる年齢が六十九歳。小津の父寅之助も同じ病、同じ年齢で昭和九年に急逝している。その時の体験が下敷きにあると言われるが、出演俳優にスターを並べ、冒頭、広壮な屋敷の立派な庭での一家の記念撮影で始まるように、従来の学生や庶民を主人公にしたのとは異なり、「淑女は何を忘れたか」に続く上流社会の人々の生活が題材となる。

家の間取りやそれらを丹念に映すカットは、戦後の小津映画に親しんだ眼には、既視感に溢れるが、その安定したカメラワークが、例えば階段一つとっても、見えぬ背後にあるドラマを観客に想起させ、家族の絆の思いがけないもろさが、登場人物のリアルな台詞に出て、「東京物語」（一九五三）への連想に誘う。

それにしても、中国戦線で実戦を経験した小津に期待された皇軍の成果の顕現は、軍服すらも登場せず、ただ次男の着て帰る国民服と、中国大陸は良い所だという言葉のみ。公開時は軍部によって、また戦後に残るフィルムもGHQの検閲でカットされている部分があるから断言をはばかるが、父の遺品の中国磁器の素晴らしさを骨董商に言わせ、床の間に敵国詩人李白の詩を掛けるところだけを見ても、声高でない小津の主張が見えるように思われる。

百十三　「父ありき」の静謐

「戸田家の兄妹」（一九四一）は、当時の小津安二郎の映画では観客動員数も多くヒットする。封切りはその年三月。中国戦線が膠着して重苦しい時の中に、上流家庭の崩壊に庶民はある種のカタルシスを、知識階層は「家族」の姑息さに共感と反感を覚えて、戸田家の三女のけなげな生き方と、昔の日本が価値あるものとした無口ながら肚《はら》の座った次男の爽快さを歓迎したのだろう。軍国主義的な主張があからさまでないことも影響したかも知れない。

翌年公開の次作「父ありき」は、金沢の中学の数学教師（笠智衆）の親一人子一人の人生を、父の死まで描くもので、父が引率した修学旅行先の芦ノ湖で、禁を破った生徒がボートの事故で溺死したことに責任を感じて辞職。故郷信州上田の中学に息子を進学させて、自分も村吏として働くが、息子の旧制高校受験を期に、東京で会社員として働くことにする。大学卒業後、父に倣って中学の数学教員となった息子（佐野周二）と、彼の徴兵検査の前に親子久しぶりで一週間温泉宿で過す。父は東京で中学の元同僚（坂本武）と再会。彼と一緒に教え子たち（佐分利信、日守新一など）の招待を受け、宴から機嫌よく帰宅する。折しも故郷での徴兵検査をすませて東京に来た息子が迎えて、父は同僚の娘（水戸光子）との結婚を勧め、息子も宜《うべな》う。翌日父が倒れ、運ばれた病院で息子や同僚、その娘、教え子に見守られながら穏やかに死を迎え、新婚の息子夫婦が遺骨を故郷へ持って行く汽車の場面で終わる。

女手一つで一人息子を上級学校に進ませた貧しい女工が、成人した彼を東京に訪ねる「一人息子」（一九三六）を、父と母を逆にして、男親が息子の中学受験から徴兵検査までを見守る十年以上の歳月の推移を、巧みに台詞の中に織り込みながら、淡々と、かつ丁寧に画面が展開する。厳父という言葉があるそのままに、息子を甘やかさず、しかし目の奥で真の愛情をたたえて見守る父親像は、「父ありき」のタイトルを裏切らない。当初「落第はしたけれど」などで主演した斎藤達雄を父親役としていたようだが、小津は笠が「人間がいい。人間がいいと演技にそれが出てくる」と彼に決めたという（松浦・松本編『小津安二郎大全』二二九頁）。じっさい彼は小津の抜擢に良く応えて、無骨ながら愛情深い人間を誠実に演じきった。

息子役の佐野周二は、戦場から帰還したばかりの二十九歳。終戦までに三度も応召し、「戦塵の間に汚れて（略）、明るく健康で、優しい笑顔の青年二枚目は（略）ふてぶてしさまで感じさせる軍曹上がりに」なったと言う人もあるように（猪俣勝人『日本映画俳優全史』現代教養文庫、一九七七、七六頁）、若さ溢れる息子というより思慮深い息子に見えるが、彼をつねににこやかに見る笠のまなざしが、二人の絆を象徴する。

親子が流し釣りする有名な場面は、「浮草物語」（一九三四）にも出てきたし、同窓会の場面は、「戸田家の兄妹」の佐分利信と同窓生との宴席以来、戦後の作品に何度も登場する定番だ。八代目文楽の名人芸の落語が、寸分変わらぬ言葉で喋られていても毎回面白いように、小津独特の情景は繰り返される程に味がある。

注目すべきは、昭和十七年（一九四二）という戦争たけなわの時に作られていても、この映画がほとんど現実の戦争を語らぬことだ。今見ることのできるフィルムは、進駐軍によって『万葉集』の歌や、笠智衆の中学教師が同窓会で吟ずる日露戦争で旅順港閉塞の際に艦と共に沈んで軍神と後に称された廣瀬武夫の「正気歌《せいきのうた》」、ラストシーンの「海ゆかば」の音楽などはカットされているが、そのままカットされないでいても、決して軍威高揚の感は浮かばない。

百十四　終戦の影──「長屋紳士録」と「風の中の牝雞」

「父ありき」（一九四二）の修学旅行中のボート転覆の話は、小津の旧制宇治山田中学四年（大正八年）の大阪への修学旅行で道頓堀川での事故が下敷きだという。また息子の中学生が草取り作業を嘆く場面は、『小津安二郎松阪日記』の大正七年九月三日の「草取り」についての注に、舎監の鎚賀安平が毎週検問して一本でも残っていれば「不合格にした」（同書、二〇〇頁）とあって「父ありき」の場面との関連を推測する。また息子が中学の寄宿舎の舎監になって寮生たちと話す場面は、小津の日記にも舎監や当直の教師との応接の記録がある。父が故郷上田で息子とお城の石垣から町を見下ろすところは、小津が若き日に良く眺めた松阪城の美しい稜線を描く石垣の端から町を見た記憶の反映ではないか。

このあと小津はビルマ作戦に取材した映画を企画するが、軍部が許可せず、昭和十八年（一九四三）戦況厳しい中、軍報道文学映画班員として、シンガポールに派遣され、そこで英軍撤退後に残された未輸入の洋画を思うさま鑑賞、昭和二十年八月の敗戦で抑留されて、帰国は翌年二月になる。

この五年に近いブランクの後、戦後初となる「長屋紳士録」（一九四七）は、坂本武が喜八の名で登場、「出来ごころ」などにつながる庶民物だが、主人公は喜八ではなく、彼と同じ長屋の寡婦《かふ》（飯田蝶子）と、靖国神社で占い師（笠智衆）が拾ってきた子供だ。その子を押し付けられて迷惑がっていたある日、子供が帰らず心配した彼女は、占い師が子供を連れて帰ったのを喜び、共に暮らそうと決めるが、父親が現れて連れ戻していく。

ここでも小津安二郎の戦場体験や抑留生活の影は顕著に現れてはいない。いつもの小津的世界に徹しているようだが、上野公園の浮浪児を映して終わることや、世情の変化を嘆く登場人物たちのやや説教じみた台詞に、終戦直後の現実主義と理想とのギャップがリアルに描出される。

しかし終戦直後の風俗が、苛酷なまでに影を落とすのは翌年の「風の中の牝雞《めんどり》」だ。夫（佐野周二）の帰還を幼い息子と待つ女（田中絹代）が、内職や自分の着物を売ることで苦しい生活に耐えている中、子供が急病で入院する。治療代に困った女は、身を売って金を作れと誘っていた知人を頼り、その金を手に入れる。子供は助かり、折しも夫が帰還、下宿の二階で再会を喜ぶが、子供の入院費用の入手先を聞かれた女は、真実を打ち明けてしまう。夫はそうなった事情は理解しつつも、妻の不心得を許すことができない。地獄の日々を送りながら、ひたすら許しを乞うてすがりつく妻を、夫は下宿の階段から突き落としてしまう。ようよう二階まで這い上がって来た妻を夫が抱きしめ、過去を忘れて未来を見ることを誓う場面で幕。

小津の中で評価がやや低いのは、場面展開が陰鬱で、戦前あれほど純情可憐だった田中絹代が所帯やつれした人妻、颯爽とした二枚目だった佐野も、まさしく戦塵にまみれた復員兵の顔になってのっそりと部屋に呻吟《しんぎん》して、テーマがいかにも暗い。また妻を階下に突き落とした夫が、介抱に駆け下りもせず、階段に突っ立ち、そのまま部屋で黙り込むなどは、今なら許されないだろう。「淑女は何を忘れたか」では夫が妻へ、「戸田家の兄妹」では次男が姉に平手打ちして和解を演出するところに共通する一種のショック療法の結末は、やり切れぬ夫のカタルシスとして作用させようとしたのだろうが、しかしそれは表面的なものにすぎない。帰還兵や戦争未亡人、生活基盤の根本的な揺らぎなど、終戦直後の日本がはらむ問題を正面から取り上げつつ、夫婦、親子、友情といった一見ありふれた形を取って問いかけたのがこの映画だろう。ただ余りにストレートに過ぎたようだ。

百十五　名作「晩春」の世界

「風の中の牝雞」（一九四八）において、子供の治療費を得るために、母親が一夜身を売る是非が大きな問題となるが、このテーマは「その夜の妻」（一九三〇）で、娘を助けようと強盗を犯す父親と、彼を刑事からかくまう母親の話の延長にあるとも言える。また「出来ごころ」（一九三三）でも、息子の急病に慌てふためく貧しい父親を見かねた年下の相棒が、北海道の人夫募集に応じてその支度金を充てる。彼を行かせるのは忍びない当の父親が代わりに船に乗り込むが、残してきた息子が心配になって船から逃亡するのも、喜劇仕立てながら、立派な犯罪になるだろう。それぞれ作品自体の本質に必ずしも係わるわけではないが、紋切り型ながら物語を大転換させる時によく使われる手で、小津の映画では、こうした一つのテーマが変奏されて踏襲されることが多い。

小津自身失敗作と認める「風の中の牝雞」に続く翌昭和二十四年の傑作「晩春」も、「父ありき」における父と息子の関係を、父と娘に変奏したものと言えるだろう。父親の子に向ける眼差しが同じで、父子水入らずの旅行で親子の絆を確認することも共通する。

あまりに有名なこの映画について紹介する愚を敢えて犯せば、鎌倉で一人娘（原節子）と暮らす経済学の教授（笠智衆）は、大学の助手（宇佐美淳）を婿にと考えるが、彼は既に婚約者がいた。教授の妹（杉村春子）が持って来た縁談を、独り残る父を心配して娘は渋る。妹は同時に兄の教授にも再婚候補があると言い、娘は父と能舞台を見る席でその女性に会う。娘は父が再婚のために結婚をせかすのだと邪推。嫁ぐことを無理に承知して、父娘は結婚式を挙げる前に京都への旅に出る。

京に住む父の友人とその再婚相手の様子に、娘は再婚への理解を示すが、帰り支度をする宿で、やっぱり父と一緒に暮らしたい、と言い出す。父は結婚の意義を娘に諭し、娘も納得。無事に結婚する。結婚式後、娘の友人（月丘夢路）と寿司屋での会話で、自分が再婚を言い出さなければ、娘は結婚しなかったろうと打ち明けて、誰も待つものの無い家に帰り、リンゴを剝きかけてうなだれる。海辺の波が打ち寄せるカットで幕。

京の宿における父と娘が一室に寝て、会話し、寝入った父と、目をじっと開けて思いに耽る娘のカットの背景に、何度か映る壺が、一つの性的陰影を表す、といった批評が出て以後、その他の場面についても細かな議論を呼んだが、改めて画面を見ると、それをわざわざ言わなくとも、とも思えてくる。それほどにこの場面は、父と周辺の事物の「静」と、娘の開いた目と浴衣の姿態が象徴する「動」とが見事に調和して美しい。

性愛と言えば、帰宅後、父親が手に取るリンゴは、西洋美術で地の女神ヘーラーと知の神アテーナ、愛の神アフロディテがその美を争った際、審判をトロイの王子パリスに委ねて、パリスはその証となるリンゴをアフロディテに与えた「パリスの審判」の寓意から、性愛の象徴とされてきた。笠智衆演じる父親がリンゴを剝きかけて、途中で止めるのも、京の宿での花活けの壺と対になるイメージと見ることもできる。このシーンを撮る時、小津は笠に慟哭《どうこく》するように命じたが、それまですべて小津の言う通りに従った笠が断固拒否して、今の形になったのだという（笠智衆『大船日記　小津安二郎先生の思い出』六七頁－六八頁）。

原節子は初めて小津作品に登場。「大根」と言われていたのを、小津は彼女の個性を使いこなせぬ監督が悪いと言ったが（「彼女は誰でしょう／小津監督の理想の女性」、『産業経済新聞』昭和二十六年八月三十日、田中眞澄編『小津安二郎戦後語録集成』一〇四頁、一〇五頁）、まさしく彼女はここで躍動している。列車が走る場面の多用や、大時計や鳩時計が多くの場面で登場したり、波打つ浜辺が何度も映されるなど、空間や時間の移動が巧みに暗示される映画の背景ショットや細かく配慮された形で位置の定まった小道具も含めて、小津映画に定番のそれらの役割にも心惹かれる。

百十六　能舞台の意味

敗戦の痛恨がようやく日本で薄らぐ昭和二十四年（一九四九）における「晩春」の印象的な場面は、京の宿での父娘の一夜だけではない。能楽堂で父と並んで能を観るシーンは、あたかも映画の半ばにあたり、大きな山場の一つとなる。

娘（原節子）は思いがけず、叔母（杉村春子）から父親の再婚相手にどうかと聞かされていた女性（三宅邦子）もそこに来ているのを知る。あるいはこれは父（笠智衆）の見合いの席かも知れぬと娘は疑い、また思い返してみれば、訪ねた叔母の家で女性を紹介されたすぐその後に、彼女自身の縁談を勧められた。ひょっとしたら縁談はこの女性からの話で、それには父の再婚話が絡んでいたのではないか？父と正面の見所《けんじょ》にいる娘の目は、舞台と父と脇正面に座る女性の間を行きつ戻りつ、思いを乱す。この時、娘を演じる原節子の表情はじつに豊かで、監督の演出もあったにせよ、心の嵐を表現して遺憾がない。女性としてのたしなみに抑制されながら、なお表情の変化と目の動きで、内なる嫉妬と憤りがあざやかに示される。

能は「杜若《かきつばた》」。『伊勢物語』の恋の姿を杜若の精が歌い舞う。業平《なりひら》が各句頭五文字を折り込んだ歌「から（唐）衣　着《き》つつ（来つつ、と掛ける）慣《な》れにし（女性と親しくなると馴れる、と掛ける）妻《つま》しあれば　はるばる来ぬる（着る、と掛ける）旅《たび》をしぞ思ふ」を踏まえた能で、映画は「植え置きし昔の宿の」と独吟で始まるキリの仕舞を、五分間最後までじっくり映す。「いずれが似たりや」と歌われる杜若と菖蒲《あやめ》は、「いずれあやめかかきつばた」と女性の美を比較する時に使う俗諺を踏まえて、娘と父の相手とおぼしき女性の競いを、能の演目に片寄せて暗示するか。しかも「花も悟りの心開けて」の歌唱が響く時、娘は顔も挙げずに懊悩《おうのう》する。

遠い所に置いてきた妻が恋しい、という業平の元歌に、妻を失った父親の心情が重ねられるが、娘はむしろ杜若の精が語る恋の様々を、脇正面の女性や自分に重ねて思いを乱す。娘が「悟りの心を開く」のはまさしく京都なのだから、太鼓方の金春惣《こんぱるそう》右《え》衛門《もん》によるという劇中能での「杜若」の選択は、よくこの映画のテーマに沿うものと言えるだろう。

それにしても、ここに映される梅若万三郎《うめわかまんざぶろう》の素晴らしさ。足の運びから手の優雅な動きまで、その幽玄なたたずまいが画面を圧する。これを名人初代万三郎とすれば、彼は昭和二十一年に亡くなっていて、映画の撮影は昭和二十四年の五月からだから、あるいは昭和二十三年に襲名した二代目万三郎か。映像は初代のものを採用したとも考えられるが、クレジットタイトルには初代とも二代とも書いていない。

黒澤明の『蝦蟇《がま》の油』（岩波書店、一九九〇）で、凄まじい雷雨の中「半蔀《はじとみ》」を演じる「万三郎の舞台を見ているうちに、その音は全く聞こえなく」なり、「序の舞を舞いだすと、その姿に夕陽がさっと射したように思え」、「あ、夕顔が咲いた」と思ったと書いている（同書、二七二頁–二七三頁）のを、私は本当かな？と怪しんだりしたが、今回「晩春」の舞台場面を見て、黒澤の言葉がうなずけた。黒澤が見たのはもちろん初代万三郎だが、おそらく小津の場合は初代でなく、息子二代目万三郎だろう。

あたかも終戦直後、アメリカナイズされた文化の渦に押され気味であった日本の古典芸能が復活するように、あれほど初期にはアメリカ趣味が横溢した小津映画が、古典的な「晩春」でもって、戦後沈滞していた小津をみごとにカムバックさせることになる。この作以降、小津の名作の基本的な構造が確かにそこに出来上がった。時代の風俗の中に置かれた親と子、家族、老い、そして死。寺院が多く描かれるのも、単なる観光的意図でも懐古趣味でもない。そこに自ずから死の影が投影されるからだ。

「晩春」に続く「宗方姉妹」（一九五〇）で、主人公夫婦が住む大森の家が、墓場近くに設定されるのもその流れの中にある。

百十七　古典回帰の流れ

「晩春」で能の「杜若」を演じるのは二代目梅若万三郎で、昭和二十四年（一九四九）六月十一日にその出演が決定、七月三十一日音声録音、八月初旬撮影と、共同で脚本を書いた野田高梧の日記にある、と小津安二郎松阪記念館の岩岡太郎学芸員からご教示を得た。

昭和十年（一九三五）に日本文化を国際社会に紹介する目的で撮影された六代目尾上菊五郎の「鏡獅子」と合わせて、小津は二代目梅若万三郎の英姿で古典芸能の粋をフィルムに残した。ただ菊五郎が監督に小津を希望し、小津も手を挙げた映画「鏡獅子」は、当時の日本では一般公開されず、帝国ホテルでの試写会のみとなっている。

小津の「鏡獅子」は、戦後昭和二十五年、すなわち「晩春」公開の翌年、アメリカに没収されていた映画が返還され、その中の六代目菊五郎の「鏡獅子」と七代目松本幸四郎の「勧進帳」（マキノ雅弘監督、富樫を十五代目市村羽左衛門、義経を六代目菊五郎で昭和十七年秋に上演したもの。幸四郎弁慶の延年の舞は何度見ても素晴らしい！）を二本立てにして全国巡演されたと藤井康生大阪市立大学名誉教授から教示を受けた。藤井氏が小学校五年生の時で、疎開先の岐阜県の中津川で見たとのこと。母上が「今日は学校を休みなさい。学校は何時でも行けるけど、この映画は今日見なければ一生見られない」と言って、つれて行ってくださったそうだ。まさに名言。後年の優れた和洋を兼ねた演劇史の泰斗となられたのもこの母あり、と言うべきか（藤井康生「演劇は忘れられる運命にある：戦後の演劇と劇場の変遷」、神津彰編『忘れられた演劇』森話社、二〇一四参照）。

小津の「鏡獅子」は、当時として斬新なカメラワークを駆使したもので、名人菊五郎の舞踊の精髄が見て取れるが、撮影の際カメラの位置をうるさく指定する菊五郎に対し、思うように撮りたい小津は、カメラにフィルムを入れずに撮る振りだけし、一方菊五郎の踊りは、何回撮り直しても寸分の狂いなく、小津は驚嘆したという（高橋治『絢爛たる影絵』文芸春秋、一九八二、二五一頁）。名人同士のすさまじいエピソードだ。

「風の中の牝雞」（一九四八）で戦後風俗を直視したのと異なり、「晩春」の古典回帰は、次の「宗方姉妹《むねかたきょうだい》」（一九五〇）で一層明確になる。冒頭、京都大学のシーンに続く奈良の古寺の光景は、みるみるアメリカ一辺倒に流れる日本に対しての強い意思表示だろう。原作者の大佛次郎は、『帰郷』（一九四八）で、そうした風潮を長い外国生活から日本に帰った主人公に嘆かせていたが、小津は大佛の原作に拠りつつも、独自に変更を加えて、終戦で職を失った夫を支えるためにバーを経営する古風な姉（田中絹代）と、姉夫婦と同居する戦後派のドライな妹（高峰秀子）との言葉の応酬の中で「新旧」のテーマを争わせる。

小津が初めて他社（新東宝）に招かれての作品のゆえか、やや俳優たちの動きやセリフにも滑らかさに欠ける難はあるが、観客動員数一位なのは、新聞連載された原作の人気と上原謙など当時のスターを多数揃えたことにあろうか。

この年この映画の演技も含めてブルーリボン主演男優賞を得た姉の夫役山村聰は、戦前意気盛んな時期の矜持だけは残って、終戦で虚脱した階層の苦悩と自堕落を見事に示し、姉のフランス帰りの元の恋人（上原謙）も、優柔不断なインテリの茫洋とした下らなさを浮き彫りにする。

しかし小津が描きたかったのは、姉の凛《りん》とした姿だろう。新しがる妹に彼女が「古くないことが新しいこと、本当に新しいことは、古くはならない」と断じる言葉は、数日後、その妹が姉の経営するバーのバーテンダーで元特攻隊員の青年に、そっくり繰り返して、本作の核心であることを示している。

じっさい小津の映画の大半が、姉の言葉にそっくり当てはまるのではないか。毎回見直しても古びず、新しい。この映画の冒頭、医学部の教授で姉妹の父の親友（斎藤達雄）が、身体への刺激が癌を誘発するが、人の生死はその予測を超えることがある、と説くのは、映画の終盤、離婚を切り出した妻に何度も平手打ちを食らわせた夫が、妻が元恋人宅を訪れて話をしようとしている最中に不意にやって来て、糾弾もできずに帰った後、酔いどれて帰宅、急死する場面とみごとに重なる。教授の説く実験で耳にタールを何度も塗られるうちに発症するウサギ同様、夫は度重なる鬱屈に病んで死に至るのだ。

墓場に近い姉夫婦の家は、例によって時間と空間を移動する電車が、画面には走る姿は映されないものの、時折音だけが聞こえる。人生が旅であり、しかも死への旅の時の流れこそが「生」だと気づかせる工夫がそこにある。

それにしても映画冒頭で姉妹が弁当を広げて食べる昼の薬師寺に、まったく人影がない。上映後、どっと人が来たそうだが、奈良に古寺ブームが起こるのはその後になる。

百十八　「麦秋」の麦

「宗方姉妹」（一九五〇）は興行的には成功したには違いないが、必ずしも名作とは言えまい。姉妹の対照がやや画一的に描かれていたり、なぜ姉が自堕落で傲慢な夫に最後まで尽くし、やっと離婚の決意がついた元の恋人と夫が急死したことで別れるのか、姉の元恋人に対する妹の気持ちはどうなのか、など、私にはいろいろ説明不足に思われる個所がある。

翌年の「麦秋」は、小津と脚本を共同執筆した野田高梧が会心の作と誇るように（松浦莞二・松本明子編『小津安二郎大全』四七二頁）、細部まで行き届く、じつに丁寧な描き方で感動を呼ぶ。麦秋は麦が実る初夏を言うから、「晩春」（一九四九）を引き継ぐことが暗示されるが、ヒロインの名も同じ紀子《のりこ》（原節子）で、二十八歳の独身。両親（菅井一郎・東山千栄子）や医師の兄夫婦（笠智衆・三宅邦子）など、家族の者が未婚の彼女を心配する構図は同じだ。

紀子が勤める会社の専務（佐野周二）も彼の友人の中年独身男を紹介するが、彼女は女学校の親友（淡島千景）と未婚女性の自由を楽しみつつ、大家族での自分の居場所に苦しんでもいる。兄の勤める医局の部下（二本柳寛）は、出征して帰らぬ紀子の次兄の友人で、妻を亡くして母親（杉村春子）と幼い娘と近所に住んでいて、紀子の一家とも親しい。その彼に兄が秋田への転勤を勧め、それを受けて北国に赴任するのを心配する彼の母親から、あなたがお嫁に来てくれたら、と言われた彼女は、意外なことに同意する。思い設けぬ展開に家族は戸惑うが、結局本人の気持ちが大事だと許す。両親は故郷の奈良に帰り、兄は家で開業することにし、紀子は秋田に去る。一家離散の前に記念写真を撮って奈良に帰った両親は、折しも麦の穂の揺れる中を行く花嫁の行列を見て結婚した紀子に思いを重ねる。

きわめてゆるやかなテンポで淡々と進むかに見える物語は、その中に親子の問題、夫婦のありよう、友情の形が、登場人物たちの台詞のやり取りの中で、しみじみと問いかけられる。小津映画によく出る同窓生の気の置けない集まりは、ここでは紀子の女学校仲間で表され、既婚組と未婚組の言葉の応酬は、次作の「お茶漬けの味」(一九五二)で、既婚組の有閑マダムたちに引き継がれる。

それにしても何気ないシーンの一つ一つが、きわめて綿密に構成されていることに感嘆してしまう。たとえば紀子が結婚を決めるその前に、喫茶店で秋田へ転勤が決まった兄の部下と一緒に兄を待つ場面。次兄の親友だった彼が、戦地から彼女の次兄が彼に送ってきた手紙に麦の穂が一つ入っていたと告げると、それを欲しいと彼女が言う。麦の穂は別名「麦秀」で題名と同じ音となり、また「一粒の麦地に落ちて死なずば、ただ一つにてあらむ」で始まる有名な聖書の句を思わせる。二人が話をしている喫茶店がニコライ堂の近くなのも、その連想を生むだろう。男の母親役の杉村春子の名演で知られる彼女の息子との結婚を聞き入れてもらうあてもなく切り出したのを、紀子があっけなく承諾する場面も、この麦の穂のエピソードが先にあってこそ唐突でなくなる。そして麦は紀子の次兄が麦の穂を送って来た「徐州、徐州と軍馬は進む」と歌う「麦と兵隊」の場面を思わせる戦場の麦畑、すなわち死の光景から、最後の場面の花嫁行列が進む生の象徴としての麦畑の豊かな穂波へと繋がるのだ。

「人生」、あるいは「生死」を暗喩する列車と時計がこの映画でも頻出するが、とりわけ子供たちが集まって模型の列車を走らせて遊ぶ場面は、それが子供であるだけに意味深い。そのシーンのすぐ後で、父親が持って帰った長細い包みを、自分たちが強請《ねだ》っていた列車模型と思い込んだ子供が開けると、思いもよらぬ食パンが出て、がっかりした彼がそれを蹴るのは、旅としての「人生」を暗示する列車と食パンという「生活」の寓意を見事に映し出す。

しかもパンは米ではなく麦でできている。

映画の冒頭で波打ち寄せる浜辺を一匹の犬が歩く場面。これは名作「男と女」（一九六六）でルルーシュ監督が小津への敬意として、彼の映画のファーストシーンに借用したのではなかろうか。

百十九　「お茶漬の味」のほろ苦さ

昭和二十七年（一九五二）の「お茶漬の味」は、昭和十四年中国戦線から帰還した小津安二郎が池田忠雄と共同で書き上げた脚本「彼氏南京に行く」を、ほとんどそのまま用いたものだ。当時題名にある「彼氏」の語が不謹慎として検閲で引っかかり、出征の決まった主人公が妻とお茶漬けを食べるところから「お茶漬の味」と題を変えると、めでたい出征にお茶漬けとは何事か！とまた横槍が入って小津は撮影を断念。それを大作「麦秋」（一九五一）のあと、大筋はそのまま（共同脚本は野田高梧）戦後の話にして、夫の戦地出征を南米パラグアイへの海外赴任に変えてリメークした。

見合い結婚の夫（佐分利信）の無骨を嫌うお嬢さん育ちの妻（木暮実千代）は、富裕階層の女学校仲間たちと、何かと口実を作っては遊び、夫を「鈍感さん」と呼んで不満を言う。妻の姪（津島恵子）がお見合いをすっぽかして、夫の亡友の弟で大学新卒の青年（鶴田浩二）と夫が競馬やパチンコで遊ぶのに合流したのに腹を立てた妻は、夫と口をきかず名古屋の友人を誘って須磨まで遊びに行く。夫は前から内示のあった南米赴任が急に決まり、妻に「用アル、帰レ」と電報を打つが、何のことかわからぬ妻は空港には現れない。旅先から夜遅く帰宅した妻が空虚感を抱く中、思いがけず飛行機の故障のために出発が翌日に延びた夫が帰宅。二人でお茶漬を食べて、妻は夫婦愛に目ざめる。

平山周吉氏は『小津安二郎』でリメークされる前の「彼氏南京に行く」の脚本を「小津映画の一、二を争う傑作シナリオ」と言い（一七頁）、やはり映画化されなかった「ビルマ作戦・遥かなり父母の国」の二作品が「製作できなかったことだけとっても、日本の戦争の文化的な罪は大きい」（一八頁）とまで言っている。

確かにリメーク版にしても、戦後らしい自由さを実感する人同士の温かいユーモアや、話の語り口に小津作品らしい落ち着きと心地よさがあって、佳作には違いないが、当時映画会社から引っ張りだこで、芸達者で知られる妻役の木暮実千代は艶っぽさが勝って、お嬢様育ちの初々しさに欠け、また佐分利信の夫もあまりに落ち着いて、キー・ポイントになるお茶漬のシーンが、中年夫婦のくたびれた感じさえして、妻が改心するインパクトを弱めた気がする。お茶漬を一緒に食べる妻が、以前に夫の汁かけご飯を咎めた際「インティメートな、プリミティブな遠慮のない楽な暮らし」と夫が説いた言葉を繰り返すのも、両者ともにとても使いつけているようには思われない英語が用いられるために、映画の感動を薄っぺらにしてしまった。戦前版では無かったはずの英語をなぜ使ったのか。あるいは進駐軍におもねる時代への揶揄かもしれない。また中国戦線緊迫の南京への出征なら、死と隣り合わせの実感があるが、良く知らない遠い国というだけで、生死の切迫感がやや希薄な南米パラグアイへの赴任は、妻の改心の糸口としては弱すぎよう。

ただ鶴田浩二の溌剌とした好青年ぶり、津島恵子の初々しいお嬢さんのたたずまいが画面を明るくし、汁かけ飯《めし》の旨さを説く主人に共感する女中の小園蓉子《こぞのようこ》の可憐さや、夫の海軍での旧部下で当時に流行り出したパチンコ屋を営む笠智衆が「戦友の遺骨を抱いて」を歌う場面など注目されるが、これが出征に変えた南米赴任とうまく繋がれば映画の重みもまた違ったのではないか。しかもこの一名「シンガポール入城の歌」を作詞したのが小津が多感の十年を過ごした松阪出身の辻原実という軍曹で、戦後小津が酔うと歌い、請われると歌い、芸術院賞受賞パーティでも恐らくはこの歌を歌ったということを知れば（平山周吉『小津安二郎』第十二章参照）、笠智衆が長々と歌う意味の深さがよくわかり、これをうまく生かしきれなかった点で、小津、野田二人ながらに失敗作と認めることになったように思われる。

小津畢生《ひっせい》の名作「東京物語」（一九五三）はこの作品の後に来る。「晩春」（一九四九）、「麦秋」の初夏と来て、季節は夏。映画はまず暑さを思わせる港の埠頭で季節と場所と停滞感、次に通学する夏服の小学生たちのショットと、続く遠景に列車を連ねて走る蒸気機関車で人生の始まりと旅とを、その前景に並ぶ各家の煙突から昇る煙で「民のかまどの賑わい」を暗示した後、旅支度する老夫婦が登場する。二人がこの町での人生を想い、わが子の小学生の頃の姿を想い描きながら、彼らと再会して家庭の団らんを楽しみにしている心象が、冒頭の数シーンで見事に描かれている。

百二十　「東京物語」の地理

名作の誉れ高い小津安二郎五十歳の作品「東京物語」（一九五三）（口絵㉘）は、小学校教員の次女（香川京子）と尾道に暮らす老夫婦（笠智衆・東山千栄子）が、長男（山村聰）と長女（杉村春子）のいる東京に行く話だ。東京郊外で小さな医院を開いている長男は、子供部屋を片づけて父母を迎えるほど慎ましい暮らしで、往診にも行かねばならず、父母を歓待する余裕はない。東京の場末で美容院を営む長女も日々の仕事に忙しい。兄妹は費用を分担して両親を熱海に行かせるが、安い温泉宿は大勢の客や流しの演歌で騒々しい。安眠できなかった老夫婦は早々に引き上げて長女の仕事場兼住居に帰ってくる。

その日自宅での美容講習会がある長女の困惑を知って、妻は戦死した次男の妻（原節子）が一人住むアパートに、夫は東京にいる尾道の旧知（十朱久雄《とあけひさお》）を訪ねる。知人は昔の飲み仲間（東野英治郎）を誘って三人ではしご酒となり、深夜、長女の家にその飲み仲間（東野）を連れてへべれけで帰る。翌日尾道への帰路、妻は体調を崩して大阪の国鉄に勤める三男（大阪志郎）の下宿に泊まるが、夫婦ともに無事帰宅との礼状が長男宅に届いた日に、次女から母の危篤の電報が来る。長男、長女は連れ立って帰郷。次男の嫁も会社を休んで駆け付けた。

その明け方妻は亡くなり、死に目に会えなかった三男も葬儀に間に合い、一家での食事の後、次男の妻と次女を残して、用事が詰まっていると子供たちは早々に帰ってしまう。次女が兄たちの不人情を怒るのを、しばらく残ることにした次男の妻は、大人になれば仕方なくそうなってしまうものだと説く。彼女が東京に帰る日、老父は自分の幸せを第一に考えてほしいと言って、老妻の形見の時計を渡す。帰りの列車の席、彼女はその時計を取り出して、東京での新しい暮らしに思いをめぐらす。

笠智衆と東山千栄子の戦前派の夫唱婦随、長男山村聰、三宅邦子の戦後のインテリ夫婦、長女杉村春子と中村伸郎の庶民夫婦と、それぞれ三様の夫婦のありようを示して絶妙の風俗劇となり、「麦秋」（一九五一）で戦死した次兄を慕う妹を演じた原節子が、今度は名前も同じ次男の妻として、当時その数の多かった戦争未亡人を慎ましやかに、かつ芯の強い姿で見せる。紀子という名は、紀元節の「紀」で、昭和十五年は皇紀二千六百年と騒がれた。「紀」の文学はそうした記憶と決して無縁ではないように思われる。「紀」子と同じ世代、同じ境遇の女性たち（「風の中の牝雞」のヒロインともつながって来る）の様々な困難な生き方を含め、現実の生活に忙しい今は大人になった子供たちとその両親との共生など、現代においていっそう身近なものとなった問題を映して胸迫るものがある。

尾道を舞台としたのは、小津が尊敬した志賀直哉にゆかりの地だからと言われているが、そればかりではなく、あからさまな形でついその前に原子爆弾が落とされた広島とせずに、その近くの距離にある尾道で暗示する方がかえって反戦のイメージが立ち上るからではないか。老父が尾道の旧知と居酒屋で飲む場面に先立って流れる軍艦マーチは勇ましくも物悲しい。戦艦大和を生んだ呉海軍工廠《くれかいぐんこうしょう》もまた自ずと想起されるからだ。

戦死した次男の嫁と老夫婦が観光バスで東京を巡る場面は、いかにもありきたりの東京見物に見えながら、戦争の過去を背負う三人が、東京の「いま」を、それも移動するバスの中から見るだけに、過去と現在と、そして未来までが交錯する。デパートの屋上から俯瞰する東京は、映画全体の構図を映すものだ。子供たちの住む場所を老夫婦が確認するカットは、きわめて意味深い。

老父母に子供たちが冷たすぎる、という感想もあろうが、しかし彼らの言動をよく見、よく聞くと、冷たく振舞った後で、その底に優しい感情もちゃんと見えてくる仕掛けになっている。妻の死の直後、埠頭で夫が朝焼けを見る有名な場面も、そうした愛憎を超越する世界を象徴的に示すだろう。

一九五七年ロンドンの「日本映画シーズン」で上映されて以来、海外識者のアンケートでしばしば最上位に評価されるのもうなずける。

百二十一　「早春」、「東京暮色」の苦い後悔

「東京物語」に続く「早春」の公開は昭和三十一年（一九五六）の一月。一年一作のペースが崩れたのは、小津安二郎が理事長を務めた「監督協会」の企画で、彼の脚本、田中絹代監督での「月は上りぬ」が企画の段階からスムーズに進まず、小津がその解決に奔走を余儀なくされたこと、中国での抑留を終えて帰国した親友内田吐夢《とむ》の映画製作に小津自身が世話を焼いたり、また予定した俳優のスケジュール調整が難航したことによる。当時監督小津の名声は、溝口健二、黒澤明、成瀬巳喜男らと並んで、その頂点にあった。

俗事に煩わされることを嫌った彼は、野田高梧との脚本執筆の場を、大船撮影所に近い茅ケ崎の旅館から蓼科にある野田の別荘に移した。「早春」は野田のよく知る若いサラリーマングループの話から思いついたという。

ＪＲ蒲田駅から東京に通勤する若い男女のグループの一人で、幼い子供を失くして夫婦の間がギクシャクしている男（池部良）が、煮ても焼いても食えない「金魚」とあだ名される通勤仲間の娘（岸恵子）と一夜の過ちを犯す。男は亡児の命日前夜に戦友会に出て、酔っ払った戦友二人を連れて帰って妻に呆れられ、さらにグループのメンバ

ー達から不倫を咎められた娘が、夜遅く男の家を訪れた翌朝、妻（淡島千景）は家を出て友人のアパートに泊まる。転勤の辞令が出た男は、一時の迷いだったと娘に謝り、一人岡山の任地に発つ。そんなある日会社から帰ると、下宿で妻が待っていて、二人はやり直しを決意する。

日本が高度成長に差し掛かる時期、一挙に増えだしたサラリーマンの哀歓を、登場人物たちが口々に言い合うのは紋切り型に過ぎるが、主役の池部良のインテリ風の陰影ある風貌は、もの言わずしてサラリーマンの悲哀と男の弱さを表し、淡島千景は下町生まれの人情を隠した勝気な妻を気丈に演じ、若い岸恵子が難役に挑んで成功している。笠智衆や山村聰、中村伸郎、杉村春子ら小津映画の常連が画面を引き締めるが、中でも戦友仲間の三井弘次と加東大介が秀逸だ。

戦友会で彼らがやけ気味にがなり立てる「ツーツーレロレロ」は、台湾民謡が原曲のにぎやかで野卑な歌だけに、いっそう帰還した兵の安堵と屈託と後悔が一気に噴き出して、戦争の影を色濃く映す。彼らが戦死した兵を偲ぶ姿は、翌日が命日の亡児への男の思いと重なるだろう。男もまた小津映画によく登場する戦争体験の鬱屈を抱える一人だ。

映画「早春」は、戦後サラリーマンの風俗を描くかに見えるが、実は夫婦愛の表裏、友情の実相を描いて鋭い。通勤仲間が不倫の娘を問い質《ただ》す場面は、倫理や友情に名を借りた嫉妬と羨望をまざまざと告発して辛辣だ。それは彼らが基盤とする会社員生活の一つの戯画でもある。

男が犯す不貞は、妻の不倫が問われる次作「東京暮色」（一九五七）に連続する。夫が当時日本の植民地だった朝鮮の銀行に赴任している間に、彼の部下と駆け落ちしていなくなった妻が残した二人の娘を、夫は男手一つで育てる。結婚した長女は気難しい大学教員の夫と折り合いが悪く、子供を連れて実家に戻ることが多い。短大生の妹娘は父に反発、無軌道に走る（石原慎太郎の『太陽の季節』は、前年の芥川賞作品）。妹娘が悪友たちと行く麻雀屋は、偶然にも家出した母の店で、それを確かめに行った姉から事実を知らされた妹は、意図せぬ妊娠の果てに男に捨てられ、母に会って自分が父の本当の子かと問い詰める。もちろんそうだ、どうして疑うのか?との返事に、彼女は衝動的にその場を飛び出した道の踏切で轢死してしまう。姉娘に妹の死を責められた母は、満州から一緒に苦労して引き上げてきた連れ合い（駆け落ちの相手は満州で死んでいる）と東京を去り、姉娘はわが身を母に重ねて夫の家に帰り、残った父は一人孤独を嚙みしめる。

百二十二　豪勢な「彼岸花」と「おはよう」の警鐘

「東京暮色」は、冒頭、電車が高架を走る場面で、一瞬だけドイツ映画の看板「始めに罪あり」が映る。これは録画してスローモーションで再生することができる現代だからこそ発見できて、公開当時の観客には目にも止まらなかっただろう。その良し悪しはともかく、この看板の一種の隠し絵は、さりげなく物語の展開と帰結を一語で尽くして、じつに鮮やかだ。

部下と駆け落ちした妻の罪から「始まり」、その妹娘（有馬稲子）の過ちを生む。もっと言えば姉娘（原節子）も好きな人があったところを、父（笠智衆）の勧めで気の進まぬ結婚をして一女を生む。また妻に去られる父親も、京城への赴任が直接の原因ばかりでなく、妻が部下に気持ちを移す、それなりの罪があったのではないか。

父の役は当初山村聰が予定されていたという。彼なら風貌、もの言いも含めて、妻が去るだけの何か癖のある陰影を見せて、悲劇の出どころを推察させ得たかもしれない。笠智衆は人の良さが先に出て、それだけのアクが出なかった。小津の意図は、妻に去られた中年男を中心に描くことにあったのに、大方の批評の関心が若者の風俗に集中したのを残念に思ったというが、父親の印象が薄くなってしまったのが、この映画での一番の失敗だろう。

悪友仲間が通う麻雀屋のお上さんが、父を捨てて去った母親と知った妹娘が、飲み屋で二人きりで彼女と話す際、

「お母さん、嫌い！」と叫んで飛び出し、茫然と立ち尽くす母親のカットに続いて、バーの女給が店を出る客に「さようなら」と言う画面に移る心憎い演出や、登場人物それぞれの運命が揺れる場面で、必ず時計と列車の響きが入ったり、東京を敗残の気持ちで去る母親と連れ合いの乗る列車のホームで、明治大学の応援歌が高々と鳴り響くなど、哀歓、悲傷、希望のイメージが、こもごもに緻密きわまる計算が施されて、あともう一歩のところで「東京物語」をしのぐ名作になったのにと、つくづく惜しまれる。

成瀬巳喜男の名作「浮雲」は、この映画の二年前の昭和三十年（一九五五）。小津はその年の最高傑作だと見終わって絶賛したが、不実な大学生（田浦正巳）を追い求める妹娘の心情につい肩入れしすぎたかに見える小津の演出は、一見カッコよくはあるが、「浮雲」において不実で優柔不断の男（森雅之）にとことんついて行って無残な死を遂げる女（高峰秀子）を見事に描き切った成瀬に対抗する気持ちが、「東京暮色」演出の際に出たのかも知れない。

何となく重いテーマのモノクロ映画に続く「彼岸花」（一九五八）は、小津が初めてカラーを採用、豪華な演技陣に加えて、大映の看板女優山本富士子を招き、一転して明るい映画となった。

会社重役の父親（佐分利信）が、自分の知らぬ間に長女（有馬稲子）が結婚相手（佐田啓二）を決めたことに腹を立て、同じように親の言うことを聞かずに男と同棲している娘を持つ鰥夫《やもめ》の友人（笠智衆）に同情する。父親が京都に行く時の定宿とする旅館の娘（山本富士子）が、長女に同情して彼女のために一芝居打って、父親も折れ、不服顔ながら結婚式にも出るが、蒲郡での同窓会のついでに、娘が新婚家庭を営む広島に列車で向かう。

初めて小津映画に登場した佐田啓二の真率な二枚目ぶりと、彼の友人を自称する佐分利の部下の社員高橋貞二の軽妙なおとぼけ、旅館の女将浪花千栄子の達者な演技と立て板に水の関西弁、田中絹代の毅然とした奥様ぶりが、映画を見終わってのほのぼのした情感に誘うが、「東京暮色」とは打って変わってハッピーエンドの娯楽性に傾く所に、前作の失敗を引きずる小津の心情が見えるような気がする。

この年、小津がロンドン映画祭でサザランド賞を得て、日本的とされる彼の映画が海外で通用することを示し、また映画人として初めて紫綬褒章を受けた。翌昭和三十四年には芸術院賞を授けられ、名声はピークに達する。同年の「おはよう」は、そうした小津が少し息を抜くかのように、彼が無声映画時代から温めていたアイデアを取り上げ、折からの新興住宅地ブームを題材にしたホームコメディだ。無声映画時代に小津がよく使った子役の芸名が青木放屁《ほうひ》であるように、放屁がこの映画のギャグの一つとなる。

平山周吉氏は「おはよう」の日常挨拶語の意味作用の問答を、評判になった小林秀雄の『考えるヒント』の「言葉」の節で、本居宣長の『国家《こっか》八論《はちろん》斥非《せきひ》再評の評』（『全集』第三巻所収）にある「姿ハ似セガタク、意ハ似セ易シ」の語から、「例へば、「お早う」といふ言葉を、大人風に提示して誰が成功するか」という問いを発して、議論を進めていること（『新訂小林秀雄全集』第十二巻、新潮社、一九七九、一五七頁）に注目して、小林がこの原稿を書く半年前に公開された小津の「おはよう」という映画との関連を指摘しているが（『小津安二郎』、三四頁－三五頁）、あるいは小津の盟友だった監督清水宏（一九〇三－一九六六）の昭和十一年（一九三六）の名作「有りがたうさん」の運転手の意味がなさそうで意味のある挨拶をタイトルにした映画もまた意識したのかも知れない。清水宏と子供たちとは「蜂の巣の子供たち」（一九四八）など切っても切れないイメージがある。平山周吉氏は中支の戦場で戦病死した山中貞雄への深い愛惜と追憶を小津安二郎の映画作りの作法に結び付けて委細を尽くしているが（平山周吉『小津安二郎』第六章その他）、当時すでに劇場映画の一線から遠のく形になっていた天才監督清水宏を激励する意図も、ここにあったのではなかろうか。年を取ると人はどうしても懐古的になるものだ。

そしてそこにはやがて映画の最大の敵となるテレビジョンへの隠された対抗意識が見え隠れする。テレビに執着するのは幼い子供たちと、いかにもアプレゲールな若いダンサーとバンドマンのカップルだ。しかし大人は子供の要求に負けてテレビを購入する。退職後再就職した初老の隣人を助けると言う子供の父親の口実は、やがて大きな時代のうねりになるに違いない。カラーが鮮烈な映画「おはよう」は、まさしく映画館ではなく、一般家庭で日常語の「おはよう」から始まる白黒の小さな画面のテレビジョンに対する映画人の警鐘でもあり、また侮蔑と畏怖の思いがこもってはしまいか。

百二十三　「秋日和」から「小早川家の秋」に漂う死

気難しい名監督として知られ、大映の重役も兼ねた友人溝口健二（一八九八―一九五六）との約束もあり、「彼岸花」で看板女優山本富士子を借り出したお返しに大映で監督した作品「浮草」（一九五九）は、二十五年前に撮った無声映画「浮草物語」のリメークだ。旅役者に二代目中村鴈治郎、その愛人で一座の女役者に京マチ子、その妹分に若尾文子、役者の元の愛人役を杉村春子、その息子に川口浩と豪華俳優陣を揃え、名手宮川一夫のカメラで重厚な作品に仕上がった。

しかし戦前の同作と較べれば、それに優る作とは思えない。第一、鴈治郎や京マチ子などが演じる旅役者たちを前作と較べれば、彼らを揃えた一座の芝居が不入りになるとは思えないのだ。前作の座長坂本武や情婦の女役者（八雲美恵子）は、いかにも三流どころの旅役者で、劇中劇も田舎臭い失敗を随所に見せるのに、そんな田舎芝居を鴈治郎にさせるわけにはいかないのか、彼にはいかにも歌舞伎役者らしい立ち居振る舞いをさせ、京マチ子の昭和三十年代に全盛を極めた女剣戟さながらの国定忠治、若さ横溢の若尾文子の可憐な娘姿、脇にまわる三井弘次や潮万太郎など芸達者がいかにも旅回りの役者らしい滑稽さで、なぜ客の入りが悪くて解散かわからないし（降り続く雨が原因とされてはいるが）、宮川のカラー処理の見事さが、敗残の旅一座をかえって絢爛にさえ見せてもいる。志摩の海と空の底抜けの明るさはどうだろう。

雨中での鴈治郎と京マチ子の激しい応酬は、確かに素晴らしいが、それさえ京マチ子の息をのむような美しさが引き立って、映画のテーマの急所をそらせる。さすがに杉村春子は日陰の愛人の芯の強さと恨みがましさを表現し得て、小津が重宝するのも良くわかる。藤井康生氏は「小津映画はサイレント映画が最高」と私にメールを寄せてくれているが、なるほどと、つい彼の肩を持ちたくなる。

定期船で到着しながら、帰りの旅役者の二人は、夜汽車で帰る。サイレントの時代と同じように、汽車は必ず人生の旅の縮図として機能している。

翌年の「秋日和」。ここでも列車は会社の屋上から休み時間の度毎に女性社員が行き来を眺める対象だ。その女子社員の一人が東宝から招いた看板女優の司葉子で、原節子と母子を演じさせ、佐分利信、中村伸郎、北龍二の常連が原の亡夫の同級生だ。旧友の七回忌で、未亡人の魅力を再確認した悪友たちは、その一人娘の結婚には母親の再婚が先だと余計なお節介を焼く。そのドタバタの中に、娘は会社の同僚（岡田茉莉子）の助力もあって、恋人（佐田啓二）と無事結婚に至る。十年前の「晩春」の父親を母親に代えたバージョンともいうべく、自分たちが策する母親の再婚話に傷つく娘に、先に結婚を決めることを勧める亡父の旧友たち、特に佐分利のセリフは「晩春」の杉村春子のそれとほとんど同じだが、そんなお節介を分別臭い中年男がするか？とそのくどくどしい物言いに、小津、野田コンビもいささか焼きがまわったかと反発したくなる。

しかも映画界で最高の位置に昇りつめた小津の演出ということからか、俳優たちの動きやセリフがぎこちなく、司葉子など、小津はそれでいいとオーケーを出したというが、彼女の緊張ぶりは画面の流れに水を差し、他の俳優も闊達《かったつ》さに欠けて、いつもはおっとり構える母親役の原節子だけが、浮薄とも見えるほど軽やかに未亡人を演じているのも、かえって違和感がある。この作品は「晩春」に二歩も三歩も譲るのではないか。

司葉子を借りたことで、次作は東宝で「小早川家の秋」（一九六一）となる。京都伏見の老舗《しにせ》酒造りの大旦那役の中村鴈治郎とかつての愛人浪花千栄子のほかは東宝の俳優たちで固めたが、大監督小津の演出に慣れないのか、ここでも俳優たちの演技が取ってつけたようで、司葉子の恋人役宝田明は、佐田啓二のように小津映画独特の口調に慣れず、きわめてぎこちないもの言いで、演技自慢の森繁久彌も勝手が違った顔を見せて嫌味だけが出て、せっかくの出演なのに生彩がない（小津は役柄の上で森繁の嫌味なところを引きだそうとしたのかも知れない）。その中で伸び伸び演じているのは、小津映画二度目の出演となる鴈治郎で、遊び人の伏見の大旦那の雰囲気が秀逸で、先の旅役者とはまたうって変わって楽し気に演じている。また婿養子（小林桂樹）を取った長女役の新珠三千代も小津映画の常連だった淡島千景と同様宝塚出身だから、関西弁が板に付いて、いかにもそれらしい。

大旦那の葬儀の場面。焼き場から昇る煙を見て、農夫（笠智衆）が呟く生と死の循環のテーマは、遺作「秋刀魚の味」で一つに結晶して、娘の結婚をテーマにしながら、円熟した境地を示すことになる。

百二十四　到達点「秋刀魚の味」

「秋刀魚の味」（一九六二）を初めて見たのは日本での公開から二十年近く過ぎたパリだった。フランス語のタイトルは*Le*《ル》 *Goût*《グウ》 *de*《ド》 *saké*《サケ》「酒の味」とあって、なるほど飲む場面ばかり出てくる。適齢期の娘と大学生の次男と暮らす男（笠智衆）は、旧制中学の友人二人を飲み友達に、結婚して団地住まいの長男夫婦の経済的な補助も時にしながら、同居の娘の結婚を促す友人たちの言葉を煮え切らない態度で聞いている。同窓の一人が町で旧師に出会ったことから同窓会に招待することになり、酔っ払った旧師（東野英治郎）を家まで送ると、昔悪ガキどもが憧れた師の娘（杉村春子）が、うらぶれた父親の中華料理店で独身の中年女になっていた。一人娘を鰥夫《やもめ》の彼が「便利に使いすぎた」と後悔する姿に、男は自分を重ね、友人（中村伸郎）の紹介する縁談に応じて嫁がせる。

私はこの作品が一番好きだ。何よりも俳優たちがいかにも伸び伸びと演技をして、屈託がない。「秋日和」で受付の女性社員のちょい役だった岩下志麻が、ヒロインに抜擢されているが、立派にその大役を果たしている。旧師役の東野英治郎、中年女になって昔の父の教え子たちに会うといういたたまれなさとやりきれなさを、見事に表現して見せる杉村春子、旧師に在学中いじめられたという、今は会社重役の中村伸郎など文字通りの名演で、そんな旧師を迎える同窓会には絶対行かないと言いながら、結局は家まで送ってやる中村伸郎の姿に、旧制宇治山田中学校卒業三十年後の有馬温泉での同窓会に、かつての寮舎監だった旧師槌賀安平が来るからという理由で出席しなかった小津の微かな後悔が映されているのかも知れない。

「秋刀魚の味」と題にあるが、秋刀魚は出てこない。しかし小津が愛誦した佐藤春夫の「秋刀魚の歌」に「あはれ秋風《あきかぜ》よ　情《こころ》あらば伝へてよ――男ありて　今日の夕餉《ゆうげ》に　ひとり　さんまを食《くら》ひて　思ひにふける　と」から始まり、「あはれ秋風よ　汝《なれ》こそは見つらめ　世のつねならぬ　かの団欒《まどゐ》を」とあり、「いとせめて　證《あかし》せよ　かのひとときの団欒《まどゐ》　夢に非《あら》ずと」（『佐藤春夫全集』第一巻、臨川書店、一九九九、二七頁－二八頁）の句に示される「家族」についての鬱屈の思いは、彼が「一人息子」（一九三六）の冒頭の字幕に「人生の悲劇の第一幕は、親子になったことに始まっている」と芥川龍之介の『侏儒の言葉』の一句を掲げ、「東京暮色」（一九五七）に「始めに罪あり」の映画館の看板を見せるように、小津映画の初期から最晩年の「秋刀魚の味」に至るまで、一貫して彼の心の中にあったと言っていいだろう。

佐藤の「秋刀魚の歌」は、谷崎潤一郎の妻との不倫から起こるいびつな家族な状況を歌ったものだが、親子の絆、夫婦の愛、兄弟の繋がり、友たちとの友情を、やや七三に構えた形で映してきた小津安二郎の感慨に強く作用したことだろう。松浦莞二・松本明子編『小津安二郎大全』に、「落第はしたけれど」（一九三〇）の字幕にある佐藤春夫の「ためいき」（『殉情詩集』一九二一、所載）の一節に触れ、

小津は佐藤の作品を好み、暗誦もしていたという。佐藤の詩には「秋刀魚の歌」という作品がある。小津の遺

作となった『秋刀魚の味』もこれに由来するか。（同書、四二七頁）
と指摘しているが、深く掘り下げるところまでは行っていない。
映画「秋刀魚の味」で、海軍で駆逐艦の艦長をしていた頃の部下（加東大介）に、旧師の中華料理屋で偶然出会って連れて行かれたバーの若いマダム（岸田今日子）に会った主人公（笠智衆）が、帰宅して長男（佐田啓二）に「若い時のお母さん、そっくりなんだよ」と言うが、このセリフは、「東京物語」で、笠の尾道時代の旧知で警察署長をしていた男（東野英治郎）が、笠たちを連れて行った飲み屋の女将（桜むつ子）に向かっていう言葉をなぞるものだ。酔っ払った東野はくどく、声高に「わしの家内の若い時に似とる！」と繰り返して女将を閉口させるが、笠は、黙ったままニコニコと海軍式の敬礼をするだけで、帰宅してから息子たちにそのセリフを吐く。ここにも「秋刀魚の歌」に歌われている疑似的な家庭の幻想がある。

百二十五　宣長、春庭、小津久足、小津安二郎の軌跡

思えば、小津安二郎の生誕についても、その父親、祖父からすれば、じつに数奇な家の歴史から紡ぎ出されてきたものだ。もう一度小津安二郎の家系を思い起こそう。小津久足が『家の昔がたり』で述べ来った初代小津新兵衛から、本家、別家ともに、どれだけ変転を重ねて来たか。小津安二郎の父寅之助も、彼が勤める肥料店湯浅屋小津家の九代目当主に見込まれて、八代目与右衛門の次女と結婚するものの、彼女が死んで、再婚したあさゑとの間にできたのが安二郎だ。しかも寅之助はもともと養子にやられていたのを、異母兄が亡くなったことから連れ戻されて小津別家を継いだ。家族の糸のつながりのややこしさはこれだけではない。

小津久足『家の昔がたり』に綴られる小津新兵衛を引き継いできた家族は、血統を縦糸に、地縁を横糸にしながら、連綿と養子縁組を重ねたりして明治の代まで続いてきたのだ。「家族」という概念は、彼らにとって重く、か

つ貴重なものとして、心の奥底にまで沈澱していただろう。小津新兵衛家だけではない。湯浅屋が発展するその元となった江戸伝馬町の紙商小津清左衛門の家にしても、本居宣長が『家のむかし物語』に説く「小津党」の流れを汲むもので、ある意味数奇とさえ言えるような複雑な血縁、地縁関係でその枝葉を広げてきた。またその本居家にしても春庭からその子有郷へとすらすら継承されてきたわけではない。弟子であった稲懸大平が宣長の養子として本家を継ぎ、宣長の実子春庭の家と様々な交渉、養子離縁を繰り返しながら、とにもかくにも和歌山本居本家、松阪本居家を繋いできたのだ。

こうした小津家の「家の歴史」は、少なくとも小津与右衛門家、別家の小津新七家については、父寅之助から安二郎は聞かされていたに違いない。そして若い彼は、聞くだにややこしい家の呪縛を身に染みて感じたのではなかろうか。まさしく「人生の悲劇の第一幕は、親子になったことに始まって」いたのだ。

「秋日和」あたりから、小津の言葉に「ものの哀れ」が頻出する、と田中眞澄は言う（『小津安二郎周游』）。

小津安二郎のヴォキャブラリーに「もののあはれ」なる言葉が出現したのは、いつ頃からだろうか。活字の記録で判断するならば、一九五九年、大映で『浮草』を撮るときの抱負として語られたのが早い例である。（同書下、二五六頁）

と述べて、田中眞澄は、「十代の少年時代を父祖の地の伊勢松阪で過ごした小津安二郎が、その土地が産んだ大学者本居宣長を知らなかったはずはなく、当然『もののあはれ』という言葉くらいは聞いたことがあっただろう」と推測している。（同書、二五九頁）。

さらに平山周吉氏は小津の本居宣長についての感想を拾い集めて、小林秀雄の宣長論を引き合いに出している（前掲書、二八頁－三〇頁）。いささか遠い縁であれ、私自身の少年時代を引き較べてみても、小津安二郎が本居宣長の大きい存在を感じないではいなかったろうし、まして小津一党の末席に連なれば、宣長の『菅笠日記』や遠祖の一人であり、小津別家の世襲問題に大きな力を及ぼした、自分の祖父の異母兄である小津久足については、無関心ではいなかったはずだ。

果たしてその大伯父久足に紀行文の多数あることを聞き知っていたかどうか。彼の紀行文を目にすることがあったかどうかは、今となっては確かめようがないが、旅の人としての久足は聞き及んでいたかもしれない。血筋こそ薄いが、小津安二郎が映画の中で徹底しての列車、船の映像の多用することによって辿って見せた旅の軌跡は、小津久足の紀行文を引き較べることによって、示唆するものがあるように思われる。

たとえば、映画「麦秋」で強調される奈良の耳成山《みみなしやま》を背景にした麦畑の美しい光景で代表される「大和」への深い郷愁は、宣長の『菅笠日記』において、旅程の中にどれほど感嘆の思いを込めて綴られるか、小津久足が十九歳の吉野の旅から始めて、いくど奈良、京都を経巡って、その文物に感慨を記したか。「宗方姉妹」においては京都や奈良薬師寺が、また「晩春」においては京都の仏閣が、恐らくは宣長、久足の足跡を映像で追っている感がある。

小津映画に必ず出て来る、「良い天気」と言う表現や、「美しい空」は、『菅笠日記』や小津久足の紀行文のいずれを開いても、しばしば見受けられる文言である。

きのふ（昨日）は雨降り雷なりしなごり、風いとあらけれど、天気よきは幸也（小津久足、天保十四年（一八四三）『さくらかさね日記』、『小津久足紀行集（三）』三頁）

とあるような記事は、もちろん旅日記には当然のことながら、ほとんどすべての宣長や久足の紀行文中に頻繁に現れて、そうした天候に関する何気ない関心に見える表現が、紀行のリズム、アクセントになっていることに気づかされる。

また監督小津安二郎と言えば、しばしば引き合いに出される「豆腐屋は豆腐しか作らない」とする彼の常套語は、「歌は自然を第一とす」と冒頭にきっぱりと断ずる久足の『桂窓一家言《けいそういっかげん》』中にある語、歌は五味《ごみ》のごとく、性得《しょうとく》（本来は生得）、苦きをこのむと甘きを好むとがあるもの也《なり》。此《この》うまれきてもちたる性は、どふもなを《（直）》りがたし。（菱岡憲司「翻刻・小津久足「桂窓一家言」」上、『雅俗』第十四号、五七頁）

の言葉と何と響き合うことか。

また久足の書き残した『かしまし草』の所説にもいろいろ興味深い記述があり（菱岡憲司、村上義明、吉田宰《つかさ》編『小津久足資料集』所収）、小津安二郎ならきっと頷くような言説も見られる。いま煩を恐れて詳しく説くことを控えるが、こうして、本居宣長、本居春庭、小津久足そして小津安二郎と、松阪の「知の系譜」を辿り来たれば、それを集約する形での小津映画の神髄もまた見えて来て、新しい展望も開けてくるのではなかろうか。

十七世紀後半、契沖、真淵によってその端緒を示された本格的なテクスト校訂の道が、本居宣長の『古事記伝』に結実して、西洋の近代的実証主義に匹敵する方法が確立された。宣長学の厳密さと合わせて平安、鎌倉の文芸への傾倒とそれに倣う和歌の楽しみが、宣長の知的活動のバランスを取って、一つの自己解放、自己表現を実現したと先に記したが、この二つの傾向は、長子春庭の厳密にして浩瀚な『詞八衢』や『詞通路』の成果と『後鈴屋集』などに見える作歌の楽しみに受け継がれ、その弟子小津久足は、その厳密さに飽き足らぬ思いを抱きながら、その知の働きを、膨大な作歌や読書の楽しみに注ぎつつ、なお諸国を巡歴することによって、机上の知識を実地の地勢に照らして、実検、実証する道を怠らなかった。

久足の後裔である小津安二郎は、江戸時代の彼らが思い及ばなかった映像と音の世界に分け入り、市井の「知」をフィルムに刻んだ。小津における人も知る映像の中の小道具へのこだわり、俳優たちの細かな演技指導による「本当らしさ」の徹底した追及は、ある意味で古典の本文校訂の厳格な姿勢に通じるものがある。そしてそれと同時に、人間への厳しく潔癖な眼差しを通して、そこから浮かび上がる「人間としてあるもの」に対するゆるぎない信頼もまた、松阪の先人たちと同じくするだろう（口絵㉙）。

こうして伊勢松阪の「知の系譜」を辿る時、地方の一都市の例が、必ずしもそれだけに限らず、日本の各地においても、陰に陽に連綿と続いていることに思い至って、「知」の持つ大きな力に感じないではいない。

参考文献

本書で扱う本居宣長、小津安二郎についての文献は、文字通り汗牛充棟、すべてを網羅できないので、原則的に本文中に言及したものについて列記する。

本居宣長

足立巻一『やちまた』上・下、中公文庫、二〇一五
岩田隆「宣長の歌」（『本居宣長全集』第三巻、月報5、筑摩書房、一九六九）
板坂耀子『江戸の紀行文―泰平の世の旅人たち』、中公新書、二〇一一
梅川文男『ふるさとの風や』、三一書房、一九六六
岡本勝編『松阪学ことはじめ』、おうふう、二〇〇二
『契沖全集』全十六巻、岩波書店、一九七三―一九七六
『新訂小林秀雄全集』第十三巻（本居宣長）、新潮社、一九七九
『新日本古典文学大系』第二十四巻、第五十一巻、第九十八巻、岩波書店、一九八九、一九九〇、一九九一
『『菅笠日記』写真集』、あいの会・マイアングル、二〇〇二
谷崎潤一郎『文章読本』、中公文庫、二〇一七
デカルト『方法序説』（谷川多佳子訳岩波文庫版、山田弘明訳ちくま学芸文庫版、小泉義之訳講談社学術文庫版など多数）
『波多野精一全集』第一巻、第六巻、岩波書店、一九六九
『本居宣長稿本全集』全二巻、博文館、一九二二―一九二三
『増補本居宣長全集』全十二巻、吉川弘文館、一九二五―一九二七
『本居宣長全集』刊行分、第一巻、第二巻、第三巻、第十三巻、第二十五巻、第二十六巻、岩波書店、一九四二―一九四四
『本居宣長全集』全二十巻別巻三、筑摩書房、一九六八―一九七七
村岡典嗣《つねつぐ》『本居宣長』、岩波書店、一九二八
『露伴全集』第十四巻、岩波書店、一九五一

本居春庭

足立巻一『やちまた』上・下、中公文庫、二〇一五
小西甚一『国文法ちかみち』、ちくま学芸文庫、二〇一六
小西甚一『古文研究法』、ちくま学芸文庫、二〇一五
杉浦守邦「谷川流眼科の系譜」（『医譚《いたん》』復刊第八九号、二〇〇九）
杉浦守邦「江戸時代宮廷の眼科医」（『医譚』復刊九一号、二〇一〇）

本居春庭『詞八衢』（尾崎知光編）、勉誠社文庫、一九九〇
本居春庭『詞の通路』（島田昌彦編）、勉誠社文庫、一九七七
本居豊穎《とよかい》・本居清造編『増補本居宣長全集』第十一巻（本居春庭・本居大平全集）、吉川弘文館、一九三七
「播州谷川家遺品展」、やしろ文化振興財団編、一九九二

小津久足

菱岡憲司・村上義明・吉田宰編『小津久足資料集』、雅俗研究叢書3、二〇一九
高倉一紀・菱岡憲司・河村有也香編『小津久足紀行集』（一）、神道資料叢刊十四、皇學館大学神道研究所、二〇一三
高倉一紀・菱岡憲司・龍泉寺由佳編『小津久足紀行集』（二）、神道資料叢刊十四、皇學館大学神道研究所、二〇一五
高倉一紀・菱岡憲司・龍泉寺由佳編『小津久足紀行集』（三）、神道資料叢刊十四、皇學館大学神道研究所、二〇一七
高倉一紀・菱岡憲司・龍泉寺由佳編『小津久足紀行集』（四）、神道資料叢刊十四、皇學館大学神道研究所、二〇一九
佐藤大介・高橋陽一・菱岡憲司・青柳周一編『小津久足陸奥日記』、東北文化料叢書第十一集、東北大学大学院文学研究科東北文化研究室、二〇一八
小津久足『文政元年久足詠草』（『松阪市史七（史料篇　文学）』、松阪市、一九八〇）
菱岡憲司「小津久足「丁未詠稿」翻訳と解題」上・下（『有明工業高等専門学校紀要』46号・47号、二〇一〇・二〇一一）
菱岡憲司「小津久足『花鳥日記』について・付翻刻」（『文献探求』四七、二〇〇九）
菱岡憲司・髙倉一紀・浦野綾子編『石水博物館所蔵　小津桂窓書簡集』（和泉書院、二〇一二）
菱岡憲司「翻刻・小津久足「桂窓一家言」」上・下（『雅俗』第十四・十五号、雅俗の会、二〇一五・二〇一六）
飯倉洋一「秋成の『私』について」（『語文研究』五十、九州大学国語国文会、一九八八）
『大江戸　知らないことばかり　水と商と大火の都』、NHK出版、二〇一八
沖森直三郎「西荘文庫のことども」（『天理図書館善本叢書』第十二巻月報、一九七三）
『温故知新―小津三三〇年のあゆみ』、小津商店、一九八三
貝原益軒『南遊紀事』（新日本古典文学大系第九十八巻、岩波書店　一九九一）
貝原益軒『和州巡覧記』（帝国文庫第二十二編、博文館、一九三〇）
貝原益軒『楽訓』（大日本思想全集第五巻、先進社、一九三一）
柏木隆雄・神田龍身・髙木元・山田俊治「座談会『八犬伝』再読」（『文学』二〇〇四年五月・六月号、岩波書店）
桑原武夫他訳　ジャン＝ジャック・ルソー『告白』上、岩

波文庫、一九六五
小泉祐次「小津久足自筆稿本『小津氏系図』と『家の昔かたり』について」(一)・(二)(『鈴屋学会報』第四号・第五号、一九八七・一九八八)
反町茂雄《そりまちしげお》『一古書肆の思い出』第四巻、平凡社、一九八九
曲亭馬琴『南総里見八犬伝』全十巻(小池藤五郎校訂)、岩波文庫、一九四一
洞富雄・暉峻康隆・木村三四吾・柴田光彦編『馬琴日記』全四巻、中央公論社、一九七三
柴田光彦・神田正行編『馬琴書翰集成』全六巻別巻一、八木書店、二〇〇二―二〇〇四
滝沢馬琴『近世物之本江戸作者部類』、岩波文庫、二〇一四
中野三敏『和本のすすめ』、岩波新書、二〇一一
原念斎『先哲叢談　全』、有朋堂漢文叢書、有朋堂書店、一九二八
菱岡憲司『小津久足の文事』、ぺりかん社、二〇一六
菱岡憲司『大才子　小津久足―伊勢商人の蔵書・国学・紀行文』、中公選書、二〇二三
菱岡憲司・龍泉寺由佳「小津克孝『江戸日記』翻刻と解題―伊勢商人の江戸店滞在日記―」(山口県立大学『国際文化学部紀要』第十五号、二〇二二)
菱岡憲司「翻刻『花山道秀居士伝』―干鰯問屋・湯浅屋与右衛門と小津与右衛門家―」(山口県立大学『国際文化学部紀要』第二八号、二〇二二)
『松阪市史　七(史料篇　文学)』、松阪市、一九八〇
曲田浩和《まがりたひろかず》「江戸深川の肥物商小津家に関する一考察」(『日本福祉大学研究紀要―現代と文化』第一四二号、二〇二一)
『明治大正訳詩集』(日本近代文学大系第五十二巻、角川書店、一九七一)
柳田国男「『紀行文集』解題」(帝国文庫第二十二編、博文館、一九三〇)
『山口剛著作集』第二巻、中央公論社、一九七二

小津安二郎

田中眞澄編『小津安二郎全発言(一九三三―一九四五)』、泰流社、一九八七
田中眞澄編『小津安二郎戦後語録集成』、フィルムアート社、一九八九
フィルムアート社篇『小津安二郎を読む　古きものの美しい復権』、フィルムアート社、一九八二
『巨匠たちの風景　みえシネマ事情　小津安二郎　衣笠貞之助　藤田敏八』、伊勢文化舎、二〇〇二
松浦莞二・松本明子編『小津安二郎大全』、朝日新聞出版、二〇一九
猪俣勝人『日本映画俳優全史』、教養文庫、一九七七
澤瀉久敬『わが師わが友』、経済往来社、一九八四

柏木隆雄『心の中の松阪』、夕刊三重新聞社、二〇一七
黒澤明『蝦蟇の油』、岩波書店、一九九〇
高橋治『絢爛たる影絵』、文藝春秋、一九八二
田中眞澄『小津安二郎周游』上・下、岩波現代文庫、二〇一三
平山周吉『小津安二郎』、新潮社、二〇二三
『鷗外選集』全二十一巻、岩波書店、一九七八－一九八〇
吉村英夫『松竹大船映画　小津安二郎、木下恵介、山田太一、山田洋次が描く〈家族〉』、創土社、二〇〇〇
吉村英夫「小津安二郎の『松阪《まっつぁか》』について」（『夕刊三重』、二〇二三年十二月十日より毎週火曜日・木曜日連載中）
笠智衆『大船日記　小津安二郎先生の思い出』、扶桑社、一九九一
大槻文彦『言海』、ちくま学芸文庫、二〇〇四
『日本古典文学大辞典』簡約版、岩波書店、一九八六

あとがき

二〇一七年に刊行した『こう読めば面白い　フランス流日本文学』（大阪大学出版会）の「あとがき」に、「おそらく日本文学について迂言を重ねる機会はまたとはあるまい」と書いていたのが、本書の始めに説いたような次第で、二〇二一年六月から毎週土曜日『夕刊三重』紙に、宣長・春庭親子から小津久足、小津安二郎までの流れを綴る機会を得て、再び日本文学と付き合うことになった。執筆の当初は、三年近くも続くとは、私も、そして夕刊三重新聞社の方でも思いもよらなかったろうが、宣長の文章の紹介から始まって、書きたいことがどんどん増えていった。一つには、知っているようで実はほとんど知っていなかったことがつくづく自覚され、そのため改めて宣長、春庭の文章を読むと、ますます興が湧いて来たためだ。

とりわけ本書執筆のきっかけとなった小津久足については、私自身が菱岡憲司山口県立大学准教授から著書を頂いて、初めて久足の人と仕事を知り、菱岡准教授たちの翻刻の仕事に触れて、いわばそのお仕事の跡を追うような形で稿を進めて行ったから、久足については宣長や春庭の倍以上の稿を費やすことになった。曲亭馬琴と久足の関係は、小津桂窓として、殿村篠斎とともに重要な人物だということは知識としてはあったけれど、連載の機会に馬琴の日記や書簡集をしっかり読むことで、久足ばかりでなく、馬琴その人により深く近づくことができて、これは連載の大きな成果となった。

同じことは小津安二郎の映画についても言える。戦後の名作とされるものは何度も見ていたが、彼のサイレント時代の作品を改めて見直してみると、思いもかけない発見があって、小津映画贔屓をいっそう高められた。その意味でも『夕刊三重』紙の連載は、楽しく充実したもので、執筆のみならず、関連する文献や映像に接することで、多くの知見を得た。

扱った四人の松阪人は、彼ら個々については、それこそ膨大な研究資料や参考文献がある。必ずしもそれら全部を細かに当たる余裕も力もなく、たとえば小林秀雄の畢生の大著『本居宣長』の綿密な叙述と対抗すべくもないが、しかし宣長、春庭、小津久足、小津安二郎という、ひと言で括れば「松阪小津党」として連綿と連なる「知の系譜」を一つの流れとして、一貫した形で、なるべく平易に論じたところに、本書の多少の読みどころがあると、自負しないでもない。大方の読書子の批判を俟つところ大なるものがある。

本書が出来上がるについては多くの方々のご援助がある。まず第一には執筆のきっかけを作ってくださった菱岡憲司氏には、その著書、翻刻されたテクストを、連載執筆の際に何度読み返したかわからない。菱岡氏の『大才子小津久足―伊勢商人の蔵書・国学・紀行文』（中公選書、二〇二三）の「大才子」の称については、私の語感と異なるところがあるので、少し力を入れて論じたために、さらに枚数を増やすことになった。連載中に送付した原稿の間違いを訂正してくださったことも有難く、同じように江戸俳文学を専門とされる辻村尚子大手前大学准教授にも稿を読んでいただいて有益なご意見を賜った。厚くお礼申し上げる。

本居宣長記念館の井田もも学芸員や松阪小津安二郎記念館の岩岡太郎研究員からは、新聞に連載中に図版の提供に力を貸してくださったばかりでなく、いろいろご教示も賜った。また小津与右衛門家の現在の当主である小津陽一氏が鎌倉から連絡をくださって、所蔵にかかる小津久足の貴重な資料を貸与頂くほか、毎回の記事に暖かい声援を送って下さり、本書の刊行を慫慂してくださったのも忘れ難い。小津陽一氏の連絡を取り次いでくださった夕刊三重新聞社の山本聖人記者は、全一二四回の原稿を入稿する度に、懇切な注意を払って下さり、組版、校正の係の人からも指摘を頂いて、思わぬ誤りを犯さずに済んだ。そして新聞には馴染まぬ国語・国文学の細かい議論に立ち入るわがままを長きにわたって許された山下至夕刊三重新聞社社長の寛厚にも感謝を捧げたい。口絵の図版を快く提供してくださった各機関、知人の皆様にも心からのお礼を申し上げる。

私はこれまで自分の原稿を妻加代子に読んでもらうことは少なかったが、新聞連載ということもあり、また毎回書きあげた嬉しさから彼女に目を通してもらって、不備なところを指摘してもらった。多少とも読みやすくなっているのは、彼女の内助の功に拠る。大部の初校・再校の校閲には、私が専任の職を得ての最初の教え子で、現在ノートルダム清心女子大学教授の新野緑氏にも、多忙な中で、目を通してもらった上、内容についても貴重な示唆を頂いた。

本文の表記は凡例にも書いたとおり、ルビや年号表記が複雑で、私自身もいささか統一が取れずに苦労したが、私の倉卒の原稿を細かくチェックして印刷所に入稿し、初校が出てからも入念に検討してくださった和泉書院副編集長楠英里氏にはそのご苦労に満腔の感謝を捧げる。最初に本書出版の話をした際に、原稿がとても面白いと言ってくださったのが、何よりも励みになった。刊行をお引き受けくださった廣橋研三編集長にも篤くお礼を申し述べたい。

『夕刊三重』連載と同時に、フランス十九世紀の大小説家バルザックの作品のいくつかを翻訳する仕事に取り組んできた。おそらく二〇二五年には日本で初めてバルザックの構想を活かした形の『人間喜劇』九十数篇の刊行が始まることになるだろう。私も老軀に鞭打って日本のバルザック研究者の皆さんと歩を共にしたいと願っている。

二〇二四年七月二十日

柏木隆雄

■ 著者紹介

柏木隆雄（かしわぎ・たかお）

1944 年三重県松阪市生まれ。大阪大学大学院博士課程修了。現在大阪大学、大手前大学名誉教授。

著書に『イメージの狩人　評伝ジュール・ルナール』（臨川選書 17 1999）、『こう読めば面白い！フランス流日本文学―子規から太宰まで―』（大阪大学出版会　2017）、『バルザック詳説―『人間喜劇』解読のすすめ』（水声社　2020）ほか。

翻訳に『ジュール・ルナール全集』（全 16 巻　共編訳　臨川書店 1994 ～ 1999）、バルザック『従兄ポンス―収集家の悲劇』（藤原書店　1999）、バルザック『暗黒事件』『ソーの舞踏会』（いずれも、ちくま文庫　2014）ほか。

本居宣長・本居春庭・小津久足・小津安二郎―伊勢松阪の知の系譜―

シリーズ 扉をひらく 10

二〇二四年一一月三〇日　初版第一刷発行

著　者　柏木隆雄

発行者　廣橋研三

発行所　和泉書院

〒543-0037　大阪市天王寺区上之宮町七―六
電話　〇六―六七七一―一四六七
振替　〇〇九七〇―八―一五〇四三

印刷・製本　太洋社

装訂　森本良成／定価はカバーに表示

ISBN978-4-7576-1106-1　C1395